MARTINUS OPIFEX

Ein Hofminiator Friedrichs III.

Charlotte Ziegler

Verlag Anton Schroll & Co

INHALTSVERZEICHNIS

Vorwort	7
Zur Literaturüberlieferung	8
Der Realismusbegriff in der Malerei der Spätgotik	10
Die Worcester-Kreuztragung	14
Zur Stilgenese bei Martinus Opifex	32
Zur Stilentwicklung bei Martinus Opifex	50
Historische Aspekte im Œuvre des Martinus Opifex	70
Die Landschaftsdarstellungen bei Martinus Opifex	82
Der Rankendekor bei Martinus Opifex	98
Anhang	103
Literaturverzeichnis	105
Abbildungsverzeichnis	109
Zitierte Codices	111
Abkürzungen	112
Register	113
Bildteil (Farbtafeln 1–49)	118

MEINER LIEBEN MUTTER

„Bild und Text bilden bei mir ein Ganzes, das heißt, ich bleibe erdverbunden!"
(Otto Pächt in einem Gespräch am 29. 10. 1976)

VORWORT

Der Entschluß, die Dissertation der Verfasserin dieses Buches aus dem Jahr 1974 über den spätgotischen Buchmaler M a r t i n u s O p i f e x zu publizieren, wurde nach reiflicher Überlegung aus verschiedenen, zum gegebenen Zeitpunkt aktuellen Gründen gefaßt.

Der Hauptgrund war das für die Verfasserin seit jeher unbefriedigende Resultat der Dissertation, die schwer zu erfassende Künstlerpersönlichkeit des Martinus O p i f e x stilistisch alleine aus dem bayerischen Raum abzuleiten.

Es waren die mahnenden Worte des Lehrers der Autorin, Otto P ä c h t, der noch während der Arbeit an der Dissertation darauf hinwies, daß das Material zur spätgotischen süd(deutschen) und österreichischen Buchkunst noch zu wenig aufgearbeitet sei und der künstlerische Stellenwert des Meisters notgedrungen zu einseitig interpretiert werden müsse.

Desgleichen muß beachtet werden, daß ein reifes „Sehen" bei der Lösung einer schwierigen künstlerischen Problemstellung erst nach längerer Zeit erworben werden kann.

Auf Anregung von Otto P ä c h t begann die Autorin nach der Fertigstellung der Dissertation sich mit der österreichischen und speziell mit der Wiener Stilkomponente des Martinus O p i f e x auseinanderzusetzen (Publikationen von 1977 und von 1982; Vorträge von 1979 und von 1982).

Den entscheidenden Anstoß zur vorliegenden Publikation gab die Ausstellung „Regensburger Buchmalerei" in Regensburg 1987, in der sich R. Suckale mit Martinus O p i f e x befaßte. Die sehr positivistische Stileinordnung des Meisters Martinus in den Regensburger Raum und seine Stilableitung aus der Werkstatt der Ottheinrichsbibel durch Suckale sowie die Ansicht, daß Martinus O p i f e x zwei Prachtcodices eigens für sich hergestellt haben soll, waren für die Autorin ausschlaggebend, diese Meinungen mit der vorliegenden Publikation zu widerlegen.

In der Abhandlung wird das Stilproblem des Verhältnisses von Martinus O p i f e x zum Meister der W o r c e s t e r - K r e u z t r a g u n g untersucht. Weiters werden etymologische und historische Fragen erörtert. Das Resultat der Recherchen unterstreicht die leitende Funktion des Martinus O p i f e x in der Wiener Hofminiatorenwerkstatt zur Zeit König (Kaiser) Friedrichs III.

Die Stilproblematik der Darstellungen des Trojanischen Krieges (Cod. 2773 der Österreichischen Nationalbibliothek Wien) wird von der Autorin in diesem Buch nur angeschnitten. Es wird dazu eine eigene Publikation erscheinen.

Zieht man in Betracht, daß Otto P ä c h t erst nach jahrzehntelangen Forschungen (vierzig Jahre währten seine Studien zum Buchmaler René d'Anjou) und in hohem Alter sein Hauptwerk publizierte, während er beispielsweise sein fundamentales, richtungweisendes Wissen über die altniederländische Malerei des Hubert und Jan van Eyck niemals publiziert hat, muß man sich vor Augen halten, daß zu schwierigen kunsthistorischen Problemstellungen nicht voreilig publiziert werden darf, wie das Beispiel Martinus O p i f e x zeigt.

Otto P ä c h t hat niemals die Meinung vertreten, daß Martinus O p i f e x direkt aus dem bayerischen Milieu abzuleiten sei, im Gegensatz zur Auffassung von G. Schmidt.

Neue Fragenkomplexe, die sich aus dem K u n s t w o l l e n im Œuvre des Martinus O p i f e x ergeben haben, sollen dem Leser vermittelt werden.

Herrn Univ.-Prof. Dr. Otto P ä c h t (†) danke ich für wertvolle Hinweise.

Dem Direktor der Handschriften- und Inkunabelsammlung der Österreichischen Nationalbibliothek, Herrn Univ.-Prof. Dr. Otto Mazal, danke ich für die wohlwollende Unterstützung zur Entstehung dieser Publikation und für die Einsichtnahme in die Originalcodices des Martinus O p i f e x. Dem Direktor des Buch- und Kunstverlages Anton Schroll & Co, Herrn Friedrich Geyer, und seinem Mitarbeiterstab, Herrn Otto Walenta, Herrn Dr. Heinz Reindl, Herrn Ernst Walter Ullrich sowie Frau Dr. Eleonore Melichar, danke ich für die sehr sorgfältig durchgeführte Drucklegung dieses Buches. Die Farbabbildungen sind getreu nach den Ektachromen des Herrn Alfred Janderka der Österreichischen Nationalbibliothek Wien reproduziert.

September 1988   Charlotte Ziegler

ZUR LITERATURÜBERLIEFERUNG

Es ist nicht einfach, über ein Œuvre der spätgotischen Buchmalerei des 15. Jahrhunderts zu schreiben, das hinsichtlich seiner richtigen Lokalisierung in der Kunstgeschichtsforschung umstritten ist.

Das überlieferte Werk des Meisters, der in der Kunstgeschichte unter dem Notnamen Martinus O p i f e x bekannt ist, ist nicht nur äußerst umfangreich, sondern besitzt auch große künstlerische Vielfalt. Diese beiden Hauptfaktoren haben dazu geführt, daß die Kunsthistorie die Stilherkunft des Meisters aus dem südostdeutschen Raum unterschiedlich beurteilte. Die Stilherkunft wurde aus dem ungarischen, oberrheinischen, Kölner, burgundischen, österreichischen und bairischen Raum erwogen. Der Meister wurde mit dem Melker Mönch, Martin von Senging[1], dem oberrheinischen Maler Konrad Witz[2] und mit dem Meister des Breslauer Altars[3] identifiziert.

1929 haben Mayer[4] und 1931 Betty Kurth[5] das Werk des Meisters in den österreichischen Raum lokalisiert. Die jüngere Forschung, wie etwa A. Stange und G. Schmidt[6] und R. Suckale[7], behaupten die bairische Herkunft des Miniators.

Von der Autorin[8] wurde in Beiträgen die österreichische Stilherkunft des Meisters wieder aufgegriffen. Vor allem hinsichtlich der ornamentalen Ausstattung wurde die Verankerung im Wiener, aber auch im Salzburger Raum, bei eingehender Kenntnis der böhmischen Buchmalerei der Wenzelszeit, hervorgehoben.

Das Martinus O p i f e x zugeschriebene Œuvre umfaßt:
1. Einen monumentalen, reich illustrierten Codex: „De natura rerum" des Thomas von Cantimpré (nicht wie ursprünglich angenommen, die „Historia Naturalis" des Albertus Magnus) und einen „Tacuinum Sanitatis"-Teil des Autors Ibn Butlan, mit der Signatur Cod. C-67. Diese Handschrift wird in der Forschung generell als Frühwerk von Martinus Opifex angesehen. Die Entstehungszeit ist zwischen 1440 und 1445[9] *(Taf. 3)*.
2. Mitarbeit an der „Legenda aurea" der Österreichischen Nationalbibliothek Wien, Cod. 326, die 1446/47 für Friedrich III. entstand[10] *(Taf. 8)*.
3. Mitarbeit an einem sehr reich illuminierten Brevier für Friedrich III. mit dem Datierungszeitraum 1447/48; es ist jene Handschrift, bei der u. a. die ungarische Forschung auf dem Vollbild von fol. 1v Kaiser Sigismund mit seiner Frau Barbara von Cilli vermutet hat. An diesem Codex wie an der

---

[1] *H. Leporini*, Simon von Niederaltaich und Martin von Senging – Zur Geschichte der österreichischen Miniaturmalerei, in: Festschrift der Nationalbibliothek in Wien. Wien 1926, 575–589.
[2] *I. Berkovits*, Illuminierte Handschriften aus Ungarn. Budapest 1968, 47.
[3] *W. Suida*, Österreichische Malerei in der Zeit Erzherzog Ernst des Eisernen und König Albrecht II. Wien 1926, 74.
[4] *A. L. Mayer*, Eine österreichische Miniaturhandschrift in Granada. Belvedere 1929, 423–424, Abb. 15, 16 „. . . In der Tat ist der Autor ein wohl in Wien zu Anfang des 15. Jahrhunderts tätiger Miniator. . ."
[5] *B. Kurth*, Eine Bilderhandschrift des österreichischen Miniaturmalers Martinus Opifex in Spanien. Belvedere 1931, 18–19, Abb. 16/1–19/1. „. . . Daß es sich um ein Werk des bedeutenden österreichischen Miniaturmalers ‚Martinus Opifex' handelt, ist meines Wissens bisher nirgends erwähnt worden."
[6] *A. Stange*, Deutsche Malerei der Gotik XI. Berlin, München 1961, 38–39, Abb. 76–79. – Ders., Bd. X München 1960, 71. – *G. Schmidt*, Die Buchmalerei, in: Gotik in Österreich 1967, 158.
[7] *Vgl. auch Ch. Ziegler*, Studien zur Stilherkunft und Stilentwicklung des Buchmalers Martinus Opifex (Wien: Österreichische Nationalbibliothek: Cod. 2773; Cod. 326; Cod. 1767. Granada: Universitätsbibliothek: Cod. C-67. Stuttgart: Württembergische Landesbibliothek: Cod. brev. 91). (Ungedr.) Diss. Wien 1974. – *R. Suckale*, Die Regensburger Buchmalerei von 1350–1450, in: Ausst.-Kat. Regensburger Buchmalerei. Von frühkarolingischer Zeit bis zum Ausgang des Mittelalters. Regensburg 1987, 98–99. 108–109, Nr. 98–100, Taf. 167, 166, 72.
[8] *Ch. Ziegler*, Zur österreichischen Stilkomponente des Buchmalers Martinus Opifex. Codices manuscripti 3/3 (1977) 82–94, Abb. 1, 3, 4, 6. – Siehe auch den Vortrag der Autorin an der Ungarischen Akademie der Wissenschaften in Budapest, gehalten am 14. Mai 1979: „Zur künstlerischen Stellung von Martinus Opifex in der spätgotischen Malerei des südostdeutschen Raumes."
[9] *G. Schmidt* (wie Anm. 6) 163, Nr. 100. – *G. Schmidt* sieht in der Arbeit eine frühe Leistung des Meisters, die vor den Werken in der Österreichischen Nationalbibliothek Wien zu datieren ist. Der Meinung schloß ich mich an. – *Ch. Ziegler* (wie Anm. 7) 43 ff., 102–103, 316. – Nach *B. Kurth* und *A. Stange* fällt die Arbeit in die Spätzeit von Martinus Opifex (ca. 1450). – *B. Kurth* (wie Anm. 5) 18 f. – *A. Stange* (wie Anm. 6) 39. – Faksimileausgabe: De natura rerum (lib. IV–XII) por Tomas de Catimpré – Tacuinum Sanitatis. Codice C-67 (fol. 2v–116r) de la Biblioteca Universidad de Granada, Granada – España 1974.
[10] *K. Holter – K. Oettinger*, Les principaux manuscrits á peintures des la Bibliothéque Nationale de Vienne: Manuscrits allemands (Bull. de la Société Francaise de Reproductions de Manuscrits á Peintures, vol. XXI). Paris 1938, 109–110. – *K. Holter*, Die Wiener Buchmalerei, in: Geschichte der bildenden Kunst in Wien, Bd. II. Gotik, hg. v. *R. K. Donin*. Wien 1955, 223. – *A. Stange* (wie Anm. 6) 39. – *Ch, Ziegler* (wie Anm. 8) 86.

Literaturüberlieferung

Legenda aurea arbeiteten u. a. noch drei Wiener Hofminiatoren mit: der Albrechtsminiator, Meister Michael und der Meister der Klosterneuburger Missalien[11] *(Taf. 9)*.

4. Den „Trojanischen Krieg" des Guido da Columna der ÖNB Wien, Cod. 2773, der in die zweite Hälfte der vierziger Jahre des 15. Jahrhunderts zu datieren und mit 335 Darstellungen ausgestattet ist. Auf fol. 1r unten ist in goldener Textualis-formata-Schrift der Name Martinus Opifex festgehalten (übersetzt: der das Werk gemacht hat). Diesen Namen verwendet die Forschung bis heute als Notnamen für den Autor des überaus reichen Miniaturenœuvres[12] *(Taf. 14)*; s. a. S. 75 f.

5. Das sogenannte „Peutinger Gebetbuch", Cod. brev. 91, der Württembergischen Landesbibliothek von Stuttgart, entstanden gegen 1450/55[13]. Ein Teil der Ausstattung fällt in das letzte Drittel des 15. Jahrhunderts. Es handelt sich um die erste Lage, die wohl zu dieser Zeit an den usprünglichen Buchblock angefügt wurde, sowie um einige Darstellungen in der Handschrift. Der Stil der späteren Ausstattungsphase gehört in den Regensburger–Augsburger Raum (s. S. 40). Auf fol. 1r ist das Wappen des Humanisten Konrad Peutinger (1465–1547), der Ratgeber Maximilians I. war, und seiner Frau Margarete Welser abgebildet, der späteren Besitzer des Gebetbuches[14] *(Taf. 46)*.

6. Nach einem freundlichen Hinweis von Herrn Prof. Dr. Otto Pächt soll sich im Museum del Universidad von Coimbra in Portugal ein Tafelwerk von Martinus Opifex befinden, das von dem französischen Kunsthistoriker F. Avril entdeckt wurde[15].

---

[11] *G. Schmidt* (wie Anm. 6) 161–162, Nr. 98. – *A. Hevesy*, Le Breviaire de Sigismund de Luxembourg. Bulletin de la Société Francaise de Reproductions de Manuscrits á Peintures, vol. I. Paris 1911, 107 ff., Pl. XVIII, XIX, XXII. – *K. Holter – K. Oettinger* (wie Anm. 10) 110 ff., Pl. XIIIb, XXVIII. *A. Stange* (wie Anm. 6) 39, Abb. 77, 78. – *Ch. Ziegler* (wie Anm. 8) 83–89, Abb. 1, 4.

[12] *G. Schmidt* (wie Anm. 7) 162–163, Nr. 99 (mit Literaturangabe). – *Ch. Ziegler* (wie Anm. 7). – Dies. (wie Anm. 8) 83, Abb. 6. – *O. Mazal*, Buchkunst der Gotik. Graz 1975, 89, Abb. 63.

[13] *G. Schmidt* (wie Anm. 6) 161, Nr. 97. – *A. Stange* (wie Anm. 6) 39. – „1200 Jahre Ellwangen", Jubiläumsausstellung des Württembergischen Landesmuseums. Stuttgart 1964, 74 ff. – *Ch. Ziegler* (wie Anm. 7). – Dies. (wie Anm. 8) 87. – Möglicherweise wurde das „Peutinger Gebetbuch" um 1450 für einen „Ulrich" (in Wien?) hergestellt – auf die Person beziehen sich einige Stellen im Gebetbuch. *W. Irtenkauf*, Stuttgarter Zimelien. Württembergische Landesbibliothek. Aus den Schätzen ihrer Handschriftensammlung. Stuttgart 1985, 62 ff.

[14] *E. König*, Studien und Darstellungen aus dem Gebiete der Geschichte, IX/1 u. 2. Freiburg im Breisgau 1919, 146–158. – *H. Lutz*, Conrad Peutinger, Beiträge zu einer politischen Biographie, in: Schriftenreihe des Stadtarchivs Augsburg 9 (1958).

[15] Mündliche Mitteilung im Juni 1977.

DER REALISMUSBEGRIFF IN DER MALEREI DER SPÄTGOTIK

Martinus O p i f e x ist wahrscheinlich vor 1456 gestorben. Sein Geburtsdatum muß vor 1400 liegen. Er war ein Zeitgenosse der bedeutendsten Vertreter der süddeutschen Malerei, wie Lukas M o s e r , Konrad W i t z , Hans M u l t s c h e r , der Meister des T u c h e r a l t a r s , des A l b r e c h t s a l t a r e s und des Meisters von Schloß L i c h t e n s t e i n . Stilistisch kennzeichnet ihn sein Œuvre als einen Wanderkünstler. Sein Werk umfaßt eine Zeitspanne innerhalb der (süd-)deutschen Malerei, die durch ein neuartiges, aus dem R e a l i s m u s entwickeltes Formgefühl charakterisiert ist[16].

Die künstlerische Situation der spätgotischen Tafelmalerei im süddeutschen und österreichischen Raum wird besonders im zweiten Viertel des 15. Jahrhunderts von Werken anonymer Meister dominiert[17]. Auch bei Meistern, deren Namen bekannt sind, wie etwa Lukas M o s e r , Konrad W i t z , Conrad L a i b , hat die Kunstgeschichte erkannt, daß deren Stil nicht allein aus der Lokaltradition von Schwaben, dem Oberrhein oder Salzburg erklärbar erscheint. Die Forschung ist mit Werken eines abrupten S t i l u m b r u c h s vom W e i c h e n S t i l der Internationalen Gotik zu einer R e a l i t ä t s a n s c h a u u n g konfrontiert, deren breite Verwirklichung in der Tafel- und Buchmalerei der Zeit von 1435–1450 überliefert ist. Entscheidend für diese künstlerische Entwicklung im süddeutschen und österreichischen Raum ist die Zeitspanne von 1420–1430.

Für die Entwicklung der süddeutschen Buch- und Tafelmalerei des zweiten Viertels des 15. Jahrhunderts sind zwei Kunstzentren von maßgebender Bedeutung: der Raum der s c h w ä b i s c h e n A l b mit U l m als Mittelpunkt und anderseits der O b e r r h e i n und das B o d e n s e e g e b i e t mit den Konzilsstädten K o n s t a n z und B a s e l . Der östliche Raum mit B a y e r n , S a l z b u r g und W i e n hatte eine eigene Stiltradition, wurde aber auch von der „Konzilskunst" direkt oder sekundär beeinflußt. Während der Konzilszeit (1414–1418) herrschte in K o n s t a n z eine künstlerische Hochblüte. Von Daniel Burckhardt[18] wurde der M a g d a l e n e n a l t a r aus T i e f e n b r o n n des Lukas Moser als ein posthumes Werk der Konzilskunst bezeichnet. Auch Stange[19] und Bushart[20] vertreten die Meinung, daß Lukas Moser und Konrad Witz in Konstanz gelernt haben müssen. Vor allem wird immer wieder auf die Berührung mit der westlichen Kunst hingewiesen, die während der Konzilsphase in Konstanz auf fruchtbaren Boden stieß, wie die verdienstvolle Arbeit von Wingenroth-Gröber[21] zeigt.

Ziel des Konstanzer Konzils, das 1414 von Kaiser S i g i s m u n d einberufen wurde, war die Beseitigung des S c h i s m a s und der sich daraus entwickelnden Irrlehren.

Der Gedanke der französischen Wissenschaftler D ' A i l l i y und G e r s o n über eine „Reform der Kirche" an „Haupt und Gliedern" sowie die Bekämpfung der bei der Kurie herrschenden Anschauung von der Allgewalt des Papstes wurde zur Grundlage des Konzils. Wie erwähnt, wurde der Ort der Konzilstagung zugleich zu einem Schauplatz künstlerischen, aber auch literarischen und wissenschaftlichen Austausches. Ein kennzeichnender Wesenszug war eine soziale Umwälzung, die in der Einbeziehung jeder Bevölkerungsschicht als aktive Handlungsträger im Konzilsgeschehen zum Ausdruck kam. Der Ablauf des alltäglichen Lebens einer Kleinstadt wurde, bezugnehmend auf das Konzil, seinem offiziellen Wert vollkommen gleichgestellt und in allem Detailreichtum geschildert. Dieser Umstand wird in der künstlerischen und in der literarischen Überlieferung der R i c h e n t h a l c h r o n i k manifestiert und stellt ein grundlegendes Merkmal zur Erfassung des Begriffs R e a l i s m u s in der süddeutschen Malerei jener Zeit dar. Es war Otto P ä c h t[22], der die Bedeutung dieser Handschrift diesbezüglich erkannt hat. Ein sakrales Ereignis wird in dieser Handschrift äußerst volkstümlich geschildert. Die Chronik des Konstanzer Konzils wurde von U l r i c h R i c h e n t h a l , dem Sohn des Stadtschreibers Johannes Richenthal, aufgrund von Nachrichten, Abschriften und

---

[16] *Ziegler*, Diss. (wie Anm. 7) 10–22.
[17] Worcester Meister, Meister der Benediktbeuern Kreuzigung, Meister des Albrechtsaltares, Meister von Schloß Lichtenstein, des Znaimer Altars, Meister der Darmstädter Passion, Meister der Spielkarten, Meister des Landsberger Altars ...
[18] *D. Burckhardt*, Studien zur Geschichte der altoberrheinischen Malerei, in: Jahrb. d. preuß. Kunstslg. (1906) 192.
[19] *A. Stange*, Die Deutsche Malerei der Gotik 4 (1951) 100.
[20] *B. Bushart*, Der Meister des Maulbronner Altares von 1432, in: Münchner Jb. (1957) 97.
[21] *Wingenroth-Gröber*, Die Grabkapelle Ottos III. von Hachberg und die Malereien während des Konstanzer Konzils, in: Schauinsland. Freiburg 1908, 5–6.
[22] *O. Pächt*, Eine wiedergefundene Tacuinum Sanitatis Handschrift, in: Münchner Jb. (1952) 180.

eigenen Aufzeichnungen verfaßt und von unbekannter Künstlerhand illustriert. Die Urschrift, die mit Konzilsende entstanden sein muß, ist nicht mehr erhalten. Es sind jedoch fünf Kopien aus der zweiten Hälfte des 15. Jahrhunderts erhalten, die erstmals von Kautsch[23] und in jüngster Zeit von L. Fischel[24] untersucht wurden. Daß bereits vor der Richenthalchronik die Buchkunst des Bodenseeraumes weite Kreise zog, veranlaßte 1932 Jerchel[25] zu folgender Feststellung über den Buchmaler Martinus O p i f e x: „Wie weit deren Wirkung reichte, sieht man in den Handschriftenbildern des Martinus Opifex. ... In seinen Werken entwickeln sich bis zur Jahrhundertmitte viele der Formelemente weiter, die zum ersten Male in der Toggenburgbibel deutlicher sichtbar werden."

Bei dem Versuch, ein süddeutsches spätgotisches Tafelbild zu analysieren, ist mitunter die künstlerische Interpretation eines Werkes nicht allein aus dem Medium der Tafelmalerei zu erklären, sondern muß in Zusammenhang mit den übrigen Komponenten der bildenen Kunst der Zeit, wie Plastik, Buchmalerei und Graphik, betrachtet werden. Dies gilt im umgekehrten Sinn auch für die Buchmalerei, wie die Miniaturen des Martinus O p i f e x zeigen. So betont z. B. B u s h a r t[26] bei der Stilanalyse des Maulbronner Altars dessen verwandte Züge mit den Miniaturen der Nibelungenhandschrift (Berlin, Staatsbibl. Preußischer Kulturbesitz, Ms. germ. fol. 855). Bruno F ü r s t[27] spricht in bezug auf die Reliefplastik des Z n a i m e r A l t a r s von 1440–1450 in Wien von einer „plastischen Malerei". Im Wiener Raum tritt zudem die Frage der Existenz einer großen Werkstatt unter der Leitung des Jakob K a s c h a u e r auf, die R. P e r g e r[28] annimmt und in der der Arbeitsaustausch von Künstlern in der Plastik und in der Malerei selbstverständlich erschien, wie es beispielsweise ein Stilvergleich der Plastik der F r e i s i n g e r M a d o n n a mit der Tafelmalerei des A l b r e c h t s a l t a r s und seines Meisters veranschaulicht. In Ulm erscheint dieses Phänomen in der Werkstatt des Hans M u l t s c h e r. Die Grenzen zwischen P l a s t i k und M a l e r e i werden insoferne aufgehoben, als zum Beispiel in der Malerei bewußt der stoffliche Charakter der Plastik imitiert wird, so wie in der Relief- und Vollplastik die Formprinzipien der Malerei übernommen werden. B a l d a s s[29] spricht von einer „Loslösung der Differenz von Plastik und Malerei". Grundlegendes Formprinzip ist die P r o j e k t i o n von dreidimensional geformten Gegenständen und Figurendarstellungen auf eine zweidimensionale Bildfläche. Dies bedeutet die Formung von plastischen Elementen an der Bildoberfläche – ein bestimmendes Merkmal zum Verständnis der Malerei des Martinus O p i f e x, worauf noch näher eingegangen werden wird.

In einem Vergleich des K a r g r e t a b e l s mit der Architektur in den Malereien der L a n d s b e r g e r T a f e l n (1437) schreibt K. G e r s t e n b e r g[30] über Hans Multscher: „Das Gemeinsame in Multschers malerischer und bildhauerischer Tätigkeit ist inhaltlich die lebendige Dramatik und formal die Energie der Raumauffassung im Sinne rundplastischer Form. Das keimkräftige Element, aus dem alle seine Gestaltung hervorgeht, ist das plastische und funktionale Erlebnis der Körper." Multschers Einfluß ist in der bayerischen Buch- und Tafelmalerei der späten dreißiger und der vierziger Jahre zu verfolgen. Auch wenn Ch. S t e r l i n g[31] die Urheberschaft von Multscher bei den Landsberger Altartafeln verneint und sie einem bayerischen Meister zuschreibt, bleibt die Tatsache aufrecht, daß in der bayerischen Malerei die Beziehung zur Plastik eine ebenso bedeutende Rolle spielte wie im Wiener Raum unter Jakob Kaschauer. Als künstlerisches Bindeglied zwischen Malerei und Plastik nimmt in dieser Zeit die G r a p h i k und Handschriftenillustration einen wachsenden Stellenwert ein. Aus diesem künstlerischen und historischen Spannungsfeld heraus entsteht um 1430 bis 1435 ein kleines Tafelbildchen, die sogenannte W o r c e s t e r - K r e u z t r a -

---

[23] *R. Kautsch*, Die Handschriften von Ulrich Richenthals Chronik des Konzils. Zeitschr. f. d. Gesch. d. Oberrheins (1894) N.F.IX.

[24] *L. Fischel*, Kommentar in der Faksimileausgabe der Richenthalchronik von Konstanz, hg. von *O. Feger*: Konstanz 1964. – Dies., Kunstgeschichtliche Bemerkungen zu Ulrich Richenthals Konstanzer Konzilschronik, in: Zeitschr. f. Gesch. d. Oberrheins 107 (1959). Die Form der Illustration erklärt Kautsch in dieser Weise: „Wenn Richenthal aus seinen Notizen und Akten ein größeres Stück Text zusammengeschrieben hatte, ließ er den oder die Maler (!) die zugehörigen Bilder hinzufügen. So kamen diese in größere Gruppen hinter längere Textabschnitte zu stehen."

[25] *H. Jerchel*, Spätmittelalterliche Buchmalerei am Oberlauf des Rheins, in: Oberrhein. Kunst V (1932) 63.

[26] *Bushart* (wie Anm. 20) 89.

[27] *B. Fürst*, Beiträge zu einer Geschichte der österreichischen Plastik in der ersten Hälfte des 15. Jahrhunderts. Leipzig 1931, 43.

[28] *R. Perger*, Die Umwelt des Albrechtsaltars, in: Der Albrechtsaltar und sein Meister. Wien 1981, 16.

[29] *L. Baldass*, Der Wiener Schnitzaltar, in: Jahrb. d. kunsth. Slgn. IX (1934) 34.

[30] *K. Gerstenberg*, Hans Multscher. Leipzig 1928, 110 ff.

[31] *Ch. Sterling*, The Master of the Landsberg Altarwings, in: Kunstwissenschaftliche Forschungen Otto Pächt zu Ehren. Wien 1972, 150–162.

g u n g (Chicago, Museum of Arts) *(Abb. 1)*, das von der kunsthistorischen Forschung vorwiegend nach Bayern[32], vereinzelt aber auch nach Österreich lokalisiert wurde (Näheres über die Stilherkunft siehe S. 14ff.). 1969 hat Julia M. E h r e s m a n n einen wichtigen Beitrag zum Verhältnis der bayerischen zur Wiener Tafelmalerei verfaßt[33]. Darin ist sie der Meinung, daß das 1439 entstandene Frühwerk des Meisters von P o l l i n g in Kremsmünster (Stiftsgalerie; Tafelbilder mit der Heimsuchung, Geburt, Darbringung im Tempel und Marientod) ausschließlich aus der genauen Kenntnis des Wiener Albrechtsaltares von 1437/1439 (Klosterneuburg, Stiftsgalerie) entstanden sei. Der bayerischen Tätigkeit des Pollinger Meisters ginge daher eine Werkstattgemeinschaft mit dem Meister des Albrechtsaltares voraus.

Konkret führt die Überschneidung von Stileinflüssen in der süd- und südostdeutschen Malerei am Beginn der Spätgotik zu einer Form gemeinsamen Kunstwollens, die sich auf die Schilderung der U m w e l t r e a l i t ä t konzentriert. Die Tradition einer Lokalschule wird in Stil und Ikonographie entweder neu formuliert oder, wenn diese nicht stark genug war, vernachlässigt bzw. es wird mit ihr dann gebrochen, wenn der Künstler sich an einer anderen Wirkungsstätte niedergelassen hat. Nach O. F i s c h e r[34] kann der Terminus „Lokalkunst" im 2. Viertel des 15. Jahrhunderts nur als Hilfsbegriff historischer Forschung dienen, „den eine fortschreitende stilgeschichtliche Erkenntnis beiseite zu werfen habe". Die genrehafte Gestaltung einer Darstellung, die den Charakter einer erzählenden Milieuschilderung erhält und vor allem zu einer Profanisierung der sakralen Thematik führt, greift über die Grenzen der einzelnen Lokaltradition hinaus.

Voraussetzung dafür ist die g e i s t i g e V e r b i n d u n g des B e t r a c h t e r s außerhalb des Bildes mit dem G e s c h e h e n und dem Z u s c h a u e r in der Darstellung. Dies stellt eine weitere fundamentale Komponente zum Verständnis des Begriffes R e a l i s m u s in jener Zeit dar.

Es handelt sich um eine Reaktion auf die idealisierte Vorstellungswelt der internationalen Gotik, die in ihrer Art des Kunstwollens über Lokalgrenzen hinausgegangen ist. Das repräsentative Andachtsbild um 1400 wird von der Vorliebe für die S i t u a t i o n s s c h i l d e r u n g eines religiösen Themas verdrängt.

Der Gattungsbegriff R e a l i s m u s ist in Artbegriffe von unterschiedlicher Nuancierung unterteilt. Derartige D e t a i l r e a l i s m e n können expressive Gebärden der Physiognomien oder Körperbewegungen der Figuren sein oder, wie oben angedeutet wurde, die Verhärtung des Gewandstiles, die stoffliche Tastbarkeit des Gewandes sowie das Bemühen, N a t u r und U m w e l t in der Landschaft tatsächlich zu erfassen. F o r m und I n h a l t stehen nun in einem engen kausalen Zusammenhang. Die erzählende Funktion einer Darstellung wird insoferne nachdrücklich hervorgehoben, als der Betrachter als Zuschauer in die Handlung mit einbezogen wird. Er befindet sich auf der A k t i o n s b ü h n e der szenischen Handlung *(s. Rückseite des Hinterdeckels)*, was einen ganz wesentlichen Stilzug in den Miniaturen des Martinus O p i f e x, insbesondere des Trojanischen Krieges, bildet. Die Akzentuierung von Kontrasten im Kompositionsaufbau erhöht die Spannung des Inhaltes und somit dessen Realitätsgrad. Als Beispiel sei vorweggenommen, daß in der W o r c e s t e r - K r e u z t r a g u n g die Figur Christi im Zentrum des Bildes als Kontrast zur lebhaften Mimik und Gestik der Nebenfiguren in ruhiger, statischer Verhaltensweise überliefert ist. Der Erzählstil und der Kostümrealismus werden auch entscheidend für die Milieuschilderung von höfischen Szenen, wie noch zu hören sein wird.

Einzelne Formen des Realismus haben ihren Ursprung in den Malereien des 14. Jahrhunderts, wie beispielsweise im Genrerealismus der oberitalienischen Buchmalerei aus dem letzten Drittel des Jahrhunderts, was Otto P ä c h t nachweisen konnte[35]. Das Interesse für die Darstellung einer Naturstudie wurde in dieser Zeit durch die Kunst lombardischer Maler geweckt. Im Skizzenbuch des G i o v a n n i n o d e G r a s s i in Bergamo (Biblioteca Civica, Ms VII)[36] oder etwas später in den

---

[32] *K. Oettinger,* Zur Blütezeit der Münchner gotischen Malerei – Der Meister der Worcester Kreuztragung, in: Zeitschr. d. deutschen Vereins f. Kunstwissenschaft 7 (1940) 217 ff. – *Ziegler,* Diss. (1974) 15. – *Suckale,* (wie Anm. 7) 93–97 (zur Worcester-Kreuztragung, + Abb. auf S. 93).

[33] *J. M. Ehresmann,* The Master of the Polling Altars, an Austrian Contribution to the Bavarian School, in: Marsyas XIV (1968/1969) 17–28, bes. S. 18.

[34] *O. Fischer,* Altdeutsche Malerei in Salzburg. Leipzig 1908, 16.

[35] *O. Pächt,* Early Natur Studies and the Early Calendar Landscape, in: Journal ot the Warburg and Courtauld Institutes 13 (1950) 13–47.

[36] *Pächt* (wie Anm. 22) 35 ff.

Zeichnungen des sienesischen Künstlers P i s a n e l l o sind wesentliche Vorstufen für die Entwicklung der Darstellung von Naturobjekten in der süddeutschen Buchmalerei und Graphik ab dem zweiten Viertel des 15. Jahrhunderts zu finden[37]. In der Wiener und in der Salzburger Buchmalerei wurde diese Kenntnis auch über die böhmische Buchmalerei der W e n z e l s h a n d - s c h r i f t e n um 1400 übernommen. Das reichhaltige Œuvre der böhmischen Buchkunst stand den Wiener H o f m i n i a t o r e n in der H o f b i b l i o t h e k König (Kaiser) F r i e d r i c h s III. als Vorlage zur Verfügung. Der böhmische Einfluß und damit die Verbindung nach Italien war in Wien historisch und künstlerisch seit der zweiten Hälfte des 14. Jahrhunderts intensiv vorhanden, beispielsweise durch Erzherzog R u d o l f IV. von H a b s b u r g und durch den Buchmaler N i k o l a u s von B r ü n n, den „Begründer" der Wiener Hofminiatorenwerkstatt.

Noch zwei oder drei weitere Phänomene sind für die Realismusströmung im süd- und südostdeutschen Raum vorauszusetzen[38]. Historisch gesehen, sind es einerseits die H u s s i t e n - k r i e g e als Folgeerscheinung des Konstanzer Konzils[39]. Die Drastik und Brutalität, mit der fast zwei Jahrzehnte lang R e l i g i o n s k r i e g e besonders auch in den österreichischen Landen geführt wurden, hat auch in der bildenden Kunst ihren Niederschlag gefunden (Graphik mit der „Hussitenschlacht"). Die optischen Eindrücke der Exekution von Grausamkeiten waren inspirierend für die Darstellungsweisen des Bösen, des Schmerzes und des Leidens, wie zum Beispiel in den Schlachtenszenen von Ritterromanen und Chroniken. Man vergleiche diesbezüglich die zahlreichen Miniaturen des T r o j a n i s c h e n K r i e g e s von Martinus O p i f e x *(Taf. 28)* oder davor die Darstellungen in der H i s t o r i a S c h o l a s t i c a des Petrus C o m e s t o r (siehe S. 25, 28). In den christologischen Zyklen wurde besonders das L e i d e n J e s u C h r i s t i anschaulich geschildert (Meister der Worcester-Kreuztragung).

Die Rezeption der a l t n i e d e r l ä n d i s c h e n Malerei, und zwar bereits die der Frühphase aus dem Œuvre der v a n E y c k s im zweiten Jahrzehnt des 15. Jahrhunderts, vertieft die Ausdrucks- möglichkeit bei der Realitätsschilderung der Umwelt in der gesamten deutschen Malerei. Die altniederländischen Vorlagen wurden nicht einfach kopiert, sondern in die eigene künstlerische Sprache umgesetzt. (S. z. B. das Kapitel über die Stilherkunft von Martinus O p i f e x sowie über den Meister der Worcester Kreuztragung.) Der Einfluß der altniederländischen Malerei muß zeitlich in der Phase des Konstanzer Konzils eingesetzt haben. Die zweite Rezeptionsperiode erfolgte in den dreißiger Jahren des 15. Jahrhunderts, in der Zeit des B a s e l e r K o n z i l s (1432–1449). Die Übernahme dieser künstlerischen Quellen erfolgte nicht aus zweiter Hand, sondern geschah in direktem Kontakt mit den Vorbildern (s. die W a s s e r v a s s c h e K r e u z i g u n g, Meister F r a n c k e, Hans M u l t s c h e r, Konrad W i t z, Meister des A l b r e c h t s a l t a r s, Martinus O p i f e x, um einige Künstlerpersönlichkeiten zu nennen). Nach der Mitte des 15. Jahrhunderts setzt schließlich die dritte Welle des Stileinflusses der altniederländischen Malerei ein.

Bei der eben aufgezeigten Analyse hat sich erwiesen, daß der Begriff des R e a l i s m u s in der (süd)deutschen und österreichischen Malerei vielschichtig ist, aus dieser Palette jedoch zu einem einheitlichen Ganzen geformt wird. Der Einfluß der westlichen, der französischen Malerei war ebenfalls bedeutend, ist jedoch nicht in diesem Ausmaß für unsere Frage nach dem Terminus R e a l i s m u s relevant.

---

[37] *Ziegler,* Diss. (wie Anm. 7) 19 ff.
[38] Daß der Begriff des R e a l i s m u s nicht auf jede neu erscheinende, weil überbetonte Darstellungsform, angewendet werden kann, wie dies in der Forschung nicht selten der Fall war, veranschaulicht die Formulierung des Begriffes des Grotesken. Die Darstellung des Grotesken bei Figuren in der spätgotischen Malerei war im süddeutschen Raum ein wesentliches Ausdrucksmittel. *Ziegler,* Diss. (1974) 17–18. Als psychische Interpretation bei Figuren als Mittel erzählerischer Gestaltung ist die Anwendung des Grotesken kennzeichnend für das Mittelalter, wie etwa in den Darstellungen der Biblia Pauperum im 14. Jahrhundert (Salzburg, St. Peter, a VII 43). *H. Cornell,* Biblia Pauperum. Stockholm 1925, 85, Taf. 14–18. – Das Groteske in Form einer Theatermaske war ein beliebtes Motiv in der Antike und in der karolingischen Epoche. – Aufgrund der fortschreitenden Entwicklung, Einzelheiten und Figuren dem Naturabbild immer ähnlicher zu gestalten, wird bei den Figuren die groteske Ausdrucksweise vermenschlicht, der Grad der Realität erhöht. *O. Pächt,* Die Gotik der Zeit um 1400 als gesamteuropäische Kunstsprache, in: Europäische Kunst um 1400. Wien 1964, 52.
[39] *Ch. Ziegler,* Stift Zwettl und Böhmen, in: Alte und Moderne Kunst 176 (1981), 7–12, Abb. 1–15, bes. Abb. 7–8, Farbabb. auf S. 1 und Farbabb. I.

DIE WORCESTER-KREUZTRAGUNG

In diesem Abschnitt soll einerseits die Stilherkunft des Meisters der Worcester-Kreuztragung *(Abb. 1)* aus dem österreichischen, hauptsächlich aus dem Wiener Raum, zum anderen die künstlerische Stellung zu Martinus Opifex näher behandelt werden. Außer Diskussion steht, daß der Meister des kleinen Tafelbildes der Kreuztragung mit den Maßen 241 × 181 die führende Kraft einer Werkstatt war. Die Vertreter der Meinung von der bayerischen Stilherkunft des Worcester-Meisters, wie A. Stange, G. Schmidt und R. Suckale, gehen davon aus, daß der Meister der Begründer der Werkstatt der Ottheinrichsbibel war, aus der Martinus Opifex hervorgegangen sein soll[40]. Als nächstliegende Vergleichsbeispiele betrachten die Vertreter der Ansicht von der bayerischen Stilherkunft des Worcester-Meisters einige Darstellungen in der Renner-handschrift des Hugo von Trimberg von 1431 (Heidelberg, Universitätsbibliothek, Cod. pal. germ. 471, fol. 34v)[41]. Es handelt sich um die Figurenkomposition des Zorns, der vierten Todsünde *(Abb. 2)*, sowie um die Landschaftswiedergabe jenes Meisters auf fol. 4v. Die dynamischen Bewegungsmomente innerhalb der Gruppe, die energiebetonten und expressiven Physiognomien, die Gestik der Hände und das Kolorit des Gewandes werden mit dem Meister der Worcester-Kreuztragung und jenem der Rennerdarstellungen stilistisch in Verbindung gebracht. 1987 ging Suckale so weit, beide Meister als ein- und dieselbe Künstlerpersönlichkeit identifizieren zu wollen. In unserer Dissertation von 1974 hatten wir uns der Meinung von Stange und Schmidt angeschlossen[42]. Nun aber sehen wir uns veranlaßt, unsere damalige kunsthistorische Ansicht zu korrigieren und Neuartiges in der Frage dieses Stilkomplexes zu vertreten[43].

Der Stilkonnex zwischen der gegen 1430 entstandenen Worcester-Kreuztragung und den 1431 datierten Darstellungen des Renner-Codex ist nicht zu übersehen, doch gibt es gravierende Stilunterschiede. Sie betreffen beispielsweise die Binnenmodellierung der Physiognomiepartien beim Meister der Rennerdarstellungen durch äußerst kräftige Federstiche, um den expressiven Gesichtsausdruck auf ein Maximum zu steigern (siehe die Kinn-, Backen-, Mund- und die weit aufgerissenen Augenpartien). Die Federführung ist derb, die Umrißkonturen der Physiognomien sind kantig, der Gesichtsausdruck ist dem Thema Zorn entsprechend vulgär. Die Hände sind schmal, die Finger werden durch scharfe Konturen voneinander abgesetzt. Analog dem wilden Gesichtsausdruck der Figuren sind die Haare extrem zerzaust, wie zum Beispiel bei der Figur mit dem Schwert. Besonders drastisch ist die Darstellung, in der der Gegner an den Haaren gezogen wird. Demgegenüber wirkt der Körperbau der Figuren eher zierlich. Die Körperpartien sind schmal gezeichnet.

Der Meister der Worcester-Kreuztragung war ein Buchmaler. Es ist ein Verdienst von R. Suckale[44], dieses wichtige Faktum mit Hilfe einer Infrarotuntersuchung, die an dem Täfelchen im Museum of Art in Chicago vorgenommen wurde, festgestellt zu haben. Die künstlerische Fertigkeit des Worcester-Meisters würde sich bei der Vorzeichnung einer Darstellung in Strichen, Punkten und in zaghafter Umrißzeichnung mittels Haarpinsels manifestieren.

Diese Art von Vorzeichnung wäre, nach Meinung von Suckale, in der böhmischen Buchmalerei in der Ausstattung der Reisebeschreibung des Jean de Mandeville[45] beheimatet, die wir in unserer Stilanalyse von Martinus Opifex wiederholt herangezogen haben. In der Mandeville-Handschrift wird die Federzeichnung als Mittel zu feiner, malerischer Schattierung eingesetzt. Demnach ist bereits in der technischen Ausführung eine Vorstufe zu einer Stildivergenz zwischen der Worcester-Tafel und den Darstellungen der Renner-Handschrift enthalten.

In der harten Strichführung wäre aber dieser Meister aus dem Renner-Codex mit dem Markusmeister, aber auch mit dem Matthaeusmeister aus der Ottheinrichsbibel (München BSB, Cgm. 8010) *(Abb. 3)* vergleichbar (siehe S. 64 ff.).

Im Gegensatz dazu modelliert der Meister der Worcester-Kreuztragung die Physiognomiepartien seiner Figuren weicher, abgerundeter und damit auch plastischer als der Meister der ‚Zorn'-Darstellungen des Renners. Die Verzerrung der Gesichtszüge, die Spannungen im Gesichtsfeld

---

[40] Ausst.-Kat., Regensburger Buchmalerei – Von frühkarolingischer Zeit bis zum Ausgang des Mittelalters. München 1987, 93–97, Abb. 1.
[41] *Suckale* (wie Anm. 7) 103, Nr. 89, Taf. 63.
[42] *Ziegler*, Diss. (wie Anm. 7) 126, 127, 129.
[43] *Ziegler*, Vortrag vom 27. Jänner 1982. – Ausst.-Kat., Musik im mittelalterlichen Wien (1986/1987) 73, + Abb. (Bearbeiter: *Ch. Ziegler*).
[44] *Suckale* (wie Anm. 7) 94.
[45] *Krása* (wie Anm. 223).

Abb. 1: Meister der Worcester-Kreuztragung; Chicago, Museum of Arts; Wien, 1430–1435

Abb. 2: Hugo v. Trimberg, Der Renner; Cod. pal. germ. 471, fol. 34v; Bayern, 1431; Zorn

hervorruft, ist ohne starke Betonung der Konturlinien ausgeführt. Wulstartig werden Backenknochen, Kinn-, Nasen- und Mundpartien geformt. Betonter ist die Federzeichnung bei der Bildung der Augen in der Hervorhebung der Pupille und in der Iris, wie etwa bei den Schergen rechts von Maria. Bei Maria oder bei der Christusfigur ist die Augenpartie dagegen durch verwischte Pinsel- und Federstrichführung gekennzeichnet. Weich und teigig sind die Hände, die Finger und die Armpartien sowie die Bein- und Fußpartien bei Christus aufgefaßt. Die übertriebene, maßlose, ja geradezu krankhafte Expression der Rennerfiguren ist im Gegensatz dazu bei den Schergen der Worcester-Kreuztragung verhaltener gezeigt.

Die Komposition der Worcester-Kreuztragung besteht in zwei Diagonalen in Form eines Andreaskreuzes. In der Bildmitte ist Christus als zentraler Handlungsträger zu sehen. Seine abgewinkelte Frontalhaltung mit dem Kreuzesbalken quer über dem Rücken signalisiert die Diagonalrichtung in der Gesamtkomposition von links nach rechts. Diese wird noch durch den weit ausgeschwungenen rechten Arm um den Kreuzesbalken unterstrichen. Die von der Kreuzeslast und den Schlägen stark gebeugte Haltung Christi ist abermals Ausgangspunkt einer zweiten Diagonale in entgegengesetzter Richtung. Christus wird in seinen Bewegungen von allen Seiten behindert. Damit hat aber der Worcester-Meister zugleich den Aktionsradius der Figuren der Stellung Christi subordiniert. Die Richtungsgegensätze der agierenden Figuren innerhalb einer Diagonalrichtung und deren ausscherende Bewegungen vermitteln im ersten Augenblick ein unruhig erscheinendes Szenarium. Betrachtet man das Kompositionsschema näher, so unterliegt der konträre Bewegungsrhythmus einem gestaffelten Bildsystem in Form eines Gittermusters. Der Worcester-Meister verwendet dieses Kompositionsmittel des Bildaufbaus auch zur Betonung der unterschiedlichen Größenordnung der Figuren. Dies bewirkt eine „scheinbare" Auflockerung der Darstellung, die Aktion jeder Figur wird anschaulicher hervorgehoben. Die Blickrichtung des Betrachters muß ständig wechseln. Wichtig ist, daß die Leerstellen im Bild, die aus den Richtungsgegensätzen entstehen, durch die Aktivitäten der Figuren ausgefüllt werden, wie zum Beispiel beim linken Unterarm des Soldaten im Bildhintergrund, der Christus am Seil zerrt. Mit der Rechten holt er zum Schlag aus. Ein anderes Beispiel wäre die Verspottungsgestik des Knechtes links im Bildvordergrund. Dargestellte Verkürzung von Kopf- und Armpartien, wie etwa bei der Figur Christi, die Verdeckung von Körperteilen wie zum Beispiel der Verlauf des Armes über das Gesicht von Köpfen in Profil- oder Dreiviertelansicht sowie in verlorenem Profil unterstreichen den spannungsgeladenen Inhalt und die Dramatik der Kreuztragung.

Die Körperformen sind kraftvoll geballt und die Rücken- und Schulterpartien besonders akzentuiert. Wesentlich ist die Wiedergabe der Rückenfigur im Bildvordergrund rechts, die Christus an einem Strick um die Taille zerrt und die gleichzeitig als Kontrastfigur zur Frontalhaltung Christi

Abb. 3: Ottheinrichsbibel, München, BSB, Cgm. 8010, fol. 13r; Bayern, ca. 1440; Matthäusmeister

fungiert. Nicht unwichtig ist die Schrittstellung der Figuren im Bildvordergrund. Sie betont die Rundung der Bildbühne, auf der ein Akt des „Passionsschauspieles" abläuft. Die Überschneidungseffekte in den Figurenbewegungen erhalten einen besonderen Stellenwert. Otto Pächt hat sie bezüglich der Kreuztragung des Meister Francke (Abb. 4) folgendermaßen erklärt: „Der Sinn der Überschneidungen ist also nicht, eine Tiefenstaffelung fühlbar zu machen, Überschneidungen sind das probate Mittel, im konstanten Verschwinden und Wiederauftauchen der Formen aus dem Raum auf Umwegen in die Fläche zurückzukehren, den Raum in der Fläche zu verklammern"[46]. Die Kreuztragung aus dem Thomasaltar der Englandfahrer des Meister Francke (nach 1424; Hamburg, Kunsthalle)[47] ist bisher von der Forschung als bedeutende, ja grundlegende Möglichkeit zum Stilvergleich für die Worcester-Kreuztragung übersehen worden.

Im Unterschied zur Kunst um 1400 ist bei Meister Francke, jedoch noch extremer beim Worcester-Meister, die Körpersprache zur lebhaften Gebärdesprache geworden, die bewußt simultane Gefühlsmomente des Inhaltes überliefert und zugleich raumgliedernd und körperverbin-

---

[46] O. Pächt, Meister Francke-Probleme, in: Ausst.-Kat., Meister Francke und die Kunst um 1400 (1969) 26.
[47] Ausst.-Kat., Meister Francke (1969) Taf. 15.

Abb. 4: Meister Francke, Kreuztragung, nach 1424

dend wirkt. Es handelt sich um die Frühphase der altniederländischen Malerei des Hubert und des Jan van Eyck in der Kreuzigung des Metropolitan Museum von New York[48], wo dieses Realismusmerkmal in der Gruppe der Schaulustigen unter den drei Kreuzen zum Ausdruck kommt. In den Freiraum zwischen dem Reitervolk fügte der Tafelmaler in verkleinertem Maßstab das Fußvolk der „Gaffer" ein. Die Figuren werden vom Reitervolk stark überschnitten. Sie haben die „künstlerische" Funktion, den Leerraum zwischen den Richtungsgegensätzen der Reiter auszufüllen.

Die Dramatik des Handlungsablaufes wird bei der Worcester-Kreuztragung durch eine weitere Realitätsbetonung intensiviert. Festgehalten ist der Augenblick des Zusammenbrechens Christi unter der Kreuzeslast auf seinem Rücken. Christus umklammert von rückwärts den Querbalken mit beiden Händen, um eine Möglichkeit zu haben, das Gleichgewicht des Stehens auszubalancieren. Der Worcester-Meister zeigt nur den Querbalken als Raumdiagonale, durch den weit ausschwingenden linken Arm Christi wird die Sicht auf den Längsbalken genommen. Christus knickt mit dem Oberkörper in Richtung des Beschauers ein. Infolge der Kreuzeslast, der Schläge und Fußtritte von Soldaten und Knechten sowie durch das Ziehen und Zerren am Strick um den Hals und um die Taille Christi scheint der Widerstand Christi zu brechen. Bildlich gesprochen, neigt Christus wie in der Kreuzigungsdarstellung das Haupt zur Seite – es wird jedoch von der Hand des Schergen zur Seite gedrückt. Sein Antlitz drückt Angst und schweigend erduldetes Leiden aus. Von der fest in sein Haupt gedrückten Dornenkrone rinnt in Strömen Blut über sein Antlitz und über das Gewand. In diesem Bild ist nicht der Kreuztragungstypus des italienischen Raumes realisiert, wo Christus aufrecht, das Kreuz über der Schulter, mitten durch die Menschenmenge zur Richtstätte schreitet, sondern es wird eine Episode der Kreuztragung geschildert: der M o m e n t d e r v ö l l i g e n E r s c h ö p f u n g w ä h r e n d d e s L e i d e n s w e g e s. Gewalt, Haß, das Böse schlechthin umgeben die

---

[48] *E. Panofsky*, Early Netherlandish Painting. Cambridge/Mass. 1933, Vol. 2, Pl. 166, Abb. 301. – *Panofsky*² London 1971.

Abb. 5: Biblia Pauperum; Cod. a IX 12, fol. 20r; Kreuztragung; Ende 14. Jh.

Christusfigur und scheinen sie zu isolieren. Links im Bildhintergrund ist die Gruppe der Trauernden mit Maria und Johannes zu sehen. Abgesondert vom zentralen Geschehen, werden sie gleichfalls verspottet und verhöhnt.

R. Suckale leitet die Worcester-Kreuztragung aus der italienischen Trecentomalerei, speziell aus der Kreuztragung des A l t i c h i e r o in Padua ab[49]. Die italienische Vorlage solle sowohl die geistige Inspiration, als auch formale Details beinhalten. Den Einfluß der frühen altniederländischen Malerei schließt Suckale aus. Es wurde bereits darauf hingewiesen, daß der Kreuztragungstypus der Trecentomalerei die Schilderung eines Massenszenariums ist, in dem Christus als Teil der Menschenmenge scheinbar mühelos das Kreuz auf der Schulter trägt[50]. Die Körperhaltung zeigt kaum Anzeichen eines Leidensprozesses. Daß Christus an einem Seil um den Hals gezogen wird, ist ein rein formaler Akt, so wie auch die Hilfeleistung, die Christus durch Simon von K y r e n e beim Kreuztragen erhält (siehe die Evangelienstelle bei Matthäus, Marcus und Lucas). Die Worcester-Kreuztragung versinnbildlicht eine Detailphase des Kreuztragungszuges, nicht, wie in der Trecentomalerei, das gesamte Thema. In der Kopie der Kreuztragung früheyckischer Malerei (Budapest, Nationalmuseum) wird Christus „. . . ein sehr langes Kreuz aufgebürdet, das er hinter sich herschleppt . . ."[51]. Der Wirklichkeitsgehalt der Situationsschilderung erfährt einen Erneuerungspro-

---

[49] *Suckale* (wie Anm. 7) 95, 96.
[50] *G. Schmidt*, Die österreichische Kreuzigungstafel in der Huntington Library. ÖZKD (1966) 3, Abb. 5.
[51] *Pächt* 1969 (wie Anm. 46) 27. – *Panofsky* (wie Anm. 48) Vol. 2, Pl. 169, Abb. 305.

Abb. 6: Peutinger Gebetbuch, Cod. brev. 91, fol. 93r; Kreuztragung; ca. 1450

zeß, die Christusfigur ist leicht gebeugt. Die Kreuzeslast hindert Christus daran, weiterzugehen. Der ausladende Schritt bildet nicht mehr ein Motiv der Fortbewegung, sondern wird zum Balanceakt des Standmotivs. Hierin liegen unserer Ansicht nach die Wurzeln zum Verständnis der Worcester-Kreuztragung. Der niederdeutsche Maler Meister Francke hat noch vor dem Worcester-Meister diese Realitätsauffassung aufgegriffen und dynamisch expressiv zum Ausdruck gebracht. Unumgänglich ist für ihn die direkte Konfrontation des Bösen mit dem erduldeten Leiden. Auf dieser Grundlage wurde die Komposition richtungweisend für den Worcester-Meister.

Beide Kompositionen sind auf einen halbkreisförmigen Bühnenausschnitt verlegt. Infolge der Figurenkompositionen verläuft die Bewegungsrichtung von links nach rechts. Links im Bild bildet den Abschluß die Mariengruppe, rechts im Bild der Soldat mit den Marterwerkzeugen in einem Behälter. Im Schnittpunkt der Diagonalkomposition wird Christus von den Schergen eingekeilt. Durch Stoßen, Schlagen und Zerren an den Seilen (beim Meister Francke auch an den Haaren) versuchen die Schergen, den ins Stocken geratenen Zug fortzubewegen, um den völligen Zusammenbruch Christi zu verhindern. Dieser ist beispielsweise in der Kölner Malerei um 1420 in der Wasservasschen Kreuzigung mit Kreuztragung oder in der Albertina-Zeichnung von ca. 1430–1435 realisiert. Zugleich wird Christus auch die Möglichkeit genommen, sich fortzubewegen, indem der Scherge auf sein Gewand steigt, Christus jedoch auch mit dem linken Knie nach vorne stößt (siehe die ähnliche Figur links im Bildvordergrund beim Meister Francke und die Rückenfigur, die Christus am Seil zerrt). Vorweggenommen ist beim Meister Francke die Drastik der Gebärdensprache der Verspottungsszenen sowie die Versinnbildlichung des Leidens Christi. Wie beim Worcester-Meister neigt Christus das Haupt nach links, das Blut fließt über seinen ganzen Körper. Simon von Cyrene fungiert, nach Pächt, in der Komposition des Meister Francke nur als „nebensächliche Episodenfigur, nicht als eine der Stützen der Komposition". In der Worcester-Kreuztragung kommt Simon von Cyrene nicht vor. Nach Pächt wird „... das Ganze dieser Bewegung zum Weg des Kreuzes, im buchstäblichen Sinn des Wortes...."[52]

---

[52] *Pächt* 1969 (wie Anm. 46) 27.

Abb. 7: Kreuztragung; Wien, Albertina, Kupferstichsammlung; Wien (?), nach 1430

Es muß auch der zeitliche Umstand der Entstehung der beiden Kreuztragungstafelbilder beachtet werden. Kurz nach dem Ende des Konstanzer Konzils (1418) setzen die Hussitenkämpfe ein, die sich über das gesamte deutschsprachige Gebiet ausdehnten sowie über Böhmen und Mähren. Im österreichischen Raum wüteten die Kämpfe besonders im niederösterreichischen Gebiet. Unter anderem war der soziale Umstand von Bedeutung, daß auf Seiten der Hussiten die Krieger hauptsächlich aus dem Volk kamen und sich in der Ausrüstung von den Regierungstruppen unterschieden. Die Ausrüstung bestand aus selbstgeschmiedeten Spießen, Hellebarden, langstieligen Äxten, Dreschfelgeln und Morgensternen (= mit eisernen Stacheln besetzte Holzkeulen). Dementsprechend trugen die meisten Hussiten im Kampf bäuerliche Kleidung. Eine bildliche Vorstellung von den Hussitenkämpfen bietet der Kupferstich mit der „Hussitenschlacht" gegen Ende des zweiten Viertels des 15. Jahrhunderts (Paris, Louvre, Cabinet des Estampes, Sammlung Rothschild)[53]. Diese Art von volkstümlicher Kriegsführung findet ihren Niederschlag auch in der Malerei der Zeit. Auffallend ist die improvisierte bäuerliche Kriegsbekleidung bei den Schergen in der Worcester-Kreuztragung, wie zum Beispiel im Bildvordergrund. Sie tragen eine wamstartige Oberbekleidung, merkwürdig herabhängende Strumpfhosen, so daß die Unterbekleidung sichtbar ist, eine lederstrumpfartige Schuhbekleidung und Lederriemen um die Hüftpartien, die als Halt für Waffenutensilien dienen. Einzig die Helme sind jenen der Soldaten angeglichen. Die Form ist unterschiedlich, häufig sind die Helme mit einem Turbanring umgeben, manchmal ist nur der Turban als Kopfbedeckung wiedergegeben. Eine ähnliche bäuerliche Kostümierung wurde vom Meister Francke in der Kreuztragung aufgegriffen, weitere Beispiele wären in der Kölner Malerei ab 1410/1420 nachzuweisen. Erwähnen möchten wir den K a l v a r i e n b e r g aus St. Andreas (Köln, Wallraf-

---

[53] *Ziegler*, Diss. (wie Anm. 7) 13, Anm. 1. – Dies., Ausst.-Kat. (1986/1987) 185. – Dies., Ausst.-Kat., Die Kuenringer und das Werden des Landes Niederösterreich. Stift Zwettl 1981, 208, Abb. zu Kat.-Nr. 272.

Abb. 8: Meister der St. Lambrechter Votivtafel; Wien, um 1430

Richartz-Museum)[54], wo der Scherge unterhalb des rechten Schächerkreuzes mit der Armbrust auf der Schulter, dem Köcher um die Hüfte und durch die Bekleidung den beiden Schergen aus der Worcester-Kreuztragung sehr verwandt ist. In der ungefähr zeitgleichen westfälischen Malerei kommt der Scherge mit der Armbrust im Kalvarienberg des Wildunger Altars von Konrad Soest vor[55]. Nachdem er Christus verspottet hat (siehe Worcester-Kreuztragung), betrachtet er mit seinem „Kollegen" aus einiger Entfernung gestikulierend die Kreuzigung. In der Kreuzigung der früheyckischen[56] Malerei haben die beiden Schergen nach vollzogener Arbeit ihren Platz als Zuschauer im Bildvordergrund zwischen der Mariengruppe und der Reitergruppe um die drei Kreuze eingenommen. Betont lässig ist die Haltung der beiden Rückenfiguren. Die rechte Figur hat den linken Arm auf die rechte Schulter des Freundes gestützt. Bemerkenswert ähnlich dem rechten Schergen in der Worcester-Kreuztragung ist die Kopfbedeckung sowie die Zopffrisur. Sein Gefährte hält in der linken Hand die Armbrust.

Aus dem Gesagten kann geschlossen werden, daß die Hussitenzeit beim Worcester-Meister in der volkstümlichen Interpretation seiner Kreuztragung einen nachhaltigen Eindruck hinterlassen hat, jedoch waren einzelne realistische Motive in Werken des niederdeutschen und des niederländischen Raumes noch vor den Höhepunkten hussitischer Kampfhandlungen enthalten. Im Bildhintergrund der Worcester-Kreuztragung ist ein weiteres „Hussitenkriegswerkzeug" sichtbar, nämlich die Keule. In einer etwas schmäleren Form verwendet sie ein Scherge in der Kreuztragung des Meister Francke. In den Kölner Passionszyklen aus dem ersten Viertel des 15. Jahrhunderts erscheint diese Tatwaffe neben Speer, Lanze, Hellebarde immer wieder, wie etwa in der Gefangennahme Christi (Aachen, Suermondt-Museum).

In der Romanik ist die Keule dem Affen, der ikonographisch als Symbol des Teufels und der Sünde betrachtet wird, als Symbolwerkzeug beigegeben, wie dies ein Beispiel in der englischen Handschrift Bodleian Library, Ms. Bodley 602, fol. 18v, überliefert. In einem französischen Psalter der Gotik vom Ende des 13. Jahrhunderts (Paris, Bibl. Nat. Ms. lat. 1076, fol. 66r) ist in der historisierten *D(eus)*-Initiale ein kahlköpfiger Narr mit einer Keule und einem runden Brot vor einer Königsfigur sichtbar. Wir werden sehen, daß d i e s e b e i d e n i k o n o g r a p h i s c h e n D a r s t e l l u n g s m ö g l i c h k e i t e n für die Interpretation der W o r c e s t e r - K r e u z t r a g u n g von Bedeutung sind[56a].

In der französischen Buchmalerei des späten 14. Jahrhunderts verwendet der Meister des P a r e m e n t s d e N a r b o n n e die Keule als Darstellungswerkzeug in der Verspottung und in der

---

[54] Kat., Die Kölner Malerei von 1300–1430. Wallraf-Richartz-Museum 1974, 105–107, Nr. 44, Abb. auf S. 106.
[55] Ausst.-Kat., Meister Francke (wie Anm. 47) 32 + Abb.
[56] *Panofsky*[2] (wie Anm. 48) Abb. 301.
[56a] (s. S. 103–104).

Abb. 9: München, BSB, Cgm. 8470, fol. 2v; Wien (?), um 1430

Kreuztragungsszene[57]. Ab dem zweiten Viertel des 15. Jahrhunderts wird die Keule zu einem „vertrauten Kriegswerkzeug" in der süddeutschen und der österreichischen Buch- und Tafelmalerei, wie auch in der Plastik (Ottheinrichsbibel; Martinus O p i f e x *(Taf. 28)*; Votivtafelmeister; Landsberger Altar).

Es muß auch von der Tatsache ausgegangen werden, daß insgesamt nach 1400 die Kenntnis der Kriegsführung eine Erneuerung und Erweiterung durch das B e l l i f o r t i s -Werk des Conrad C y e s e r erfahren hat. In Eichstätt geboren, schrieb dieser das Werk in lateinischen Hexametern im Auftrag König W e n z e l s am böhmischen Hof. Von den heute bekannten dreizehn bis vierzehn Exemplaren ist das älteste böhmischer Stilherkunft nach 1400 (Göttingen, Niedersächsische Staats- und Universitätsbibliothek, Cod. ms. philos. 63)[58]. Bei der Besprechung der S c h l a c h t e n b i l d e r von Martinus O p i f e x wird noch kurz darauf eingegangen werden.

Es soll nun nochmals auf einige Verspottungsmotive der Worcester-Kreuztragung hingewiesen werden. Dabei soll festgehalten werden, daß manche Motive in den Passionsszenen austauschbar waren. So ist beispielsweise die Figur mit dem gestreckten Arm und der abgewinkelten Hand, die zum Schlag gegen Christus ausholt, bereits in der Kreuztragung der Kölner Malerei aus dem zweiten Drittel des 14. Jahrhunderts enthalten (Passionsaltar, Wallraf-Richartz-Museum, Köln)[59]. In der Folge ist die Figur in der Dornenkrönung aus dem Großen P a s s i o n s a l t a r zu sehen (Köln 1420–1425; Wallraf-Richartz-Museum)[60]. In der Wiener Tafelmalerei aus dem ersten Drittel des 15. Jahrhunderts kommt die Figur in einigen Kreuztragungskompositionen vor, wie etwa in der der H u n t i n g t o n

---

[57] *Schmidt* 1966 (wie Anm. 50) 7, Abb. 9. – *F. Avril*, Buchmalerei am Hofe Frankreichs, 1310–1380. München 1978, 28, Abb. XIII.
[58] Ausst.-Kat., Die Parler und der Schöne Stil. Köln 1978. Bd. 3, 107 ff. + Abb. (Bearbeiter: *J. Krása*).
[59] Kat., Die Kölner Malerei (wie Anm. 54) 76–77, Nr. 10 + Abb.
[60] Kat., Die Kölner Malerei (wie Anm. 54) 88–89, Farbtaf. S. 166.

Library and Art Gallery (San Marino, Kalifornien; um 1410)[61] oder in den beiden Darstellungen des Themas beim Votivtafelmeister (gegen 1430; Graz, Joanneum; Wien, Österreichische Galerie – Unteres Belvedere)[62]. Desgleichen finden wir die Figur in der V e r s p o t t u n g C h r i s t i beim Meister des A n d r e a s - A l t a r e s (1430–1440; Wien, Österreichische Galerie – Unteres Belvedere)[63]. Greift man wiederum auf die Kölner Malerei um 1410 zurück, so sind in der D o r n e n k r ö n u n g des Meisters der hl. V e r o n i k a (Köln, Wallraf-Richartz-Museum)[64] folgende Verspottungsgesten für die Worcester-Kreuztragung relevant: die Gesten der Figur, die mit dem rechten Arm weit nach links zum Schlag ausholt oder die Gestik des Zunge-Zeigens und der geballten Faust mit dem Daumen zwischen den Fingern. Um 1430 ist eines der Motive in der Speculum Humanae Salvationis-Hs. in Madrid[65] in der Kreuzigung des St. Lambrechter Votivtafelmeisters[66], das andere Motiv in der Verspottung des Meisters des Andreas-Altares zu finden. In der frühen Kölner Kreuztragung des St. Clarenaltars aus dem Franziskanerinnenkloster (2. Drittel 15. Jh.) stößt der Scherge Christus mit dem linken Fuß, während er mit der Rechten – wie oben erwähnt – zum Schlag ausholt. Eine andere Figur rechts im Bild trägt die Marterwerkzeuge Christi in einem Kübel. Wir haben gehört, daß beim Meister Francke sowie beim Worcester-Meister die Inhalte äußerst realistisch gestaltet werden.

Christus hat ein Seil um die Taille geschlungen, an dem der Scherge ihn scheinbar führt, ein Motiv, das in der österreichischen Buchmalerei des späten 14. Jahrhunderts in den entsprechenden Darstellungen der B i b l i a P a u p e r u m -Handschriften zu finden ist, so im Cod. 328, fol. 6r der Stiftsbibliothek von Kremsmünster oder im Cod. a IX 12[67] der Stiftsbibliothek St. Peter in Salzburg, fol. 20r[68] *(Abb. 5)*. Noch in der Kreuztragung der Huntington Library und des Votivtafelmeisters hat der Strick um Taille und Hals (eine Übernahme aus der italienischen Malerei seit G i o t t o) eine rein formale Funktion.

Vor dem Meister Francke und vor dem Worcester-Meister erscheint in der Kölner Malerei[69] ab ca. 1410 der von der Kreuzeslast gebeugte Christustypus. Wie in der früheyckischen Malerei trägt Christus das Kreuz über der Schulter und Rückenpartie, so daß der Querbalken senkrecht gerichtet ist. Wesentlich ist die bildliche Veranschaulichung des K r e u z - N a c h s c h l e p p e n s geworden. Der Strick um die Taille dient nun dem Schergen dazu, durch eventuelles Zerren Christus zum Weitergehen zu zwingen (siehe die Kreuztragung der Großen Passion). Beim Meister Francke und danach beim Worcester-Meister wird die Darstellung schließlich zu einem Höhepunkt dramatisiert.

Zu welchem vorläufigen Ergebnis kann man durch die Stilanalyse der Kreuztragung des Worcester-Meisters gelangen? Die realistische Interpretation der Gesamtkomposition hat ihre Wurzeln in der niederdeutschen Malerei, vor allem in der Kreuztragung des Meister Francke, weiters in der Kölner Malerei um 1410/1430 und schließlich in der früheyckischen Malerei, unter deren Einfluß die beiden Zentren standen, wie O. Pächt[70] nachgewiesen hat. Die ikonographische Kompositionsvorstufe ist in der österreichischen Malerei des späten 14. Jahrhunderts in den Biblia Pauperum-Darstellungen vorgegeben. In manchem liegen die Wurzeln auch in der französischen Malerei des späten 14. Jahrhunderts (Parement de Narbonne).

Die wesentlichen Akzente liegen in der Figur Christi, der das Kreuz flach auf dem Rücken trägt, weiters in der Gruppe mit Maria und einer zweiten Figur links im Bild sowie im rechten Bildabschluß durch die Schergen. In den Biblia Pauperum-Überlieferungen ist links im Bild noch ein Stadttor mit einem Fallgitter zu sehen, das beim Worcester-Meister und in der Huntington-Kreuztragung nicht aufscheint, das jedoch in den Überlieferungen des Votivtafelmeisters zu finden ist. Das Standmotiv Christi und des Schergen ist in der St. Peter-Handschrift ziemlich ausgeprägt überliefert, was bei der Worcester-Kreuztragung ebenfalls beachtet werden muß. Die Biblia Pauperum-Überlieferungen sind auch noch in der Hinsicht von größtem Interesse, als sie in der Nachfolge des Worcester-Meisters in

---

[61] *Schmidt* 1966 (wie Anm. 50) 2, Abb. 1.
[62] E. *Baum*, Katalog des Museums mittelalterlicher österreichischer Kunst. Unteres Belvedere. Wien 1971, 35, Abb. 14.
[63] *Baum* (wie Anm. 62) 61 ff., Abb. 34. – O. *Pächt*, Die österreichische Tafelmalerei der Gotik. Wien 1929, 70.
[64] Kat., Die Kölner Malerei (wie Anm. 54) 85 ff., Farbabb. S. 162.
[65] E. *Vavra*, Ein Codex in Madrid, Bibl. Nac. Ms. B. 19, Vit 25 – 7, Studien zur Wiener Malerei in der ersten Hälfte des 15. Jahrhunderts. (Ungedr.) Diss. Wien 1975.
[66] *Baum* (wie Anm. 62) 32 ff., Abb. 13.
[67] *Schmidt* 1966 (wie Anm. 50) 4, Abb. 2
[68] *Schmidt* 1966 (wie Anm. 50) 4, Anm. 11. – Faksimile, Die Salzburger Armenbibel. Salzburg o. Jg. Kommentar von *K. Förster*.
[69] Kat., Die Kölner Malerei (wie Anm. 54) 84–85, Farbabb. S. 160.
[70] *Pächt* 1969 (wie Anm. 46) 25, 27.

Abb. 10–12: Historia Scholastica; Wien, Albertina, Kupferstichsammlung, Szenen aus dem Alten Testament; Wien, 1420–1430

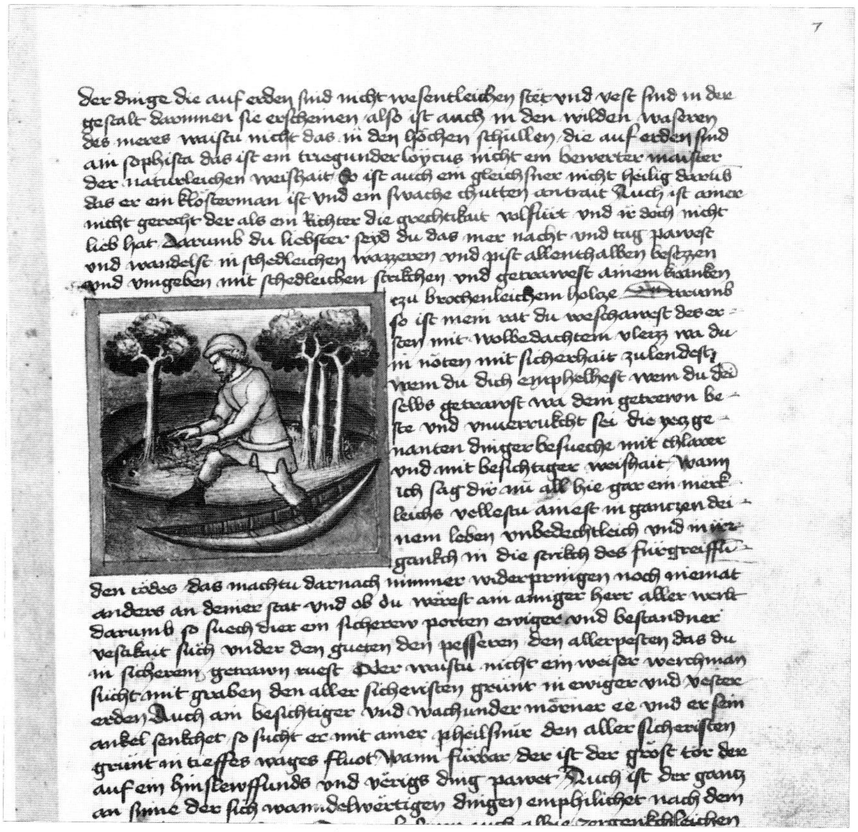

Abb. 13: München, BSB, Cgm. 254, fol. 7r; Wien 1431

der Werkstattarbeit des Martinus O p i f e x, und zwar in der Kreuztragung auf fol. 93r des P e u t i n g e r Gebetbuches *(Abb. 6)* (um 1450–1455; Stuttgart, Landesbibliothek Württemberg, Cod. brev. 91), aufgegriffen und fast „wortgetreu" wiedergegeben werden. Die Komposition wird links im Bild durch ein „Stadttor" mit zwei Türmen auf einem Felsen begrenzt. Somit ist letzten Endes die Tradition der österreichischen Kreuztragungsikonographie für beide Überlieferungen entscheidend gewesen. Sie wird für die Worcester-Kreuztragung noch dadurch erhärtet, daß um den Hals der Christusfigur in der St. Peter-Handschrift ein etwas dünnerer Strick gelegt ist, den der Scherge um sein linkes Armgelenk geschlungen hat. Somit wäre auch für die Huntington-Kreuztragung die Duplizität der Stricke in der Wiener Tafelmalerei um 1410 nachzuweisen, die in der Folge im Kreuztragungstypus des St. Lambrechter Votivtafelmeisters übernommen wird. Vergleicht man nun die Worcester- und die Huntington-Kreuztragung mit dem österreichischen Prototyp, so greift der Worcester-Meister direkt auf den Urtypus zurück, während im Huntington-Beispiel die Rezeption italienischen Formengutes noch mehr in den Vordergrund tritt. Die Meinung Suckales, die Worcester-Kreuztragung rein aus dem italienischen Formenrepertoire abzuleiten, können wir daher nicht teilen.

Beide Kreuztragungsvarianten bestehen in der süddeutschen und in der österreichischen Malerei und Graphik des zweiten Viertels des 15. Jahrhunderts weiter, wobei der Typus der kreuzschleppenden Christusfigur von Künstlern bevorzugt wird, die ein besonderes Realitätsempfinden ausdrücken wollten, wie etwa der Meister des Landsberger Altars (1437)[71] oder die Zeichnung der Albertina Wien *(Abb. 7)* (nach 1430)[72]. In der Weigelschen Biblia Pauperum finden beide Varianten Anwendung (um 1435) (fol. 14r und v). In der Albertinazeichnung werden einzelne Motive der Worcester-Kreuztragung übernommen, doch ist hier der Typus des zusammengebrochenen Christus analog der

---

[71] *Ch. Sterling*, The Master of the Landsberg Altarwings, in: Kunsthistorische Forschungen Otto Pächt zu Ehren. Wien 1972, 159–160, 164, Abb. 7 (s. a. wie Anm. 31).
[72] *Sterling* (wie Anm. 71) 164, Abb. 6.

Abb. 14, 15: Historia Scholastica; Wien, Albertina, Kupferstichsammlung; Wien, 1420–1430

Wasservass'schen Kreuzigung[73] (Kreuztragung) realisiert. Die Menschenmenge mit Reitern und Fußvolk, die eine Leiter tragen, sowie die Stadtarchitektur im Bildhintergrund nimmt Bezug auf diese Komposition beziehungsweise auf die früheyckische Malerei.

Noch einige weitere Stilkomponenten der Huntington-Kreuztragung sind für die Worcester-Kreuztragung zu berücksichtigen. Die Lanze mit der Quaste, die der Krieger schräg im Bildhintergrund der Worcester-Kreuztragung trägt, ist genauso in der ursprünglichen Fassung der Huntington-Kreuztragung vertreten. Es wurde bereits auf die unterschiedlichen turbanartigen Kopfbedeckungen der Soldaten und der Schergen bei unserer Kreuztragung hingewiesen. Sie kehren bei den entsprechenden Figuren des Wiener Kreuztragungstypus oder in der R e i t e r s c h l a c h t des Votivtafelmeisters wieder *(Abb. 8)*. Zudem sind sie jedoch ein primäres Ausstattungsmittel der Figurentracht in der Wiener Buchmalerei um 1430, wie etwa in den Darstellungen der S p e c u l u m H u m a n a e S a l v a t i o n i s -Handschrift, in den H i s t o r i a S c h o l a s t i c a -Illustrationen der Albertina Wien (und Berlin)[74] oder in den Miniaturen des J ü n g e r e n T i t u r e l des Albrecht von S c h a r f e n b e r g *(Abb. 9)* (München, BSB, Cgm. 8470)[75]. Desgleichen greift der Albrechtsmeister in seinen Tafelbildern der späten dreißiger Jahre darauf zurück, zeitlich später vor allem aber Martinus O p i f e x. Besonders in den Miniaturen des Trojanischen Krieges wird analog zum Worcester-Meister auf die modische Vielfalt dieser Kopfbedeckung Wert gelegt (fol. 34v, 32v, 59r, 134v . . . ; Cod. C-67, fol. 99v . . .) *(Taf. 4, 28 ff.)*. Westlicher Einfluß, wie etwa der der französischen Buchmalerei der Brüder Limbourg, war dafür maßgebend, bei der niederrheinischen Tafelmalerei wäre in dieser modischen Frage die Wasservass'sche Kreuzigung zu erwähnen. Es sei an dieser Stelle vorweggenommen, daß auch die Rüstung der Soldaten und die Helmzier der Worcester-Kreuztragung analog in den Miniaturen des Trojanischen Krieges bei Martinus O p i f e x überliefert ist.

In der Worcester-Kreuztragung ist Christus als jugendlicher Typus mit schütterem Bart aufgefaßt. Seine Gesichtspartie ist nach unten zu stark verkürzt, so daß der Bartflaum kaum sichtbar ist. Sowohl in der Tafel- wie auch in der Buchmalerei aus dem Werkstattkreis des Wiener Votivtafelmeisters ist dieser Christustypus vertreten, so beispielsweise in der Trinität der Österreichischen Galerie Wien (Unteres Belvedere)[76], im Londoner Gnadenstuhl (London, National Gallery)[77], in der Huntington-Kreuztragung und in den Darstellungen der Madrider Speculum-Handschrift (fol. 18v, 30v – Verspottung Christi, Christus in der Vorhölle), zeitlich später in der Trinitätskomposition aus dem Brevier Friedrichs III. (fol. 267v) (1447/1448) *(Taf. 11)* von Martinus O p i f e x. In zahlreichen Beispielen der Kölner Malerei ist das jugendliche Christusgesicht zu finden,

---

[73] Kat., Die Kölner Malerei (wie Anm. 54) 107–108, Nr. 45, Farbtaf. S. 175.
[74] Inv. Nr. 31.036. Fach II, 1A der Kupferstichsammlung Albertina Wien. *H. Tietze – E. Tietze-Conrat, O. Benesch, K. Gazarolli – Thurnlackh, Die Zeichnungen der deutschen Schulen bis zum Beginn des Klassizismus.* Wien 1933, 5.
[75] *Ziegler* 1977 (wie Anm. 8) 88–89, Abb. 5.
[76] *Baum* (wie Anm. 62) 32, Nr. 12, Farbtaf. II.
[77] Ausst.-Kat., Europäische Kunst um 1400. Wien 1962, 126–127, Nr. 60, Taf. 14 (Bearbeiter: *Ch. Sterling*; + Lit.).

besonders aber auch beim Meister Francke (Geißelung Christi, Pietà) und in der westfälischen Malerei um 1410 (Not Gottes)[78].

Wie am Beginn unserer Ausführungen zur Worcester-Kreuztragung, muß nun Vergleichbares in der Entwicklung der Darstellung des Figurenstils erörtert werden. Den Figurentypus der Schergen zeichnet ein kräftiger, energiebetonter Körperbau aus, mit vierschrötigem, geblähtem Oberkörper und betont breiter, abgerundeter Schulterpartie *(Abb. 1)*. In zahlreichen Beispielen der Wiener Buch- und Tafelmalerei zwischen 1420 und 1430 ist diese Art der Figurenauffassung zu finden: in der Wiener Historienbibel, im Madrider Speculum, im Titurel-Codex, in der Schondoch-Handschrift, im Berliner Täfelchen mit C h r i s t u s i n d e r T r a u e r (Figur unter dem Torbogen) *(Abb. 16)*, in der Wiener Kreuztragung und Kreuzigung sowie in der Reiterschlacht des Votivtafelmeisters[79], um die wichtigsten Werke zu nennen.

Die Beweglichkeit des Körpers, die Knickstelle von der Oberkörper- zur Unterkörperpartie (Rückenfigur des Schergen), die abrupte und kräftige Körpersprache und die Gestik als Mittel der Erzählweise ist in den Illustrationen der Historienbibel und der Speculum-Handschrift vorgebildet (Darstellung des T u r m b a u s z u B a b e l *[Abb. 10]*, in den M o s e s - u n d D a v i d s z e n e n). Zeitlich vorher wäre das Täfelchen mit der U r s u l a - Legende (Wien, um 1410; Diözesan-Museum) diesbezüglich erwähnenswert. Die Drastik der Grausamkeit und des Bösen ist in den Schlacht- und Steinigungsszenen der Historienbibel sehr anschaulich verwirklicht (siehe die Nummern 60 und 178). Wir sehen, wie aus dem Körper der ermordeten Königsfigur Blut spritzt und wie die beiden Schlächter auf den toten Körper einschlagen, um ihn zu zerteilen *(Abb. 11)*. Die Physiognomie des linken knienden Kriegers ist von Wut und Haß verzerrt, sie ist der des Schergen links im Bildhintergrund der Worcester-Kreuztragung vergleichbar. Weiters ist der breitflächige, „wilde" Gesichtsausdruck des Kriegers rechts im Bild mit Bart und den etwas geschlitzten Augenpartien häufig in der Historienbibel anzutreffen, wie etwa bei Moses (Nr. 52) *(Abb. 12)* oder bei der Figur rechts, die die Bundeslade mitträgt (Nr. 29); in der Speculum-Handschrift auf fol. 30v, C h r i s t u s i n d e r V o r h ö l l e (Figur, die Christus an der linken Hand faßt). In der Pottenstein-Handschrift, Cgm. 254, wäre die Figur auf fol. 7r (Fischer) *(Abb. 13)* zu nennen. Das Gesicht des Schergen im Bildhintergrund mit der langgezogenen Kieferpartie zeigt Ähnlichkeit mit jenem der alttestamentarischen Figur rechts der Nr. 101 *(Abb. 14)* oder mit dem Krieger auf dem Felsblock von Nr. 16. Auch die Vorliebe für Physiognomie-Verkürzungen ist in der Historienbibel feststellbar, etwa bei der gesteinigten Figur Nr. 44 *(Abb. 15)*, welche diesbezüglich auf die Physiognomie Christi in der Kreuztragung hinweist. Die Physiognomie des Soldaten in der Rüstung hinter Christus weist durch das markante Profil auf das der Figur mit der Axt in der Nr. 186 hin. Greift man den expressiven Physiognomieausdruck der beiden knienden Schergen aus der Kreuzigung des Votivtafelmeisters heraus und betrachtet man dessen Modellierung, so gibt ein Vergleich Auskunft, in welchem Werkstattbetrieb der Worcester-Meister, der ein Buchmaler war, mit der Mal- und Modellierungsweise der Tafelmalerei vertraut wurde. Es muß jedoch gerade bei der hier behandelten Gruppe der Buch- und Tafelmalerei davon ausgegangen werden, daß ein enger künstlerischer Kontakt, möglicherweise in Form eines großen Werkstattbetriebes[79a], bestand, wie später unter Jakob Kaschauer. Betrachten wir abermals die Christusfigur und die Muttergottes links im Bild, so schließt sich der Marientypus „nahtlos" an jenen aus der Huntington-Kreuztragung und aus dem Berliner Bildchen Christus in der Trauer an *(Abb. 16)*. Dies betrifft die Binnenmodellierung der Augen-, Nasen- und Mundpartien mit der Betonung der weißen Nasenrückenlinie, der Schattierung um die Augen und dem kleinen Mund mit den wulstigen Lippen. In der Speculum-Handschrift ist dieser Physiognomietypus grundlegend auch die Mundpartie Christi, vor Schmerz leicht geöffnet, ist identisch mit der vom Christus der Speculum-Handschrift (fol. 13v, 18v, 34v; siehe auch in der Historienbibel und die Kopftypen im Titurel-Codex). Kennzeichnend für den Worcester-Meister ist in der Folge die Bildung von wulstartigen Handpartien mit weich und knochenlos geformten Fingern, wenn man beispielsweise die überkreuzten Hände Mariae und des Schergen betrachtet, der Maria

---

[78] Ausst.-Kat., Meister Francke (wie Anm. 55) Farbtaf. 19.
[79] Pächt 1929 (wie Anm. 88) 10 ff., 69. – Ausst.-Kat., Europäische Kunst (wie Anm. 77) 121–123. – Ausst.-Kat., Gotik in der Steiermark. St. Lambrecht 1978, 123–124, Nr. 95, Farbtaf. 3 (Bearbeiter G. *Biedermann* + Lit.).
[79a] *Gerhartl* schreibt: „Der berühmteste Vertreter der Wiener Neustädter Malergilde ist wohl der 1443 erwähnte Hans von Tübingen († 1462) gewesen, der bei Friedrich III. besonders hoch in Gunst stand..." *Gerhartl* (wie Anm. 195) 119.

Abb. 16: Christus in der Trauer; Wien, ca. 1420–1430

verspottet. Man erkennt auch, daß die ersten zwei Finger der rechten Hand des Schergen mit einem Querstrich von der Handfläche abgegrenzt sind. Sie sind direkt an den wulstigen Handrücken angesetzt. Es handelt sich hier abermals um ein ganz wesentliches Stilkennzeichen der Detailausführung aus dem Werkstattkreis des Votivtafelmeisters in der Buch- und Tafelmalerei. Es tritt durchwegs bei den Figuren in der Historienbibel auf sowie auch im Madrider Speculum, in der Titurel- und in der Schondoch-Handschrift, im Gemälde mit der Trinität, in der Kreuztragung, in der Kreuzigung und im Schlachtenbild des Votivtafelmeisters *(Abb. 8)*. In der Folge erscheint es beim Albrechtsmeister und bei Martinus O p i f e x. Martinus O p i f e x nimmt dieselbe Handhaltung Mariae sehr oft in sein Figurenrepertoire auf *(Taf. 9, 11, 16)*. Im Gegensatz dazu sind die Handpartien der Figuren beim Markusmeister der Ottheinrichsbibel vierschrötig, klein und mit kurzen Fingern, jene der Rennerhandschrift sind zierlich und nervig durchgearbeitet. Ziemlich analog dazu sind die Hände bei den Figuren des Matthäusmeisters aus der Ottheinrichsbibel aufgefaßt.

Eine weitere Analogie des Worcester-Meisters mit dem Œuvre des Votivtafelmeisters besteht in der Wahl des Kolorits und in der Draperieauffassung. Einerseits verwendet der Worcester-Meister kräftige Farbwerte, wie Rot und Goldgelb, anderseits dumpfe, pastellartige Töne, wie Stahlblau, Rostbraun, Grasgrün (siehe auch die Bodenfläche) und Braun mit einem Graustich (Gewand Christi). Dazwischen leuchtet das schattierte Weiß von Turban, Kopftuch und Unterbekleidung der Figuren auf. Die Rüstung der Soldaten ist aus mattem Silber. Die Farbskala entspricht jener der Kreuztragung des Votivtafelmeisters oder zum Beispiel auch der Trinitätsdarstellung der Österreichischen Galerie (Unteres Belvedere). Hervorzuheben ist der transparente, selbstleuchtende Farbeffekt des Goldgelb, Stahlblau und Grasgrün. Er entspricht dem koloristischen Empfinden des Martinus O p i f e x in der Buchmalerei *(Taf. 35, 40 a, b)*, wo die Farbwerte im Verlauf der Stilentwicklung noch subtiler differenziert erscheinen. Der Markusmeister der Ottheinrichsbibel verwendet dagegen ausschließlich pastellartige, matte Farben, der Matthäusmeister ein helles und kräftiges Kolorit, das er undifferenziert patzig aufträgt. Während der Worcester-Meister und Martinus O p i f e x die Farben als Mittel zur plastischen Modellierung der Figuren anwenden, trägt der Renner-Meister der Heidelberger Handschrift das Kolorit bei den Figuren flach auf und hebt die Körperplastizität mit Hilfe starker Federkonturierung hervor, wie zu Beginn des Kapitels erläutert wurde. Das betrifft in gleicher Weise den Stil des Markus- und des Matthäusmeisters der Ottheinrichsbibel. Analog wie beim Worcester-Meister ist in der Speculum-Handschrift und in der Historienbibel die selbstleuchtende Transparenz der Farbwerte, die mittels Schattierung erreicht wird, wesentlich.

Aus dem Quellenmaterial zur Ikonographie und zum Stil der Worcester-Kreuztragung, das hier besprochen wurde, können wir uns nicht mehr der Meinung von A. Stange, G. Schmidt und von R. Suckale hinsichtlich einer bayerischen Stilherkunft des Worcester-Meisters anschließen und haben auch unsere Ansicht von 1974 zu revidieren. Der Stilursprung des Worcester-Meisters liegt im österreichischen, genauer: im niederösterreichischen und im Wiener Raum. Ein Blatt mit der Darstellung des zwölfjährigen Jesus unter den Schriftgelehrten unterstreicht diese Annahme (lavierte Federzeichnung; Wien, ca. 1420–1430; Berlin, Kupferstichkabinett) *(Abb. 17)*. Das zeigt besonders die Ausführung der Physiognomie und Handpartien. Schon 1964 ist es das Verdienst von Benesch[80] gewesen, den Worcester-Meister nach Österreich lokalisiert zu haben. Außer Zweifel steht, daß er das Haupt einer bedeutenden Buchmalerwerkstatt war. In der nun folgenden Stilanalyse des Œuvres von Martinus O p i f e x wird der direkte Stilkonnex zum Worcester-Meister und zur Wiener Buch- und Tafelmalerei sowie zur Plastik näher untersucht werden.

---

[80] *O. Benesch*, Meisterzeichnungen der Albertina. Europäische Schulen der Gotik bis zum Klassizismus. Salzburg 1964, 335, Nr. 62.

Abb. 17: Jesus unter den Schriftgelehrten; Berlin, Kupferstichkabinett, Inv.-Nr. 5554; Wien, ca. 1420–1430

ZUR STILGENESE BEI MARTINUS OPIFEX

Im Folgenden möchte ich die künstlerische Stellung von Martinus O p i f e x und seiner Werkstatt innerhalb des Wiener Raumes behandeln.

Die Buch- und die Tafelmalerei sowie die (Relief-)Plastik waren stilgeschichtlich für Martinus O p i f e x von Bedeutung. Martinus O p i f e x zählt zur Reihe der bedeutendsten Vertreter der realistischen Phase der Malerei im süddeutschen und österreichischen Raum der dreißiger und vierziger Jahre des 15. Jahrhunderts. Wie wir bereits gehört haben, steht Martinus O p i f e x in einer Reihe mit den oberrheinischen Malern Lukas Moser und Konrad Witz, dem Ulmer Künstler Hans Multscher, den Wiener Tafelmalern, dem Meister von Schloß Lichtenstein und dem Meister des Albrechtsaltares, um nur einige zu erwähnen, in deren Œuvre sich die von der altniederländischen Malerei des Meisters von Flémalle und der Brüder van Eyck ausgehende Realismusströmung auf unterschiedlicher Weise manifestiert und mit eigenständigen Vorstellungen verbindet. Auch im Formenvokabular des Martinus O p i f e x zeigen sich analoge Zielsetzungen. Die expressive Wiedergabe der **stofflichen Wirklichkeit**, verbunden mit drastischen inhaltlichen Darstellungen beim Szenarium, bilden das grundlegende Stilprinzip des Meisters *(Taf. 28, 34)*.

Die Neuerungen der altniederländischen Malerei bestanden darin, daß sie religiöse Themen, etwa Marien- oder Passionsthemen, darstellungsmäßig in die reale, zeitgenössische bürgerliche Umwelt transferierten (Verkündigung des Jan van Eyck aus dem Genter Altar von 1432)[81]. Die Figuren werden möglichst naturalistisch aufgefaßt, der Ort der Handlung wurde entweder als einfacher, zentralperspektivischer Innenraum gestaltet oder, wie beim Meister vom Flémalle, als Projektionsebene für die Disponierung von Figur und Objekt aufgefaßt. Dieselbe inhaltliche Begebenheit, gesehen mit den Augen eines süddeutschen und österreichischen Malers der Zeit, beinhaltet zwar den niederländischen Einfluß, der beispielsweise in einer sehr einfachen, fast alltäglichen Milieuschilderung der Verkündigungsszene[82] in Erscheinung tritt, doch wird das formale Ambiente der Darstellung von der imaginativen Welt des Malers und nicht von der tatsächlich sichtbaren bestimmt. Charakteristisch ist das Unvermögen zur perspektivischen Wiedergabe der Innenraumarchitektur oder überhaupt die Umgebung derselben (Meister des Albrechtsaltares[83]; Martinus O p i f e x, Wien ÖNB, Cod. 1767, fol. 91r). Es werden massive Architekturteile als Darstellungsabschluß gewählt. Die reale Umweltgestaltung und die Beziehung der Figuren von richtungsgegensätzlichen Komponenten halten die Blickrichtung des Betrachters der Darstellung in Bewegung.

Otto Pächt hat in seiner Abhandlung „Zur deutschen Bildauffassung der Spätgotik und Renaissance" das Raumgefühl bei einem süddeutschen Maler im Gegensatz zur altniederländischen Raumauffassung am Beispiel von Konrad Witz folgendermaßen erklärt: „Raum ist im rechten Winkel gebrochene, umgeknickte Fläche; die dritte Dimension ist nichts als eine Abbiegung der zwei ersten. Die Deutschen dachten sich auch den leeren Raum, das Vakuum, wenn auch nicht als etwas Greifbares, so doch als etwas aktiv zu Formendes"[84].

Der Umstand, daß man volkstümliche und volksbewußte Auffassungen in der Darstellung mit Formen des Weichen Stils in Einklang zu bringen versuchte, führte vielfach zur Überbetonung und zur Überladenheit mit realistischen Detailerscheinungen. Bei Martinus O p i f e x wird die erwähnte stoffliche Realität bei der Gewandstruktur der Figuren und bei der Oberfläche eines Gegenstandes in plastische Oberflächenreliefstrukturen umgesetzt *(Taf. 26, 31)*. Dabei wird nach reliefplastischer Einheitlichkeit von Landschaftsformen, wie Gebirgszügen, Wasserlandschaft, der Architekturplastik und der Draperieformen der agierenden Figuren getrachtet. Es herrschen harte, gebrochene, eingekerbte, muldenförmige und gewölbte weiche Modellierungen vor, die erscheinungsmäßig einander sehr nahe kommen. Schwere Architekturelemente werden großformatig in die Bildfläche gesetzt und gleichfalls kulissenhaft in Richtungsgegensätzen aneinandergefügt (Cod. 1767, fol. 91r, 269v; Cod. 2773, fol. 68v, 87r, 43r, 44r). Es entsteht ein spannungsgeladenes Wirkungsfeld, in das die

---

[81] *M. J. Friedländer*, Die altniederländische Malerei. Bd. I, Die Van Eyck. Petrus Christus. Berlin 1929, Brüssel 1967. – *Panofsky*² (wie Anm. 48) 208 ff., fig. 276.

[82] *J. Gantner*, Konrad Witz. Wien 1942, 26, Abb. 43 (Mariae Verkündigung. Nürnberg Germanisches Nationalmuseum).

[83] Der *Albrechtsaltar* und sein Meister, hg. von *F. Röhrig*. Wien 1981, Farbtaf. 3 (Verkündigung aus dem Klosterneuburger Altar, 1435–1438).

[84] *O. Pächt*, Zur deutschen Bildauffassung der Spätgotik und Renaissance, in: Methodisches zur kunsthistorischen Praxis. München 1977, 109.

Abb. 18: Wien ÖNB, Cod. 2675*, fol. 7v; Wien, ca. 1430

Handlungsträger in ihren Bewegungen eingefügt werden. Dies führt zu einer Wechselwirkung, zu einem Abhängigkeitsverhältnis im inhaltlichen Ablauf der Darstellung von Figur und Umraum.

Im Œuvre von Martinus O p i f e x sind diese künstlerischen Merkmale in verschiedenen Entwicklungsstadien feststellbar. In der Granada-Handschrift mit dem De natura rerum- und dem Tacuinum Sanitatis-Teil, die zeitlich als das am frühesten entstandene gesicherte Exemplar aus der Zeit nach 1440 angesehen werden kann, kommt es noch vor, daß Figur und Ambiente in einer additiven Bezugsetzung zueinander stehen und Architektur- wie Landschaftsformen eine requisitenartige Funktion besitzen können. Das ist nicht nur thematisch bedingt, sondern resultiert auch aus dem Formempfinden der Buchmalerei des Wiener Raumes aus dem ersten Drittel des 15. Jahrhunderts *(Taf. 1, 3)*. So in der Madrider Speculum Humanae Salvationis-Handschrift (Madrid Bibl. Nac. Ms. B-19 [Vit. 25–7], fol. 20v)[85], die stilistisch in die Nähe des Meisters der Linzer Kreuzigung gehört. Ein weiteres Beispiel wäre die vor 1430 entstandene Historia Scholastica des Petrus Comestor der Kupferstichsammlung Albertina Wien und des Kupferstichkabinetts Berlin[86]. Die im 16. Jahrhundert ausgeschnittenen, ursprünglich gerahmt gewesenen Illustrationen sind zusammen mit den Miniaturen von ÖNB Wien, Cod. 2675* (S c h o n d o c h, Die Geschichte der Königin von Frankreich, ca. 1430)[87] *(Abb. 18)* in den Wiener Stilkreis um den Meister der W i e n e r D a r b r i n g u n g zu

---

[85] *Vavra* (wie Anm. 65) 192.
[86] (wie Anm. 74). – 1950 erwarb die Kupferstichsammlung der Albertina in Tausch mit dem Metropolitan Museum von New York erneut die 200 Illustrationen. – Berlin, Kupferstichkabinett: Inv. Nr. 4095–4169. – 1898 wurden die Darstellungen erworben. – *P. Wescher*, Beschreibendes Verzeichnis der Miniaturen – Handschriften und Einzelblätter des Kupferstichkabinetts der staatlichen Museen Berlin. Leipzig 1932, 195–198.
[87] *G. Schmidt* (wie Anm. 6) 167–168, Nr. 106. – *K. Holter*, Die Buchmalerei, in: Spätgotik in Salzburg. Die Malerei. Ausst.-Kat. Salzburg 1972, 223, Nr. 244. Im Gegensatz zu Schmidt datiert Holter die Schondoch-Handschrift zehn Jahre später, also um 1430. – Von Schmidt, Holter und früher von K. Oettinger wurde der Codex in den Salzburger Raum lokalisiert. – *K. Oettinger*, Hans von Tübingen und seine Schule. Deutscher Verein für Kunstwissenschaft. Berlin 1938, 105–106. – Dieses wissenschaftliche Beharrvermögen am Salzburger Ursprung der Schondoch- und der Historia Scholastica-Handschrift war wohl für Vavra ausschlaggebend, die beiden Codices keineswegs als Vergleich zum Wiener Stilursprung der Madrider Speculum-Handschrift heranzuziehen.

Abb. 19: Meister des Albrechtsaltares, Verkündigung; Wien, ca. 1437–1439

lokalisieren[88]. Sie haben innerhalb der Buchmalerei ihre stilistischen Wurzeln in den Darstellungen des Rationale Divinorum Officiorum des Guilelmus Durandi von ca. 1385, dem ersten bedeutenden Werk der Wiener Hofminiatorenwerkstatt (Wien ÖNB, Cod. 2765). Konkreter als in der Speculum-Handschrift wird in den Darstellungen der Historienbibel der Versuch unternommen, glatten, schweren, schräggestellten Architekturteilen räumliche Funktion zu verleihen, ein Umstand, der auf die Wiener Malerei der späten dreißiger Jahre vorausweist, beispielsweise auf die Tafelbilder des Meisters des Albrechtsaltares und seine Werkstatt (Heimsuchung, Verkündigung, Darbringung, Geburt *(Abb. 19, 19a, 19b).*

In der Hauptphase des Schaffens von Martinus Opifex, wie etwa in der Verkündigungsdarstellung aus dem Brevier Friedrichs III. (Wien, ÖNB, Cod. 1767, fol. 91r; 1447/1448 *(Taf. 10)* sehen wir, daß sich die massiven, kahlen, zickzackförmigen Kulissenwände der Disposition der Figuren des Engels und der Maria angleichen, sie förmlich einengen und voneinander absetzen. Lediglich die Kopfbewegung der zum Betrachter gewandten Maria und die Gestik ihrer Hände nach links deuten die Ankunft des Engels an. Ein zusätzliches Verbindungsglied zwischen den beiden Figuren ist die Verkeilung der mächtigen Faltenbahnen ineinander. Die

---

[88] 1929 hat Otto Pächt die Wiener Stilherkunft der Schondoch-Handschrift und der Historia Scholastica zum Œuvre des Meisters der St. Lambrechter Votivtafel in wenigen präzisen Worten umrissen. Zum Œuvre zählt Pächt: „... Zeichnungen von der Hand des Meisters im Kupferstichkabinett von Berlin, Erlangen, London, beim Fürsten Liechtenstein in Wien. Glasfenster in St. Lambrecht, Schloßkapelle; nahestehende Miniaturen der Handschrift Cod. 2675* der Wiener Nationalbibliothek und eines Innsbrucker Speculum Humanae Salvationis von 1430 in der Madrider Nationalbibliothek sowie einige Holzschnitte." – O. *Pächt,* Österreichische Tafelmalerei der Gotik. Augsburg 1929, 69. – *Ziegler* 1977 (wie Anm. 8) 89, Anm. 60. – Dies., Ein unbekanntes Werk des „Lehrbüchermeisters". ÖZKD 34 (1980) 1, Anm. 3. – Dies., Lokalisierungsprobleme in Text und Ausstattung von spätmittelalterlichen deutschen Handschriften, in: Beiträge zur Überlieferung und Beschreibung deutscher Texte des Mittelalters (Referate der 8. Arbeitstagung österreichischer Handschriften-Bearbeiter vom 25.–28. 11. 1981 in Rief bei Salzburg), hg. von Ingo *Reiffenstein.* Salzburg 1983, 179–191, Abb. 1–7.

Stilgenese

Abb. 19a: Meister des Albrechtsaltares
(s. a. 19b—20); Wien, ca. 1437—1439,
Geburt Christi

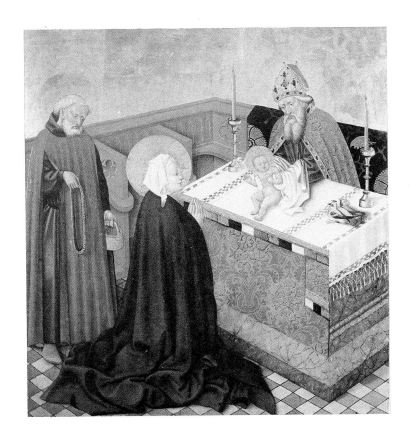

Abb. 19b: Darbringung im Tempel

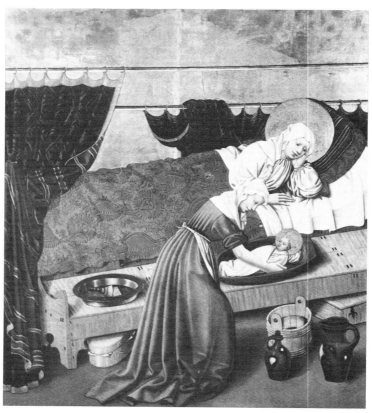

Abb. 19c: Geburt Mariae

Übereckstellung des Pultes zur Madonna als Bildparallele zur linken Hintergrundfläche verursacht eine nahezu rautenförmige Einfassung der Madonnenfigur. Die Rautenecke, in die Form einer offenen Raute, wird als Figurenumraum zum grundlegenden Ausdrucksmittel bei der Innenraumgestaltung von Martinus O p i f e x. Unserer Ansicht nach lehnt er sich diesbezüglich an das Stilvokabular des Meisters des Albrechtsaltares an, von dem Otto Pächt meint: „Die Lieblingsidee des Künstlers, der er immer neue Varianten abgewinnt, ist das Gegeneinandersetzen von Körpern in einfachen Raumrichtungsgegensätzen, meistens so, daß der ganze Bühnenaufbau zur Bildfläche schräg gestellt erscheint. Das ruhige Nebeneinander bekommt durch diese Umfassung in ein Gegeneinandergebautsein eine dramatische Akzentuierung"[89]. Rosenauer spricht in dem Buch „Der Albrechtsaltar und sein Meister" davon, daß „... der Raum in diesen Bildern des Albrechtsaltares nicht vorgegeben, sondern von den Figuren und Bildrequisiten erzwungen ist. Durch ihr Volumen und indem sie in verschiedenen Richtungen zueinander gedreht sind, schaffen sie ihn erst"[90]. Als Beispiel zitiert er das diagonal über die Bildfläche verlaufende Bett in der G e b u r t M a r i a e *(Abb. 19c)* und im M a r i e n t o d *(Abb. 20)*. Außer im Brevier Friedrichs III. (Cod. 1767, fol. 269v) *(Taf. 13)* finden sich vergleichbare Ansätze in den Miniaturen des Trojanischen Krieges: die quer über die Bildfläche verlaufende Raumdiagonale ist zum Beispiel in der Darstellung A c h i l l w e i n t i n s e i n e m Z e l t (fol. 164r von Cod. 2773) *(Taf. 43)* oder in der Miniatur M e d e a u n d J a s o n (fol. 18v) *(Taf. 23)* übermäßig akzentuiert. Der mit Brokatmuster versehene schwere, in breiten, gewölbten Faltenbahnen und zur Sicht auf die Lagerstätte zurückgeschlagene Vorhang dient dazu, die flächenhaften R a u m s c h i c h t e n im Bild zu unterstreichen, analog zur Geburtszene im Albrechtsaltar.

Durch die schichtenförmige Weitung des Bildraumes mittels der zusätzlichen Hilfsmittel von Schlagschatten und mit Hilfe von Überschneidungseffekten durch die Bildrahmung und die

---

[89] *Pächt* 1929 (wie Anm. 88) 14, Abb. 13–14.
[90] *A. Rosenauer* Zum Stil des Albrechtsmeisters, in: Der Albrechtsaltar ... (wie Anm. 83), 103, Farbtaf. 2, 7.

Stilgenese

Abb. 20: Marientod

Abb. 21: Meister des Albrechtsaltares, Marienkrönung; Wien, ca. 1437–1439

Abb. 22: Wien ÖNB, Cod. 2773, fol. 16r; Wien, ca. 1447/48–1454; Martinus Opifex

Kulissenarchitektur wird die Tiefenillusion des Innenraumes erhöht. Der Meister arbeitet mit Bildanordnungen, die in extremer Weise der aufsichtigen Bildfläche, meist mit hohem Horizont, entgegenwirken (Cod. 2773, fol. 157r, 163r; Hectors Tod wird beklagt, Jahrestag von Hektors Tod) *(Taf. 41, 42).* Daraus resultiert eine rudimentäre architektonische Wiedergabe des szenischen Inhaltes, die auch dessen ausschnitthafte Lösung bedingt. Dabei handelt es sich nicht um einen tatsächlichen Architekturausschnitt im Sinne etwa der Altniederländer, sondern die Wiedergabe des Darstellungsraumes ist aus der Sicht eines Bühnenbildners des Mittelalters zu erklären. Beim Meister des Albrechtsaltares unterstreicht dabei die Anwendung rudimentärer Architekturmassen die Statik der kubischen Einheit der Gesamterscheinung. Ein Vergleichsbeispiel mit der Wiener Malerei der Frühphase ist etwa in der Form der schweren Thronarchitektur gegeben, in die die Figuren bei Martinus Opifex eingepreßt sind *(Taf. 15).* Trotz ähnlicher Architekturformen und Maserungen spielt im Unterschied dazu der Freiraum von Figur und Einfassung bei den Vorlagen eine Rolle (fol. 34v der Speculum-Handschrift). Rosenauer[91] vergleicht die Thronarchitektur mit jener aus der Marienkrönung *(Abb. 21)* des Albrechtsaltares. Ein späteres Beispiel verdeutlicht die Thronarchitektur auf fol. 1v des Gebetbuches Albrechts VI. (Wien ÖNB, Cod. 1864; fünfziger Jahre des 15. Jahrhunderts) aus der Werkstatt des Lehrbüchermeisters[92], das von der Auffassung her unserem Meister am nächsten steht.

---

[91] *Rosenauer* (wie Anm. 90) 110, Abb. 26; Farbtaf. 8.
[92] *G. Schmidt,* Die Buchmalerei, in: Gotik in Niederösterreich, hg. v. *F. Dworschak* und *H. Kühnel.* Wien 1963, 110. – *Holter, Oettinger* (wie Anm. 10) Paris 1938, 116 f.

Abb. 23: Meister des Albrechtsaltares, Bestätigung der Ordensregel der Karmeliter durch den Papst; Wien, ca. 1437–1439

Kehren wir jedoch noch einmal zur Problematik der Innenraumarchitektur zurück. In zahlreichen Innenraumdarstellungen des Trojanischen Krieges greift Martinus O p i f e x auf die „reine Ecklösung" von zwei gegenübergestellten Wänden zurück (fol. 16v, 197r . . .) *(Taf. 21)*, wo die eingefügte Figurengruppe beziehungsweise die Rückenfigur den Blick des Betrachters in die Bildtiefe lenkt. Ein eindrucksvolles Beispiel zeichnet diesbezüglich die Miniatur I n L i e b e s s e h n s u c h t b e t r a c h t e t M e d e a i n i h r e r K a m m e r d e n S o n n e n u n t e r g a n g (fol. 16r). Als reine Rückenfigur verkörpert Medea gleichsam den Betrachter im Raum. Sie ist in ein mit Goldbrokat besticktes altrosa Gewand mit langem Draperieauslauf gekleidet *(Abb. 22)*. In Erwartung Jasons blickt sie durch eine F e n s t e r ö f f n u n g in die A b e n d d ä m m e r u n g, die in bläulichen und rötlichen Farbtönen schattiert ist. In der Wiener Malerei kann als nächstliegender Bezugspunkt die Tafel mit der B e s t ä t i g u n g d e r O r d e n s r e g e l d e r K a r m e l i t e r d u r c h d e n P a p s t *(Abb. 23)* an der Rückseite des Albrechtsaltares gelten[93]. Die R a u m p e r s p e k t i v e wird hier zusätzlich durch das für den Meister typische Schachbrettmuster akzentuiert. In beiden Fällen ist der Blick des Betrachters mit der Außenwelt (Himmelsatmosphäre) durch Öffnungen verbunden. Die Kenntnis der altniederländischen Malerei, etwa der M a r i a i n d e n S t u b e n des Meisters von Flémalle (Leningrad, Eremitage), war nach Rosenauer[94] für den Meister des Albrechtsaltares maßgebend, und aus derselben Quelle die Kopie einer Arbeit des Konrad Witz (Berlin, Kupferstichkabinett)[95]. Die Neuerungen in der altniederländischen Malerei der Brüder van Eyck und des Meisters von Flémalle haben Martinus O p i f e x desgleichen zur häufigen Verwendung von Rückenfiguren als Einzelfiguren (Cod. 2773, fol. 11v, 16v, 190r, s.o.; Cod. C-67, 108v) oder in Gruppen (Cod. 2773, 163r) *(Taf. 42)* inspiriert, denkt man an die New Yorker Kreuzigung oder an die Darstellung der M e s s e i m T u r i n e r S t u n d e n b u c h[96] der van Eycks oder an die

---

[93] Der Albrechtsaltar (wie Anm. 83) Farbtaf. 28.
[94] *Rosenauer* (wie Anm. 90) 118, Abb. 37. – *Panofsky*² (wie Anm. 48) 172 f., fig. 211.
[95] *Gantner* (wie Anm. 82) 35, Abb. 70.
[96] *Panofsky*² (wie Anm. 48) Fig. 301, 300.

Grablegung des Meisters von Flémalle (London, Sammlung Seilern)[97]. Der Trinitätskomposition in Cod. 1767, fol. 267v *(Taf. 11)*, liegt die thronende Trinitätsdarstellung des Meisters von Flémalle zugrunde (Leningrad, Eremitage)[97a]. Der in sich zusammengesunkene, schmächtige Körper Christi in den Armen der dominierenden Figur von Gottvater erinnert auch an die Dreifaltigkeitsdarstellung des Meisters der St. Lambrechter Votivtafel (um 1430; Österreichische Galerie, Unteres Belvedere)[98]. Zu beiden Seiten wird die Trinitätsgruppe von Engelsfiguren angebetet – eine Figur hält den Weihrauchkessel. Die Stilwurzeln liegen hier im burgundischen Raum in der Trinitätsüberlieferung des Jean M a l o u e l[99] (Paris, Louvre). Vergleichbar ist auch der Londoner Gnadenstuhl (Wien ?, um 1420)[100]. Burgundische und altniederländische Vorlagen müssen auch bei der P i e t à darstellung auf fol. 257r von Cod. 1767[101] vorausgesetzt werden *(Abb. 24)*. Unserer Ansicht nach ist jedoch in dieser Komposition die Nähe zur italienischen Malerei, wie etwa zur Beweinungsdarstellung G i o t t o s oder, zeitlich später, des Jacopo B e l l i n i, stärker verankert[102].

Allgemein formuliert sind Rückenfiguren beim Meister des Albrechtsaltares ein gebräuchliches Mittel zur Blickeinführung des Betrachters in das Bild, wie bei der oben erwähnten Komposition mit der Bestätigung der Ordensregel durch den Papst oder bei jener des B e s u c h s   i m   K l o s t e r[103] *(Abb. 25)*.

Es sei darauf hingewiesen, daß in der zeitgenössischen Buchmalerei der Hofminiatorenwerkstatt beim A l b r e c h t s m i n i a t o r oder beim Meister M i c h a e l die Raumproblematik anders als bei Martinus O p i f e x gehandhabt wird. Der Albrechtsminiator greift auf die italienische Kastenarchitektur mit schräger Perspektive zurück. Der Meister Michael weitet den Innenraum überdimensional aus, doch ist bei ihm die Durchbrechung der Raumschale mit Blick in die Natur ein bevorzugtes Darstellungsmittel. Das Spiel mit raumdimensionalen Kräften in der Kulissenarchitektur erscheint stellenweise in den lavierten Federzeichnungen der Historia Scholastica von 1448 der ÖNB Wien, Cod. 2774, und ist daher der Raumgestaltung bei Martinus O p i f e x ähnlich. In der Folge greift der Lehrbüchermeister im Gebetbuch des Johannes S i e b e n h i r t e r der Universitätsbibliothek von Stockholm beispielsweise in der D a r b r i n g u n g   i m   T e m p e l auf das Raumerlebnis bei Martinus O p i f e x zurück. 1491 wird das Kompositionsprinzip in der S u n t h a y m t a f e l V des Meisters des W o l f g a n g - M i s s a l e verwendet (Klosterneuburg, Stiftsbibliothek, Ms. 130)[104]. Im Peutinger-Gebetbuch arbeitet der Werkstattgehilfe des Martinus O p i f e x ausschließlich mit stark vom Initialrand überschnittener Innenraum-Kulissenarchitektur, in der die Figurendarstellung dominiert. Der Innenraum wird dort vom Initialrand begrenzt, wo der Bewegungsspielraum der Figuren ausläuft. In seinem Frühwerk, dem Blatt des Kunsthistorischen Museums Wien[105] *(Abb. 26)*, folgt Berthold F u r t m e y r der Kompositionsweise des Peutinger Gebetbuchmeisters, auch in zahlreichen Miniaturen der sogenannten F u r t m e y r - B i b e l (München BSB, Cgm. 8010a, 48v, 88v, 378v . . .)[106]. Das Frühwerk (?) zeigt starke österreichische, Wiener Stileinflüsse[106a].

Beschäftigen wir uns nun mit dem Repertoire der Figurentypen von Martinus O p i f e x und seiner Werkstatt.

---

[97] *Panofsky*² (wie Anm. 48) Fig. 196.
[97a] *Panofsky*² (wie Anm. 48) Fig. 210.
[98] *Baum* (wie Anm. 62) 32, Nr. 12, Farbabb. II.
[99] *Panofsky*² (wie Anm. 48) Fig. 101.
[100] Ausst.-Kat., Europäische Kunst (wie Anm. 77) 126–127, Nr. 60, Taf. 14 (Bearbeiter: *Ch. Sterling*).
[101] Die trauernde Gestik der Apostelfigur des Johannes, der sein Gesicht halb mit den Händen verdeckt, lehnt sich an die Handhaltung einer trauernden Apostelfigur aus dem Marientod des Klosterneuburger Albrechtsaltars an. (Der Albrechtsaltar wie Anm. 83, Farbtaf. 7. – *Rosenauer* [wie Anm. 90] Abb. 22, 23). Im Beispiel aus dem Albrechtsaltar wischt sich der Apostel eine Träne aus dem Gesicht, nach Rosenauer ein Motiv aus der Grablegung Christi des Meisters von Flémalle. In unserem Beispiel hat die Apostelfigur die Hände gefaltet. Das Motiv wurde vom Lehrbüchermeister auf fol. 1r in ÖNB Wien, Cod. 2289 (um 1465) übernommen (Alexander von Villedieu, Doctrinale puerorum – S-Initiale mit Petrus von Passail vor Maximilian). *H. Fichtenau*, Die Lehrbücher Maximilians I. und die Anfänge der Frakturschrift. Hamburg 1961, Abb. 38. – *Ziegler* 1980 (wie Anm. 88) 5–6, Abb. 8.
[102] *O. Pächt*, Die Autorschaft des Gonella-Bildnisses, in: Jahrb. d. kunsth. Slgn. 70 (1974) 72, Abb. 60.
[103] Der Albrechtsaltar (wie Anm. 83) Farbtaf. 25.
[104] *H. Sieveking*, Der Meister des Wolfgang-Missale von Rein. – Zur österreichischen Buchmalerei zwischen Spätgotik und Renaissance. München 1986, Farbtaf. XIX. – Unhaltbar ist die Stilauffassung Sievekings zu Cod. Zwetl. 406 (S. 183–186, Anm. 750).
[105] Ausst.-Kat., Musik im mittelalterlichen Wien (wie Anm. 43) 163, Nr. 149 (Bearbeiter: *Ch. Ziegler*).
[106] Ausst.-Kat., Regensburger Buchmalerei (wie Anm. 40) 119, Nr. 103 (Bearbeiter: *A. Hubel*).
[106a] Siehe dazu: *J. v. Schlosser*, Defensorium inviolatae virginitatis b. Mariae, in: Jb. d. kh. Slgn. (1902) 287–313. – *Ziegler* (wie Anm. 105).

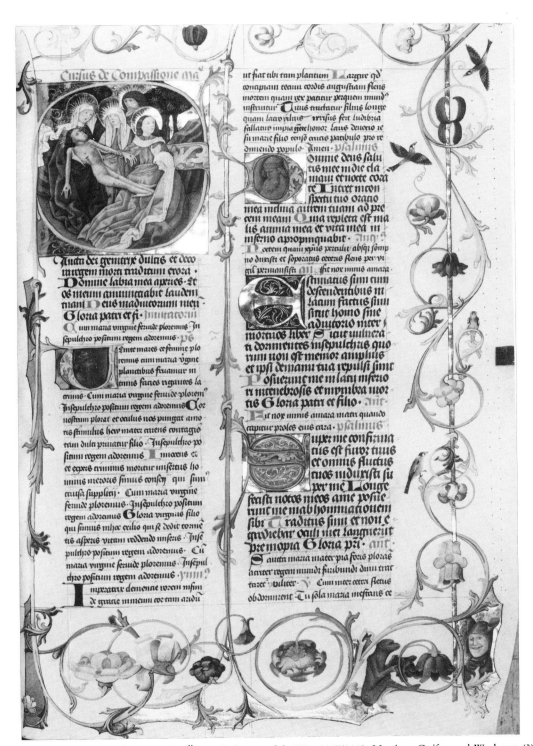

Abb. 24: Brevier Friedrichs III., Wien ÖNB, Cod. 1767, fol. 257r; 1447/1448; Martinus Opifex und Werkstatt (?)

Abb. 25: Meister des Albrechtsaltares, Besuch im Kloster; Wien, ca. 1437–1439

Der für Martinus O p i f e x eigene Stilcharakter zeichnet sich dadurch aus, daß die Bewegungen der zierlichen, puppenhaften Figuren durch breit geführte Faltenbahnen akzentuiert werden, die die substanzlose Körperform der Figuren beherrschen. Der Meister trachtet danach, die Stofflichkeit des Gewandes zu veranschaulichen. Die Last des Brokatstoffes stößt vom Boden in einer weich bis hart geformten Sockelzone ab (Cod. C-67, 99r, 105v; Cod. 2773, 2r, 18v, 69r . . .) *(Taf. 3, 36)*. Mit Hilfe der graphischen Binnenmodellierung in feinstem dunklem Federstrichduktus charakterisiert der Meister zusätzlich die Plastizität von Faltenbrechungen und -mulden, als kontrastreicher Schattierungseffekt dient die Deckweißschraffur an der Gewandoberfläche[107]. Kennzeichnend für Martinus O p i f e x' gesamtes Œuvre ist, wie bereits angedeutet wurde, die Auffassung des Schauplatzes als eine B i l d b ü h n e e i n e r s p i e l z e u g a r t i g e n K l e i n w e l t, i n d e r m a r i o n e t t e n h a f t e i n P u p p e n s t ü c k m i t g r o ß e r V a r i a t i o n s b r e i t e u n d P h a n t a s i e a b z u l a u f e n s c h e i n t. Dies gilt besonders für die Darstellungen im Trojanischen Krieg. Die substanzlos anmutenden Figürchen mit P i l z k o p f f r i s u r und gekrausten Löckchen, mit Knopfaugen und einer einerseits zart gezeichneten Physiognomie mit hoher Stirn, die oft wie ein Porzellanköpfchen wirkt, anderseits mit Gesichtszügen, die mit verschiedenen volkstümlichen Masken versehen sind, stellen k e i n e W e s e n e i n e r p h y s i s c h i r d i s c h e n R e a l i t ä t dar. Sie wurden von einem I n s z e n a t o r für ein S c h a u s p i e l hergerichtet, das mit Dynamik abläuft. Die Figürchen agieren in S t e c h s c h r i t t m a n i e r, ein Bewegungsideal, das, wie gesagt, ab der Mitte des 15. Jahrhunderts zu einem charakteristischen Ausdrucksmittel in der Malerei wird. Die Bewegungsdynamik erfaßt den Körper als Ganzes in einer Kurve. Der Bewegungsverlauf der einzelnen Gliedmaßen ist diesem Gesetz untergeordnet. Das wird besonders in den Schlachtenszenen des Trojanischen Krieges deutlich. Die in Bewegungsgegensätzen geballten Figuren werden durch die Überbetonung der Körperverrenkungen und durch die Überschneidung der Waffen zusätzlich verklammert (fol. 32v, 34v, 103v, 122v . . .)

---

[107] *Ziegler* Diss. (wie Anm. 7) 65. – Dies. (wie Anm. 8; 1979).

Abb. 26: Geburt Christi mit typologischen Darstellungen; Wien–Bayern, ca. 1460; Berthold Furtmeyr (?)

Abb. 27: Meister des Albrechtsaltares, Schutzmantelmadonna; Wien, ca. 1437–1439

(Taf. 28, 40a). Man wird an die Schlachtenszene des Meister der St. Lambrechter Votivtafel erinnert *(Abb. 8)* oder an solche in der Titurelhandschrift (München BSB, Cgm. 8470, fol. 62r, 99v . . .; ca. 1430)[108].

Wie zu Beginn der Abhandlung hervorgehoben wurde, ist für Martinus O p i f e x die Imitation von holzgeschnitzter Reliefplastik ein wesentliches Stilanliegen. Dies führt neben der Vorliebe für filigrane Figürchen, beispielsweise bei der Darstellung des ersten M e n s c h e n p a a r e s auf fol. 99r der Granada-Handschrift *(Taf. 33)* oder bei J a s o n und M e d e a auf fol. 17r *(Taf. 23)* und 18v des Trojanischen Krieges, auch zu Beispielen eines körperlich stämmigen Figurenideals, wie in den zahlreichen Schlachtenbildern oder bei den Figuren, die die Stadt T r o j a aufbauen (fol. 34v, 43r, 103v, 122v) *(Taf. 29, 40a)*. Durch das dynamische Kräftespiel werden Schultern und Oberkörperpartien stärker hervorgehoben, der Kopf verschwindet vielfach zwischen den Schultern. Die Schrittstellung ist weit ausladend, die Gestik der Hände wird zu einem allgemeinen, bedeutungsvollen Ausdrucksmittel. Es kommt zu unmotivierten Faltenbrechungen in Form von K n i t t e r - und Z i e h h a r m o n i k a f a l t e n (fol. 1r, 2r, 5v, 17r, 18v, 69r . . . von Cod. 2773; fol. 88v, 99r . . . in Cod. C-67; fol. 91r, 267v, in Cod. 1767) *(Taf. 10, 36)*. Die überschüssigen Energien führten gleichfalls zu einer F o r m z e r t r ü m m e r u n g der Gegenstände und manifestierten sich in Sprüngen, Rissen und Brechungen[109], wie beispielsweise in der Gebirgslandschaft (Cod. C-67, fol. 93r; Cod. 2773, fol. 20r, 21v) *(Taf. 2, 25)*. Bei der Darstellung der Wasserlandschaft werden die W e l l e n zu

---

[108] *Ziegler* 1977 (wie Anm. 8) 89, Abb. 5, 6, Anm. 57.

[109] Wie anfangs erwähnt, zählt Martinus O p i f e x zu den Hauptvertretern dieser realistischen Stilrichtung. Symptomatisch sind tiefe Bruchstellen in der Gesteinsmasse; vgl. die aufgebrochene Mauer an der Architekturnahtstelle von gegensätzlicher Kräfteballung in der Darstellung der Anbetung der Könige von Konrad Witz (Genf, Musée d'Art et d'Histoire). *Gantner* (wie Anm. 82) Abb. 62. – Oder der tiefe Riss im Mauerwerk der H ü t t e des Grafen S o u p i r aus dem Coeur d'Amour épris des Renémeisters, fol. 46v von Cod. 2597 der ÖNB Wien (um 1465). *O. Pächt*, René d'Anjou – Studie II. Jb. d. kunsthist. Slgn. 73 (1977) 25–29, Abb. 2 (zum Stil der „Formzertrümmerung" bei Konrad Witz und dem Renémeister).

Abb. 28: Meister von Schloß Lichtenstein, Begegnung an der Goldenen Pforte; Wien, ca. 1440

Abb. 29: Berlin, SPK, Ms. germ. fol. 2°122, fol. 31v; Wien, um 1400

E i s b e r g e n, in die die Schiffe eingekeilt sind (Cod. 2773, fol. 5v, 6r, 49v, 59r, 84r, 103r, 103v, 169r, 220r) *(Taf. 31, 45)*.

Für die Forschung ist der vermutlich um 1440 im Wiener Raum entstandene Z n a i m e r A l t a r ein Beispiel für die Aufhebung der Differenzierung zwischen Plastik und Malerei. In einem Vergleich mit den Tafeln des Wurzacher Altars sprach Bruno F ü r s t[110] 1931 beim Znaimer Altar von einer malerischen Plastik der Oberflächenbehandlung. Analog dazu ist bei Martinus O p i f e x im Verhältnis zum Znaimer Altar der Terminus p l a s t i s c h e M a l e r e i durchaus vertretbar (ein von Bruno Fürst für die Malereien des Wurzacher Altars verwendeter Begriff; siehe S. 11). Aus dem Bereich der Buchmalerei können wir zu dieser Gruppe die Miniaturen des Markusmeisters der Ottheinrichsbibel zählen (Cgm. 8010), die um 1440 entstanden sind und stilistisch in den oberbayerischen Raum lokalisiert werden[111]. Die Vorliebe für reliefartige plastische Malerei drückt sich bei Martinus O p i f e x in deren häufiger Verwendung bei der Architektur aus, wo die plastische Malerei zu einer Überladenheit mit Architekturelementen führt, die der Künstler verwendet, um der Bildfläche entgegenzuwirken (siehe die Erläuterung über die Architektur auf S. 91 ff.).

Der Stilherkunft aus der Buch- und Tafelmalerei des Wiener Raumes war Martinus O p i f e x in der Figur- und Draperieauffassung verpflichtet. Die Figürchen in Gewändern mit Plisséefalten und Sockelgewandzone und mit Pilzkopffrisur entsprechen solchen des Albrechtsaltars, wie der S c h u t z m a n t e l m a d o n n a *(Abb. 27)* oder der Figur links im Bild bei der Darstellung der Bestätigung der Ordensregel der Karmeliter[112]. Der Stilbezug zur Kaschauerplastik besteht darin, daß die – blockhaft aufgefaßten – Figuren bei Martinus O p i f e x von einer mit Muldenfalten durchzogenen, teigigen Gewandschale umgeben sind, wie bei der F r e i s i n g e r - M a d o n n a

---

[110] *Fürst* (wie Anm. 27) 38 ff., 43.
[111] *Ziegler*, Diss. (wie Anm. 7) 14, 37 ff. – Dies. (wie Anm. 8; 1979). – *Schmidt* (wie Anm. 6) 160, Nr. 96. – *Suckale* (wie Anm. 7) 105–106, Nr. 91, Taf. 64–67, 160, 97–98.
[112] Der Albrechtsaltar und sein Meister (wie Anm. 83) Farbtaf. 17, 28.

Abb. 30: Petrus Comestor, Historia Scholastica, Wien, Albertina; Wien 1420–1430

(München, Bayerisches Nationalmuseum, um 1440) ober beim t h r o n e n d e n P a p s t (1445; Wien, Österreichische Galerie, Unteres Belvedere)[113]. Im Albrechtsaltar wären diesbezüglich zum Beispiel die Gewandformierung bei der Figur des Joachim aus der G o l d e n e n P f o r t e[114] *(Abb. 36)*, bei Maria und dem Engel aus der V e r k ü n d i g u n g (vgl. Cod. 1767, fol. 91r) *(Taf. 10)* oder bei der knienden Apostelfigur aus dem M a r i e n t o d als Vergleich zu erwähnen, doch ist der Draperielauf noch weicher und fließender als bei den Figuren des Martinus O p i f e x. Wir werden bei der Besprechung der Stilentwicklung bei Martinus O p i f e x diesen Punkt nochmals hervorheben. Zeitlich später als der Albrechtsmeister hat der M e i s t e r v o n S c h l o ß L i c h t e n s t e i n *(Abb. 28)* die Draperieauffassung der Kaschauerplastik in der M a r i e n k r ö n u n g oder in der B e g e g n u n g a n d e r G o l d e n e n P f o r t e aufgegriffen[115]. In der Buchmalerei ist der Figurentypus bei Martinus O p i f e x beispielsweise im Repertoire der Madrider Speculum-Handschrift nachzuweisen (fol. 8v). Zeitlich vor diesem Codex entstandene Werke der Wiener Tafel- und Buchmalerei des ersten Viertels des 15. Jahrhunderts beinhalten für unseren Meister charakteristische Merkmale. So die Randdarstellung mit der P r o z e s s i o n v o n C h o r h e r - r e n[116] zur Pfarrkirche St. P ö l t e n, ein Blatt aus der Pierpont Morgan Library von New York (Nr. 882-2; nach 1400), das aus einem Missale stammt und von G. Schmidt in engem Zusammenhang mit

---

[113] *Rosenauer* (wie Anm. 90) 121, Abb. 41. – *Baum* (wie Anm. 62) 52, Nr. 27 (+ Abb).
[114] Der Albrechtsaltar und sein Meister (wie Anm. 83) Farbtaf. 1.
[115] *Baum* (wie Anm. 62) 52, Abb. 27.
[116] *M. Harrsen*, Central European Manuscripts in the Pierpont Morgan Library. New York 1958, 62, Nr. 49, Plate 66. – *G. Schmidt;* Ein St. Pöltener Missale aus dem frühen 15. Jahrhundert. ÖZKD 16 (1962) 1–15, Abb. 15.

Abb. 31: Speculum Humanae Salvationis, Madrid, Bibl. Nac. Ms. B-19, Vit. 25-7, fol. 8v

der Frühphase der Wiener Hofminiatorenwerkstatt gebracht wurde. Wir sehen kleine Männchen mit Pilzkopffrisur, die in optischer Verkleinerung aufgereiht sind. Bemerkenswert ist die in genrehafter Manier angeschlossene, locker angeordnete Gruppe von Beobachtern. Sich unterhaltende Gruppen, die das inhaltliche Geschehen begleiten, kehren häufig bei Martinus O p i f e x wieder (Cod. 2773, fol. 5v, 11r, 20r, 25r ..., *Taf. 16, 24;* siehe auch bei der Architekturplastik). Die Art der Figurenauffassung in der Darstellung der Worcester-Kreuztragung als Einzeltypus und in der Gruppendynamik wird bei Martinus O p i f e x zu einem ganz wesentlichen Mittel des Stilausdrucks. Die Modellierung der Körper und der Physiognomien von kämpfenden Soldaten und Landsknechten in den Schlachtenbildern *(Taf. 28)* zeigt eine frappierende Ähnlichkeit mit den Schergen und Soldaten der Kreuztragung, so daß in beiden Fällen von einem gemeinsamen Kunstwollen gesprochen werden kann. Auch in der Anwendung des Kolorits und in seiner künstlerischen Wirkung haben wir den Rückgriff des Martinus O p i f e x auf die Worcester-Kreuztragung beobachtet *(Abb. 1).* In Orientierung am Worcester-Meister greift Martinus O p i f e x bis auf die Frühphase der Wiener Hofminiatorenwerkstatt, das Rationale Durandi, zurück (Leopold Stainreuter, Österreichische Chronik der 95 Herrschaften; Wien um 1400; Berlin SPK, Ms. germ. 2° 122, fol. 31v)[116a] *(Abb. 29).* In besonderem Maße ist es jedoch der Buch- und Tafelmalerwerkstattkreis um den Meister der St. Lambrechter Votivtafel, aus dem sich sein ursprünglicher Lokalstil entwickelt. Infolge seines breiten Œuvres ist auch der Vergleichsspielraum größer. So kommt beispielsweise der sogenannte „Sigismundphysiognomietypus" in vielen Darstellungen des Trojanischen Krieges und im Brevier Friedrichs III. vor. Am besten ist er mit einem Typus in der Historienbibel der Albertina vergleichbar (Nr. 11). In einem weiteren Beispiel weist der Figurentypus der K ö n i g i n v o n S a b a *(Abb. 30)* der Historienbibel (vgl. auch Madrid Bibl. Nac. Ms. B-19 [Vit. 25-7] fol. 8v) *(Abb. 31)* auf die puppenhafte Gestaltung der Figuren des Martinus O p i f e x voraus (Cod. 2773, fol. 2r, 5v, 68v, 69r ...; Cod. C-67, fol. 99r) *(Taf. 36, 3).* Nicht nur der Meister der Klosterneuburger Missalien stand im Einflußbereich von Martinus O p i f e x, sondern auch ein der Forschung bisher weniger bekannter Buchmaler, der in den vierziger Jahren des 15. Jahrhunderts das M i s s a l e für den K a r m e l i t e r - o r d e n *(Abb. 32)* in Wien ausgestattet hat (BAV, Cod. Ross. lat. 123, fol. 2v, 3r), das heute in der Biblioteca Vaticana aufbewahrt wird[117]. Der Miniator wurde von den Holzpüppchen des Martinus

---

[116a] *Ziegler* (wie Anm. 43) 113–114, Nr. 91.
[117] Ausst.-Kat., Österreich und der Vatikan, hg. v. *F. Zaisberger.* Vatikan 1987, 99–100 (+ Farbabb.).

Abb. 32: Vatikan, Biblioteca Apostolica, Cod. Ross. lat. 123, fol. 3r; Wien, 1440–1450

Opifex mit den Knopfaugen inspiriert, und es ist nicht ausgeschlossen, daß er in den Werkstattkreis des Martinus Opifex einbezogen war. Zugleich ist die Stilverbundenheit mit der Schutzmantelmadonna des Klosterneuburger Albrechtsaltares auffallend. Auch dieser Altar stand in Beziehung zum Karmeliterinnenorden in Wien. Im Figurenrepertoire und im Drapereiduktus war der Lehrbüchermeister von Martinus Opifex abhängig, denkt man beispielsweise an die Figürchen der Dominikaner in der Salve Regina-Handschrift des Franziskus von Retz von 1458 (Nürnberg, Stadtbibliothek, Cod. Cent. III, 70, fol. 1r)[118]. Ein weiterer direkter Stilnachklang des Martinus Opifex ist im Frühwerk des Berthold Furtmeyr in der Prachtminiatur des Kunsthistorischen Museums Wien nachweisbar, wie bereits erläutert wurde. Bedeutend ist der Einfluß des Martinus Opifex auf die figürlichen Darstellungen des Wappenbuches und der Handregistratur Friedrichs III. von 1446 (Haus-, Hof- und Staatsarchiv Wien, Cod. 84). Bei der gemalten Darstellung könnte es sich um ein Frühwerk des Lehrbüchermeisters handeln[118a].

Bezüglich des Stilverhältnisses vom Worcester-Meister und Martinus Opifex erlaube ich mir, die Möglichkeit einer Identität der beiden Künstlerpersönlichkeiten in Erwägung zu ziehen, da die Stilmerkmale der beiden Meister nahezu identisch sind. Der Worcester-Meister beziehungsweise Martinus Opifex haben ihre Stilwurzeln in der österreichischen Kunst, genauer: in der Buch- und Tafelmalerei sowie in der Plastik des Wiener Raumes vor und nach 1400.

---

[118] *Ziegler* 1980 (wie Anm. 88) 1–8, Abb. 1.
[118a] *Gerhartl* (wie Anm. 195) 346, Nr. 129.

Abb. 33: Tacuinum Sanitatis, Cod. C-67, fol. 82r; Wien, um 1440; Martinus Opifex und Werkstatt

ZUR STILENTWICKLUNG BEI MARTINUS OPIFEX

Betrachtet man das Autorenbildnis des I b n B u t l a n *(Abb. 33)* in der T(acuimus)-Rankeninitiale zu Beginn des fragmentierten Tacuinum Sanitatis-Teiles der Granada-Handschrift Cod. C-67 (fol. 87r), so erscheint in der Handhabung des Draperiestils bei der sitzenden Figur ein merklicher Unterschied zur Gewandauffassung der Figuren der ersten Blätter von C-67. Wir sehen weiche, wulstartige Faltenzüge mit muldenförmigen Einkerbungen, die die Sitzfläche der Figur harmonisch einfassen. Diese Art des Faltenwurfs ist in Darstellungen nachzuweisen, die unserer Meinung nach eindeutig auf Martinus O p i f e x zurückgehen, wie etwa auf 94r – T h u n u s – *(Abb. 34)*, auf fol. 99r – V i n e e *(Taf. 3)* – oder auf fol. 111r – F i o l e *(Abb. 35)*. Der Draperieverlauf ist insgesamt weicher als bei den Figuren des Breviers und im Trojanischen Krieg. Es dominieren wulstartige, breite Röhrenfalten, die in langen Bahnen auslaufen, breite Schüsselfalten formen zusätzlich den Gewandsockel. In der Granada-Handschrift schließt der Gewandstil der Figuren bei Martinus O p i f e x zeitlich unmittelbar an jenen des Albrechtsmeisters und des Meisters von Schloß Lichtenstein an, wenn man beispielsweise die Verkündigungsdarstellung aus dem Albrechtsaltar[119] als Vergleich heranzieht und sie den oben erwähnten Figuren und jenen auf fol. 94r gegenüberstellt. Auch in der Bildung der Physiognomiepartien überwiegt die Betonung des sanften Schönheitsideales (99r, 111r) *(Taf. 3)*. Doch ist in der Draperie-Binnenmodellierung der Federstrich stärker aufgesetzt als in der späteren Stilperiode. In anderen Miniaturen finden wir die Übernahme einzelner Figuren aus dem Œuvre des Albrechtsmeisters, zum Beispiel die Haltung der tanzenden weiblichen Figur im hellen Gewand auf fol. 88r *(Taf. 1)* unten, die auf die Figur mit dem Waschbecken aus der Geburt Mariae[120]

---

[119] Der Albrechtsaltar und sein Meister (wie Anm. 83) Farbtaf. 3.
[120] Der Albrechtsaltar und sein Meister (wie Anm. 83) Farbtaf. 2.

Stilentwicklung

Abb. 34: De natura rerum, Cod. C-67, fol. 94r; Wien, um 1440; Martinus Opifex und Werkstatt

Abb. 35: Tacuinum Sanitatis, Cod. C-67, fol. 111r; Wien, um 1440; Martinus Opifex

Abb. 36: Meister des Albrechtsaltares; Wien, ca. 1437–1439; Joachim und Anna an der Goldenen Pforte

zurückgreift. In einem anderen Beispiel der Tacuinum Sanitatis-Miniaturen übernimmt Martinus Opifex die Figur des knienden Apostels im Bildvordergrund des Marientodes aus dem Albrechtsaltar und verwendet sie neuartig als Mittel zur narrativen Schilderung des Naturthemas ‚Persica'.

Im Kolorit verwendet der Meister Martinus satte, intensive Farben wie Goldgelb, Weinrot, Preußischblau, Grasgrün, die mit matten Farbtönen von Beige, Altrosa, Grau, Stahlblau und Braun abwechseln. Das Granatapfelmuster in Gold als Dekormittel bei Prachtgewändern wird zu einem gängigen Verzierungsmittel. An anderer Stelle wurde bereits der selbstleuchtende Effekt der Farbtöne mit gleichzeitigem Anschein der Transparenz akzentuiert, wie etwa bei der Gestaltung des Landschaftsumraumes, des Wassers oder der Luftatmosphäre *(Taf. 18)*. Das Kolorit dient der Veranschaulichung des Stofflichen und verdeutlicht auch eine imaginäre Realität, die ausschließlich dazu bestimmt ist, den Betrachter mit der erzählerischen Breite des Schauspiels möglichst vertraut zu machen. In altertümlicher Weise hinterlegt der Miniator oftmals den Hintergrund mit einer von Goldranken verzierten Farbschicht oder mit reinem Goldgrund, auf dem zuweilen ziselierte Landschaftsformen in Gold überliefert sind *(Taf. 27)*. Bei zahlreichen Darstellungen können wir jedoch die Beobachtung machen, daß der Miniator vom herkömmlichen Schema der pittoresken Malweise abweicht und die in sich leuchtenden Farben des Kolorits mit der Tendenz zu einer Vereinheitlichung von Figur und Umraum benützt. Die Figur wird zwar nach wie vor durch die Handlung auf einer halbkreisförmigen Aktionsbühne im Bildvordergrund und durch koloristische Werte hervorgehoben, die vom Umraum verschieden sind. Es setzt jedoch eine Auflösung des Umraums in eine luftatmosphärische Zone ein, die durch die Schattierung von Grau- und Blautönen mit blauem Himmelsstreifen als Hintergrundabschluß einen optischen Sprung von der Aktionsbühne der Darsteller in eine gewisse Ferne bewirkt (Cod. C-67, fol. 93r, 99v) *(Taf. 2, 4)*. Auf fol. 93r fügt der Illuminator analog zum Kolorit der Hintergrundlandschaft im Bildvordergrund rechts ein koloristisches Äquivalent ein, nämlich eine Teichlandschaft mit Schilfkolben (siehe auch das Kapitel über die Landschaft) *(Taf. 2)*.

Der für Martinus O p i f e x im Granada-Codex charakteristische Stil setzt sich in der ersten Ausstattungsphase des Trojanischen Krieges fort, vergleicht man beispielsweise abermals das Autorenbildnis des Ibn Butlan mit dem des Guido da Columpna auf fol. 1r von Cod. 2773 *(Taf. 14)*. Bedeutete die Draperieauffassung bei der Figur des Ibn Butlan eine Hinwendung zu dem für Martinus O p i f e x kennzeichnenden Stil, so ist das Autorenbildnis im Trojanischen Krieg Ausdruck seiner reifen Stilphase. In den Miniaturen des Trojanischen Krieges kleidet der Meister Martinus die zwitterförmigen Staffagefigürchen in reiche Brokatgewänder mit weich bis hart geformtem Knitterfaltenstil. Die „männlichen" Figuren steckt er in steife Gewandröcke aus Ziehharmonikafalten *(Taf. 16, 20)*. Wie erwähnt, dient der fein geführte Federstrich als Schattierungsmittel. Äußerst zart sind Kopf, Physiognomiepartien und Gliedformen der höfischen Figuren akzentuiert. Die im Granada-Codex erscheinenden Stilmerkmale werden sublimiert. Als Vergleich zitiere ich die Figurenauffassung von fol. 99r aus Cod. C-67 *(Taf. 3)* und stelle sie jener auf fol. 69r von Cod. 2773 gegenüber (V e r m ä h l u n g   d e s   P a r i s   m i t   H e l e n a) *(Taf. 36)*. Das Gesagte wird auch in den filigranen, puppenhaft unkörperlichen Aktfiguren sichtbar, die in beiden auftreten (C-67, 99r; Cod. 2773, 18r; J a s o n   u n d   M e d e a   l e g e n   s i c h   s c h l a f e n). Die Gestalten sind zierlicher und minutiöser. Wie beim Kolorit der Miniaturen des Granada-Codex verwendet Martinus O p i f e x leuchtende Farbwerte. Doch sehen wir beispielsweise auf fol. 8v (J a s o n   u n d   H e r k u l e s   f a h r e n   v o n   T r o j a   w e g) *(Taf. 18)*, daß Martinus O p i f e x ein derart feines Stimmungsempfinden besitzt, daß er eine szenische Begebenheit auch in ganz zarte Farbtöne taucht.

In der weiteren Ausstattung des Trojanischen Krieges ändert sich das Stilbild von Martinus O p i f e x . In den von Martinus O p i f e x ausgeführten Kompositionen erscheinen die Figuren manieriert, sie reifen zu einer gewissen Monumentalität heran. Das Kolorit ist transparent, die bisher kleinteilige Draperiebinnenmodellierung verläuft nun in großzügig geformten, voluminösen Bahnen. Diese Stilmerkmale treten desgleichen im Brevier Friedrichs III., Cod. 1767, in den Vordergrund (fol. 1v, 91r, 257r, 268v . . ., *Taf. 9, 10*; Cod. 2773, fol. 163r, 164v, 190r; *Taf. 42, 44*), wodurch sich auch zeitliche Rückschlüsse auf den Ausstattungsverlauf des Trojanischen Krieges ziehen lassen. Ab 192r

Abb. 37: Tacuinum Sanitatis, Cod. C-67, fol. 110v; Wien, um 1440

erfolgt in Cod. 2773 ein Schreiberwechsel. Bis dahin können wir davon ausgehen, daß Martinus O p i f e x eigenhändig an der Ausstattung beteiligt war, und zwar nicht nur in den ersten Lagen, wie es in der Forschung fälschlicherweise kürzlich angenommen wurde[121]. Der Figurenstil in Cod. 1767 bestätigt diese Entwicklungsphase des Martinus O p i f e x.

Die Kompositionen des fragmentierten Tacuinum Sanitatis-Teiles von Cod. C-67 unterscheiden sich insoferne von den überlieferten Zyklen, als die figuralen Darstellungen individuell interpretiert erscheinen. Die bildliche Nichtübereinstimmung mit den Tacuinum Sanitatis-Versionen fällt bereits beim Autorenbildnis auf (fol. 82r) *(Abb. 33)*. Entgegen den übrigen Darstellungen ist der Textverfasser Ab'ul Hasan al Mulitor ibn al Abdun Sa'dun ibn Botlan (Kurzform des Namens: I b n B u t l a n) nicht in einer chorgestühlartigen Nische, vor einem Schreibpult thronend, dargestellt, sondern die Ansicht in C-67 zeigt ihn im Vordergrund seines Schreibpultes, in kauernder Dreiviertelhaltung. Auf seinem Schoß liegt eine Papierrolle, auf die er mit einem Federkiel unkenntliche Lettern schreibt. Mit einem Tintenfaß in der Linken hält er die Rolle auf seinem Schoß fest. Rechts im Bildhintergrund liegt auf einem Pult ein aufgeschlagener Codex, auf dem man einige lateinische Buchstaben zu erkennen vermag. In der Forschung wird die Ansicht vertreten, daß die lateinische Fassung der arabischen Textvorlage, deren Übersetzer unbekannt ist, im 13. Jahrhundert entstanden ist. In den bekannten Bildüberlieferungen ist der Autor Ibn Butlan stets mit einem Codex zu sehen. Das Exemplar liegt entweder vor ihm auf dem Pult (Wien, Rouen, Rom)[122] oder er hält es aufgeschlagen mit der Rechten in Richtung auf den Beschauer (Lüttich, Paris). Stets weist der Autor mit der Rechten auf sein Werk. In der Miniatur zu Lüttich und Paris werden im Codex Autor und Text in lateinischer Sprache genannt. Anders als in den übrigen Fassungen, ist in der Granada-Handschrift der Autor am Textbeginn in einer T-Rankeninitiale vor einer Brokatwand und einer goldenen Hintergrundfolie abgebildet[123]. Mittels der fremdländischen Buchstaben auf seiner Rolle wollte der Illuminator möglicherweise das Wissen um die arabische Urfassung inhaltlich vermitteln[124]. Aus einem Vergleich mit den übrigen Autorenbildnissen gelangt man zu der Auffassung, daß unser Illuminator von den andersartigen Darstellungsweisen unberührt war und daß er seine Bildversion wahrscheinlich frei konzipiert hat.

Ebenso folgen die Darstellungen in den Miniaturen des Tacuinum Sanitatis-Textes von C-67 nicht ordnungsgemäß dem Bildzyklus der frühen Vorstufen, im Gegensatz zu der von O. Pächt entdeckten zweiten Pariser Tacuinum Sanitatis-Handschrift der vierziger Jahre des 15. Jahrhunderts (Bodenseeraum), die, nach Pächt, an die Darstellungsabfolge des „Wiener Hausbuchs der Cerutti" anschließt[125]. Lediglich einzelne Bildelemente im Tacuinum Sanitatis-Teil von C-67 sprechen für eine entfernte Kenntnis von Vorlagenmotiven[126]. Diese äußern sich beispielsweise in der Konzentrierung von großformatigen Miniaturen mit beigefügter kurzer Texterklärung. Anders als bei den übrigen Fassungen sind zwei Miniaturen mit Text auf einer Blattseite abgebildet. In einem späteren Bildexemplar des Tacuinum Sanitatis-Textes der ÖNB, Cod. 2396, das wahrscheinlich venezianischer Herkunft ist und aus der zweiten Hälfte des 15. Jahrhunderts stammt, nehmen vier kleinformatige Miniaturen mit Text darunter die Folioseite ein[127]. Eine weitere Stilannäherung an die Vorstufen

---

[121] *Suckale* (wie Anm. 7) 109, Nr. 100.

[122] F. *Unterkircher*, Tacuinum Sanitatis in medicina. Cod. Ser. nov. 2644. Faksimileausgabe der Reihe Codices selecti Vol. VI. Graz 1967, 6. – J. v. *Schlosser*, Ein Veronesisches Bilderbuch und die höfische Kunst des XIV. Jahrhunderts. Jahrb. d. kunsth. Slgn. 16 (1895) 144–320. – H. *Schipperges*, W. *Schmitt*, Tacuinum Sanitatis – Buch der Gesundheit, hg. v. L. Cogliati Arano. München 1973, 112, 114–115. – E. *Berti-Toesca*, Il Tacuinum Sanitatis delle Biblioteca Nazionale di Parigi. Bergamo 1937. – Die Codices sind: Liège, Bibliothèque generale de l'Université de Liège, Ms. 1041, fol. 1v. – Paris Bibl. Nat., Ms. lat. Nouv. Acq. 1673. fol. 1r. – Rom Bibliotheca Casanatense, Theatrum Sanitatis, Ms. 4182, fol. 1r; – Wien, ÖNB, Cod. Ser. nov. 2644, fol. 4r.

[123] Eine genaue Überlieferung der Transferierung des Granada-Codex in den spanischen Raum steht noch aus. Vermutlich im 17. Jahrhundert gelangte die Handschrift vom J e s u i t e n k o l l e g aus Graz in das von San Pablo de los Padres de la Compania de Jesus von Granada – von dort kam der Codex im späten 18. Jahrhundert in die Universitätsbibliothek von Granada und wurde vom Text her A l b e r t u s M a g n u s zugeschrieben. Noch bei der Ausstellung „Gotik in Österreich" 1967 in Krems galt der Inhalt als die „Historia Naturalis" des Albertus Magnus mit einem integrierten „Tacuinum Sanitatis-Teil"; *Schmidt* (wie Anm. 6) 163, Nr. 100. – Die richtige Zuschreibung erfolgte in der Faksimile-Ausgabe von 1974 (wie Anm. 9) 15–18.

[124] *Schipperges, Schmitt* (wie Anm. 122) 98, Nr. 1; 104, Nr. 92.

[125] *Pächt* 1952 (wie Anm. 22) 172–180, Abb. 1–9.

[126] Man kann vorläufig annehmen, daß der Text der überlieferten Tacuinum Sanitatis-Bilder von Granada mit jenen etwa im Cod. Ser. nov. 2644 übereinstimmt mit einer Ausnahme (fol. 99r – V i n e e).

[127] Ausst.-Kat., Wissenschaft im Mittelalter – Handschriften und Inkunabeln der Österreichischen Nationalbibliothek. Wien 1975, 281–282, Nr. 264, Abb. 32 (Bearbeiter: *E. Irblich*). – Faksimileausgabe des Codex 2396 der Österreichischen Nationalbibliothek. Kommentar: J. *Rössl*, H. *Konrad*, Graz 1984.

Abb. 37a: De natura rerum, Cod. C-67, fol. 1r; Wien–Bayern, um 1440

erscheint in der bildlichen Dominanz des im Text besprochenen Naturproduktes, das als zentrale Bildachse in der symmetrischen Figurenanordnung fungiert[128]. Fast durchgängig verläuft die Darstellung auf einer segmentförmigen Bodenfläche im Bildvordergrund. Altertümlicher als in den Bildvorstufen, wird der Hintergrund oftmals mit Rankendekor oder mit reinem Goldton abgeschlossen. (In den Fassungen um 1400 erscheint der Hintergrund naturbelassen.) In den Miniaturen dieses Themas in den Handschriften von Rom, Paris, Wien und Rouen schließt eine zackige Felszone den Bildvordergrund ab. In einigen Beispielen von C-67 bricht die Aktionsfläche in diagonal ausgerichtete Felskanten und Ecken ab (fol. 88r oder 93r) *(Taf. 1, 2)*, was aber auch der Bildauffassung in der Darstellung J o a c h i m und A n n a an der G o l d e n e n P f o r t e *(Abb. 36)* des Albrechtsaltars[129] von Klosterneuburg verwandt ist. Damit erzielt der Illuminator Ansätze einer räumlichen Bildwirkung. Bei den Darstellungen mit „fernsichtigem" Landschaftsumraum wird jedoch der inhaltliche Schwerpunkt im Bildvordergrund konsequent durch eine Fels- oder Zaunpartie von der Landschaft abgesondert (fol. 88r, 99r, v, 105v . . .) *(Taf. 4, 5)*. Im Lütticher Exemplar (spätes 14. Jh.)[130] werden mehrere Darstellungen von Landschaftsmotiven in Form von Felspartien mit Burgkuppen und mit Stadtkulissenarchitektur begrenzt (fol. 21v, 24rv). Es entsteht dabei der Versuch der Wiedergabe eines naturnahen Landschaftsbildes, soferne es auch zusätzlich das Thema fordert. Man denke etwa an die Komposition N i x e t g l a c i e s auf fol. 87r von Ms. lat. 9333 der Bibliothèque Nationale von Paris, wo wir eine felsige Schneelandschaft mit zugefrorenem Teich

---

[128] Die Symmetrie im Aufbau von Figur- und Naturprodukt wird auch in der bildlich erweiterten Fassung in ÖNB Cod. 2396 beibehalten.
[129] Der Albrechtsaltar und sein Meister (wie Anm. 83) Farbtaf. 1.
[130] *Schipperges, Schmitt* (wie Anm. 122) Abb. 98–113. – Ausst.-Kat., Die Parler und der Schöne Stil, hg. von *A. Legner.* Bd. 3 (1978) 99 (Bearbeiter: *J. Stiennon*).

Abb. 38: Tacuinum Sanitatis, Cod. C-67, fol. 87v; Wien, um 1440

sehen[131]. Hier wird die Jahreszeit charakterisiert. Im Bildzyklus des Granada-Codex fehlen die Kalender-Themen.

Nach Betty Kurth und Otto Pächt ist der Bilderschmuck der Tacuinum Sanitatis-Handschriften mit den Kalenderdarstellungen in den Fresken des Adlerturms von Trient verwandt, deren Entstehung vor 1407 angesetzt wird[132]. Den Schöpfer der hervorragenden Malereien lokalisiert die Forschung unterschiedlich. Vorgeschlagen wurden der Südtiroler, der österreichische und zuletzt der böhmische Raum. Bemerkenswert ist die Tatsache, daß sich im Besitz des Auftraggebers der Fresken, Georg von Lichtenstein, der bis 1407 Erzbischof von Trient war, das „Wiener Hausbuch der Cerutti" befand[133]. Näher als diesen Darstellungen stehen die Kalenderkompositionen der Trienter Fresken mit ihren amourösen Szenen den Überlieferungen des Lütticher Exemplars. Hinsichtlich des unvollendeten Darstellungszyklus des Granada-Codex bedeutet dies, daß vergleichbare Stilansatzpunkte in den Fresken des Adlerturms von Trient und in den Tacuinum Sanitatis-Exemplaren erkennbar sind. So übernimmt Martinus Opifex ein Figurenvokabular, das in beiden Inhalten aufscheint: die hockenden und knienden weiblichen Figuren beim Anbau und beim Ernten von Pflanzenprodukten. Der körperlich anstrengende Arbeitsvorgang

---

[131] *Pächt* 1952 (wie Anm. 22) Abb. 8. – Im späteren Tacuinum Sanitatis-Exemplar der ÖNB Wien, Cod. 2396, weitet sich das Landschaftsbild „noch immer" als bildliche Sekundärerscheinung – im Hintergrund der Figurenkomposition zu einer minutiös gestalteten atmosphärischen Zone mit niedrigem Horizont aus.
[132] *B. Kurth*, „Ein Freskenzyklus im Adlerturm zu Trient". Jahrb. d. k. k. Zentral-Kommission f. Denkmalpflege 5 (1911) 36–53. – *Pächt* 1950 (wie Anm. 35) 37 ff. – *N. Rasmo*, Die Fresken im Adlerturm zu Trient. Roverto 1962. – Auch die Fresken in Wien I, Tuchlaubenstraße 19, vom Ende des 14. Jahrhunderts, lassen sich gut ins Genre der Trientiner Fresken eingliedern und sind auch mit manchen Kompositionen der Granada-Handschrift vergleichbar.
[133] *Pächt* 1950 (wie Anm. 35) 38. – *Unterkircher* (wie Anm. 122) 4. – *Kurth* (wie Anm. 132) 82–83.

wird mitunter durch weitausladende Schrittstellungen unterstrichen *(Abb. 37)* (fol. 105v, 110v, 111r ..., *Taf. 5;* vgl. einzelne Figuren der Monate Mai, August, September und Oktober der Trientiner Fresken[134]; sodann fol. 30r, 39r – A p i u m , V i o l e – von ÖNB Wien, Cod. Ser. nov. 2644 und fol. 24v – N a p o n e s – des Lütticher Codex). Bei der Darstellung C i t o n i a (fol. 83r von C-67) nähert sich die Komposition als solche der Vorlage von Wien an (fol. 20r von Ser. nov. 2644). Eine weibliche und eine männliche Figur reichen einander die Baumfrucht. Ebenso greift Martinus O p i f e x in der bildlichen Erklärung der Frucht F i c u s (fol. 82r von C-67) in der Figur auf dem Baum ein Detailmotiv auf, das in der Vorlage aufscheint und dort auch bei anderen Darstellungen von Obstbäumen verwendet wird, wie etwa bei der Frucht S i c o m o u r i oder bei C e r o s a a c e t o s a (fol. 4v, 10r, 12r von Ser. nov. 2644). In vielen Kompositionen des Themas weicht jedoch die Granada-Fassung von der Vorlage ab. Der Schwerpunkt höfischer und amouröser Szenen *(Abb. 37a)* im Tacuinum Sanitatis- und De natura rerum-Teil von Granada ist zum Teil in den Fresken des Adlerturms von Trient im Monat Mai und Juni überliefert: dies betrifft die zum „Picknick" gruppierte Gesellschaft, wandelnde Figuren, Figuren im Reigentanz oder kniende Liebespaare, die in C-67 die Themen N u c e s , A m i g d a l e oder F i o l e (fol. 87r, 88r, 111r, *Abb. 35) (Taf. 1),* inhaltlich bereichern. Die Vorliebe für pikante „Liebesszenen" *(Abb. 38)* geht aber in den Miniaturen von C-67 über vergleichbares Genanntes hinaus und läßt vermuten, daß noch weitere Bildquellen aus anderen Kunstmedien, wie beispielsweise Tapisserie und Graphik für die Bildwiedergabe bei Martinus O p i f e x eine Rolle gespielt haben könnten.

Vereinzelt fügt Martinus O p i f e x den amourösen Szenen Spruchbänder hinzu, die obszöne Phrasen enthalten (fol. 87v). Diese sind in bayerischer Mundart gehalten[135].

An manchen Stellen ist der lateinische Textinhalt als Randnotiz in Deutsch wiedergegeben oder, wie auf fol. 2r, ins Deutsche übersetzt[136]. Diese Texte stammen aus der zweiten Hälfte des 15. Jahrhunderts und aus dem ersten Viertel des 16. Jahrhunderts und sind nach der Mundart frühneuhochdeutsch bzw. niedersächsisch. Man kann daher vorläufig annehmen, daß der Granada-Codex bis ins frühe 16. Jahrhundert in deutschem Besitz war.

Zur unregelmäßigen Bildabfolge des fragmentierten Tacuinum Sanitatis-Teiles möchte ich abschließend sagen, daß die Abschnitte in dem bebilderten Text des De natura rerum-Inhaltes des Thomas de Cantimpré soweit integriert sind, um mit diesem im formalen Erzählstil eine Einheit zu bilden.

Martinus O p i f e x muß als Leiter einer Buchmalerwerkstatt angesehen werden. Vor allem in der Granada-Handschrift und im Trojanischen Krieg, aber auch im Brevier Friedrichs III. sind außer Martinus O p i f e x noch folgende Werkstattkräfte zu differenzieren: Zunächst der Meister des P e u t i n g e r Gebetbuches, so genannt nach der Ausstattung eines Breviers, das in den Besitz des Augsburger Patriziers Konrad P e u t i n g e r und seiner Frau Margarete W e l s e r gelangte. Konrad Peutinger war Stadtschreiber von Augsburg und Ratgeber Kaiser M a x i m i l i a n s . Der ursprüngliche Besitzer des Codex ist unbekannt (s. dazu S. 9). Der künstlerische Weg dieses bedeutenden Werkstattmitarbeiters von Martinus O p i f e x beginnt bereits im Granada-Codex und ist in allen Codices anzutreffen, die dem Kreis der Werkstatt von Martinus O p i f e x zugeschrieben werden. Die Ausstattung der Legenda aurea, ÖNB Cod. 326, und des oben erwähnten Peutinger Gebetbuches gehen hauptsächlich auf seine Hand zurück. 1446/1447 wurde die Legenda aurea für Friedrich III. illuminiert. Außer dem Peutinger Gebetbuchmeister waren bei diesem Codex noch der Albrechtsminiator, der Meister Michael und der Meister der Klosterneuburger Missalien tätig. Der Großteil der historisierten Initialen mit Heiligendarstellungen wurden jedoch vom Peutinger Gebetbuchmeister ausgeführt.

Im Tacuinum Sanitatis-Teil der Granada-Handschrift haben wir den eigentlichen Stil des Martinus O p i f e x vor uns, der ihn von dem seiner Umgebung abhebt. Der Gebetbuchmeister ordnet sich diesem Stilwollen in unterschiedlicher Art und Weise unter. Die Figurenbewegungen wirken noch etwas verhärtet und steifer. Der Feder- und der Pinselstrich bei der Kontur- und der Binnenmodellierung werden grob und manchmal unbeholfen eingesetzt wie etwa bei der Draperie-,

---

[134] *Rasmo* (wie Anm. 132) Abb. 4–8, 32, 34.
[135] W. *Schmitt,* Las notas en alean medieval, in: Faksimileausgabe von Cod. C-67 (wie Anm. 9) 46, 48–49.
[136] *Schmidt* (wie Anm. 9) 47, Textabb. S. 53–55; Cod. C-67, fol. 1r–2r.

Abb. 39: Peutinger Gebetbuch, Cod. brev. 91, fol. 24v

der Physiognomie- und der Haargestaltung. Die Figuren- und die Draperieplastizität ist nicht so räumlich aufgefaßt wie in seiner späteren Stilphase. Wie Martinus O p i f e x, faßt er die Gliedmaßen schmal und zart auf, auch übernimmt er von Martinus O p i f e x das breitschultrige, stämmige Figurenideal *(Taf. 29)*. Kennzeichnend ist für ihn auch, daß seine Figuren auf Zehenspitzen „schreiten" bzw. tänzeln; sie stehen nicht auf den ganzen Fußsohlen wie die Figuren in Cgm. 3974, fol. 56r, einer von mehreren grundlegenden Stilbeweisen, warum dieser Meister des Totentanzes der Münchener Handschrift auf keinen Fall Martinus O p i f e x sein kann, jedoch von ihm beeinflußt war (s. dazu auch S. 69f.). Wenn wir uns erneut dem Peutinger Gebetbuchmeister zuwenden, finden wir den oben erwähnten Figurentypus besonders in der Figur Christi überliefert (Cod. 1767, fol. 99v, Kreuzigung; fol. 267v, Trinität *Taf. 11;* Cod. brev. 91, fol. 74r C h r i s t u s u n d T h o m a s; fol. 24v C h r i s t u s a l s S c h m e r z e n s m a n n – *Abb. 39;* Cod. 2773, fol. 97v T o d d e s K ö n i g T h e u k r a) *(Taf. 38)*. Grundsätzlich ist seine Malweise gröber als jene von Martinus O p i f e x, bisweilen auch fleckig-schmutzig und verwaschen. Dies betrifft auch seine Landschaftsmalerei. Die Felspartien werden oftmals zu einer konturlosen, braunen Masse im Bildhintergrund. Für die Aktionsfläche der Figuren verwendet er gerne dunkles, kräftiges, verwischtes Grasgrün, während Martinus O p i f e x häufig einen klaren, leuchtenden zitronengrünen und goldgelben Ton bevorzugt. Ebenso verwendet der Peutinger Gebetbuchmeister kräftiges Preußischblau und Schwarzblau. Im übrigen übernimmt er die Farbpalette des Martinus O p i f e x, setzt diese jedoch wie angedeutet viel freier und lockerer ein (Weinrot, Altrosa, Violett). In Cod. brev. 91 wird der Farbcharakter

Stilentwicklung

pastellartiger, an die Stelle von Grasgrün für die Bühnenfläche tritt Olivengrün oder Zitronengrün. Es ist daher nicht unwahrscheinlich, daß dieser Meister die Zierseite von fol. 1v *(Taf. 9)* aus dem Brevier Friedrichs III. zwar nicht konzipiert, jedoch bei der Bemalung mitgeholfen hat, da das Kolorit der Figurengewänder genau dem des Gebetbuchs entspricht, wie auch die Form und die Farbe der Ranken (dies gilt auch für die Ranken- und Droleriekomposition auf fol. 2r von Cod. 1767). In der Granada-Handschrift und in der Legenda aurea befolgt er offenbar die Anweisung von Martinus O p i f e x, die Farben kräftiger aufzutragen. Im Trojanischen Krieg hat der Peutinger Gebetbuchmeister durchgehend mitgewirkt. Die ersten Lagen von Cod. 2773 hat Martinus O p i f e x nicht alle selbständig ausgeführt. Schon die Figurenposition auf fol. 2v unterscheidet sich in der stereotypen und linkischen Bewegung der Figuren und in der malerischen Ausführung von der Gruppe auf 2r, die

Abb. 40: Legenda aurea, Wien ÖNB, Cod. 326, fol. 261v; 1446/1447

Martinus Opifex ausgeführt hat. Jüngst wurde die Ausführung der Darstellung auf fol. 2v von der Forschung fälschlicherweise Martinus Opifex zugeordnet[137].

Desgleichen wurde aufgezeigt, daß Martinus Opifex etwa bis fol. 192r von Cod. 2773 immer wieder in die Ausstattung „eingegriffen" hat (z. B. auf fol. 190r) oder bei besonders schwierig zu malenden Darstellungen Hand angelegt hat. Wie bei der eben erwähnten Darstellung von der Beweinung des Todes von Paris oder in der Komposition Achill schläft in seinem Zelt *(Taf. 43, 44)* stammen etwa im zweiten Teil der Handschrift Komposition und Ausführungen von seiner Hand. In manchen Fällen stammen in der fortgeschrittenen Ausstattungsphase des Trojanischen Krieges die Vorzeichnungen von Martinus Opifex und die Ausführung vom Peutinger Gebetbuchmeister: so zum Beispiel bei der Beweinung von Hektors Tod *(Taf. 41)* oder die Darstellung des Todes von König Theukra. Von den Werkstattgehilfen konnte sich der Peutinger Gebetbuchmeister am besten in den Stil des Martinus Opifex hineindenken. Er war für die Grisaillemalereien der Steinplastiken verantwortlich (so auch auf fol. 1v von Cod. 1767) *(Taf. 9)*. Martinus Opifex hat ihm auch viele Schlachtenbilder überlassen, jedoch nicht die auf fol. 32v und 34v. Von der Hand des Peutinger Gebetbuchmeisters stammen die Schlachtenbilder auf fol. 220r und 233r *(Taf. 45)*, um zwei Beispiele zu nennen. Im großen Schlachtenbild von fol. 103v–104r ist das Konzept von Martinus Opifex – der Peutinger Gebetbuchmeister war an der Ausführung beteiligt *(Taf. 40a, b)*. Ab fol. 192r ist im Trojanischen Krieg die Hand des Martinus Opifex nicht mehr direkt überliefert. Ganz in seinem Sinn werden die folgenden Miniaturen unter der „Leitung" des Peutinger Gebetbuchmeisters fertiggestellt. Wir erkennen in diesen Miniaturen wie auch bereits im Brevier Friedrichs III. und in der Legenda aurea, daß der Peutinger Gebetbuchmeister stilistisch auch eine Vorliebe für eine impressionistische Malweise hat, die sich in der Anwendung von Deckweißschraffur- und -punkten ausdrückt (Cod. 1767, fol. 257v; Cod. 2773, fol. 233r; Cod. 326, fol. 194r). Dieses von Martinus Opifex eingeführte Stilmerkmal wendet der Peutinger Gebetbuchmeister unterschiedlich an, manchmal gröber, manchmal feiner und ausgewogen.

Der Peutinger Gebetbuchmeister war nicht der einzige Gehilfe des Martinus Opifex. Stilistisch schwächere Gehilfenhände, die bei weitem nicht an das künstlerische Ausdrucksvermögen des Martinus Opifex heranreichten, waren jedoch bemüht, im Sinne des Hauptmeisters zu arbeiten. Es muß aber an dieser Stelle gesagt werden, daß es vor allem im Trojanischen Krieg und in der Granada-Handschrift oft äußerst schwierig ist, die Abfolge der Gehilfenhände zu unterscheiden. Ich möchte mich daher nur auf markante Unterscheidungsmerkmale beschränken, die auch zur Ortung des Entstehungsraumes der Granada-Handschrift und des Trojanischen Krieges beitragen sollen.

Ein Meister, der auch in der Legenda aurea (Wien ÖNB, Cod. 326, fol. 261v) und im Brevier Friedrichs III. tätig war, ist der Meister der Klosterneuburger Missalien *(Abb. 40)*. Er hat auch bei der Ausstattung des Trojanischen Krieges mitgeholfen.

In der Legenda aurea und im Brevier Friedrichs III. arbeiten neben Martinus Opifex, dem Peutinger Gebetbuchmeister, dem Meister der Klosterneuburger Missalien, auch noch der Albrechtsminiator sowie der Meister Michael mit. Der Meister der Klosterneuburger Missalien erregt besonders deshalb die Aufmerksamkeit des Betrachters, da er innerhalb der Wiener Buchmalerei die Stilkennzeichen des Martinus Opifex bzw. des Peutinger Gebetbuchmeister, aber auch die des Albrechtsminiators übernimmt. Beim Vergleich der Darbringung im Tempel in CCl 606, fol. 153v (1445/50) der Stiftsbibliothek von Klosterneuburg mit der Grablegung Christi im Brevier Friedrichs III. Cod. 1767, fol. 257v, haben wir 1977[138] auf die lockere Art der Pinselstrichführung des Missalienmeisters hingewiesen, die aus der Kenntnis der Arbeit des Peutinger Gebetbuchmeisters stammt. Hinzu käme die Betonung des Federstrichs als Konturumrißlinie und die Form des gedrechselten Faltenwurfes. Der Meister verwendet kräftige Farbtöne von Altrosa, Himmelblau, Grasgrün und dunklem Braun. Der Pinselstrich ist verwischt, die Landschaftsformen sind aufsichtig, die Felspartien unplastisch und flach aufgefaßt. Die Figuren dominieren im Bildvordergrund und sind manieristisch dargestellt mit dünnen, langgezogenen Gliedmaßen. Die Binnenmodellierung der Körperpartien wird mit dunkelgrauen, verwischten Pinselstrichen akzentuiert, desgleichen die Schattierung der Gesichtszüge mit kräftigen, schwarz umrandeten und

---

[137] *Suckale* (wie Anm. 7) 109, Nr. 100.
[138] *Ziegler* 1977 (wie Anm. 8) 87, Abb. 3.

Abb. 41: Wien ÖNB, Cod. 2773, fol. 129r; Wien, ca. 1447/48–1454

schattierten hervorquellenden Augenpartien. Der Körperbau der Figuren wirkt ungelenkig und unproportioniert (Cod. 326, fol. 261v; Cod. 1767, fol. 270r; Cod. 1898, fol. 5r). Übertriebener als der Meister des Peutinger Gebetbuches wendet er schmutzige und oberflächlich aufgetragene Farbtöne an. Dagegen malt der Meister die Ranken im Stil des Albrechtsminiators mit vollkommen glatter Pinselführung. In den vom Klosterneuburger Missalienmeister ausgeführten Miniaturen der Legenda aurea erscheint sein Stil in ziemlich ausgereifter Form. Im Vergleich zum Peutinger Gebetbuchmeister ist zu bemerken, daß in jenen Darstellungen, wo er beim Peutinger Gebetbuchmeister mittätig war, die Ausführung wesentlich plumper und oberflächlicher ist als üblicherweise beim Gebetbuchmeister (Cod. 326, fol. 126r, 128v, 162r, 188r). Aufgrund der Überlegungen ist die Mitarbeit des Klosterneuburger Missalienmeisters in der Granada-Handschrift etwa auf fol. 96rv, 95v, 98rv, 101v, 113v nachzuweisen. Die Figuren agieren in ihren Bewegungen unbeholfen, der Kopf sitzt manchmal verschoben direkt auf dem Rumpf auf. Häufig malt er im Trojanischen Krieg zusammen mit dem Peutinger Gebetbuchmeister die Schlachtenbilder, wie etwa auf fol. 120r von Cod. 2773. Niemals ist er Entwerfer von Kompositionen, sondern nur ausführendes Organ. Außerhalb der Schlachtenbilder ist seine Hand auf fol. 129r von Cod. 2773 nachzuweisen. In der Darstellung H i e b e g r a b e n d i e

Abb. 42: Wien ÖNB, Cod. 2773, fol. 151r; Wien, ca. 1447/48–1454

kriechen ire edl toten und die andern lassen sie verprennen *(Abb. 41)*. Besonders war er aber dem Peutinger Gebetbuchmeister bei der Fertigstellung des Miniaturenzyklus ab fol. 192r behilflich, wo die eigentliche Tätigkeit des Martinus O p i f e x nicht mehr weiterverfolgt werden kann. In diesen Darstellungen tritt die ihm eigene Ausführung der Farbskala in den Vordergrund, wie es oben besprochen wurde (schmutziges, stark verwischt aufgetragenes Grasgrün, Dunkelbraun, Altrosa, Preußischblau, dunkelgraue Schattierung). Für die Herstellungs- und Lokalisierungsfrage der Granada-Handschrift und des Trojanischen Krieges bedeutet die Mitarbeit des Meisters der Klosterneuburger Missalien vorerst, daß die künstlerische Ausführung beider Codices in Zusammenhang mit der Wiener Hofminiatorenwerkstatt betrachtet werden muß. Es unterstreicht die oben erläuterte stilistische Lokalisierung des Martinus O p i f e x (auch Worcester-Meister) in den Wiener Raum und dessen Position als Haupt einer Werkstattgruppe. Das Gesagte schließt eine ausschließliche Entstehung beider Codices in Regensburg aus, die jüngst Suckale im Katalog zur Regensburger Buchmalerei angenommen hat[139]. Es schließt aber nicht die Stellung des Martinus O p i f e x als Wanderkünstler aus.

Außer dem Peutinger Gebetbuchmeister und dem Meister der Klosterneuburger Missalien müssen noch weitere Illuminatoren bei Martinus O p i f e x in der Granada-Handschrift und im Trojanischen Krieg mitgearbeitet haben. In manchen Darstellungen von Cod. 2773, wie etwa in der Begräbnisszene von H e k t o r, in der sein Tod von den Anwesenden in einem Chorgestühl betrauert wird, sind Stilverbindungen zu den Figuren des Tafelbildes Besuch im Kloster der Rückseite des Klosterneuburger Albrechtsaltares zu sehen. Das gilt nicht nur für den Physiognomietypus, sondern

---

[139] *Suckale* (wie Anm. 7) 108–109, Nr. 98, 100.

auch für die Wahl des bläßlichen, erdigen Kolorits. Die Figuren wirken wie Geistliche beim Chorgebet. So wie bei einigen anderen Darstellungen des Trojanischen Krieges, wird abermals eine antike Szene in das Ambiente einer christlichen sakralen Umgebung versetzt (s. fol. 69r, 163r) *(Taf. 36, 42).*

In einigen Darstellungen des Trojanischen Krieges werden die Figuren merkwürdig schematisch und hölzern in den Bewegungen wiedergegeben! Sie wirken wie zur Schau gestellte Püppchen ohne Innenleben und ohne innere Dynamik (fol. 142r, 151r, v . . .; 74v, 75r). Zu einer dicht gedrängten Gruppe gefügt, wirken sie beziehungslos: jede Figur steht für sich, ihre Blickrichtung ist undefinierbar und starr. Ähnlich der Situation eines Blinden blicken die Figuren manchmal mit weit aufgerissenen Augen und großen dunklen Pupillen, ohne tatsächlich zu sehen. Die Anwendung einer eigentümlich glatten Malweise mit Betonung der Umrißkonturlinie verleiht ihnen, ganz im Gegensatz zur Figurenauffassung des Martinus O p i f e x, den Ausdruck von Marionetten, die zur Begutachtung „in die Auslage gestellt wurden". In der Darstellung A n d r o m e d a   o f f e n b a r t   K ö n i g   P r i a m o s   i h r e n   T r a u m hat der Miniator das Erstaunen über den Traum beim Königspaar durch eine wie im Gleichschritt roboterartige horizontal abgewinkelte Arm- und Handhaltung überliefert. In zwei weiteren Beispielen auf fol. 142r und 151r wird das Zueinandersprechen bei einer Konversation und Diskussion durch ein bildlich gesprochenes „Aneinandervorbeireden" ausgedrückt *(Abb. 42).* Die aufgereihten Akteure der Griechen und Trojaner auf fol. 74v–75r wirken absolut emotionslos. Als Staffagefigürchen werden sie lediglich durch ihren Namen in goldener Textura und durch ihre Insignien (siehe S. 73 ff.; *Abb. 50)* hervorgehoben. Welcher Gehilfe hat hier Martinus O p i f e x und den Peutinger Gebetbuchmeister noch unterstützt? Meiner Ansicht nach war es der L e h r b ü c h e r m e i s t e r, der am Beginn seiner künstlerischen Laufbahn bei Martinus O p i f e x gelernt hat.

Wenden wir uns wieder den Zierseiten des Breviers Friedrichs III. zu. Die Zierseiten auf fol. 267v mit der P f i n g s t f e s t d a r s t e l l u n g und dem S c h w e i ß t u c h   C h r i s t i *(Taf. 11)* zeigt starke Ähnlichkeiten mit den oben aufgezählten Stileigenschaften des Lehrbüchermeisters *(Abb. 43),* ebenso wie die Zierseiten auf fol. 257r mit der P i e t à -Darstellung. Hervorzuheben ist die Anwendung der glatten Malweise bei der Physiognomie-, Körper- und Draperiemodellierung.

Abb. 43: Franziscus de Retza, Expositio in Salve Regina, I, Nürnberg, Stadtbibl., Cod. Cent. III 70, fol. 1r; 1458

Besonders wird die gerade Federkonturlinie bei den Augen-, der Mund- und der Nasenpartie betont, ebenso wird auf die Schattierung der Augenlider und auf die rote Mundpartie Wert gelegt (fol. 59v, 75v, 142r, 151v ..., 162v).

Der Meister Michael hat nicht nur bei der Ausstattung des Martinus O p i f e x im Brevier Friedrichs III., beispielsweise bei der Rankenausstattung, mitgearbeitet, sondern er wurde auch bei der Ausführung der Miniaturen im Trojanischen Krieg herangezogen (fol. 160v, 184v, 185r, 189v, 197v, 232v, 233r ...) *(Abb. 45)*. Kennzeichnend ist die weiche, aber oberflächliche Art der Modellierung mit dem Pinsel, ist die summarische Wiedergabe von Körperproportionen mit Betonung der kubischen Form. Der Meister Michael legt keinen Wert auf die Wiedergabe von Detailformen, deshalb wirken zum Beispiel die Handpartien flossenartig, die Augenpartien werden mittels breiten Pinseltupfen hervorgehoben. Das zeigt etwa die Geburt Mariae *(Abb. 44)* aus dem Brevier Friedrichs III. (fol. 215r). Ebenso muß man davon ausgehen, daß in den Darstellungen der Legenda aurea (Cod. 326) der Peutinger Gebetbuchmeister, der Meister der Klosterneuburger Missalien und der Meister Michael „interdisziplinär" zusammengearbeitet haben.

Bei dieser Betrachtungsweise erhebt sich nun allgemein die Frage, inwieweit die Werkstatt der Ottheinrichsbibel in Zusammenhang mit Martinus O p i f e x zu bringen ist.

Drei Meister haben die Ottheinrichsbibel (München BSB, Cgm. 8010) ausgestattet. Dem ersten Meister, der unter dem Einfluß der Salzburger Buchmalerei aus der Werkstatt der Grillinger Bibel stand, ist die Ausstattung der ersten Lage von fol. 1r–9r übertragen worden[140]. Ab fol. 10r–41v hat ein weiterer Meister vorwiegend das Matthaeusevangelium illuminiert.

Schmidt bezeichnete ihn als „Pseudo Martinus", weil er dem Stil von Martinus O p i f e x am nächsten stünde[141]. Von fol. 42r (noch im Matthaeusevangelium) – fol. 61r des Markusevangeliums sind die Miniaturen eines dritten Meisters überliefert[142]. (Vollendet wurde die Ausstattung des ersten Bandes der dreiteiligen Bibel nach 1530 von Matthias G e r u n g im Auftrag des Pfalzgrafen O t t h e i n r i c h)[143]. Nach dem inhaltlichen Bereich ihrer Ausstattung habe ich den drei Meistern in meiner Dissertation von 1974 die Notnamen „Hieronymusmeister", „Matthaeusmeister" und „Markusmeister"[144] gegeben. Die Hand des ersten Meisters, des „Hieronymusmeisters", ist für den Stilkomplex um Martinus O p i f e x nicht von Bedeutung. Die Hand dieses Meisters habe ich auch in einer Handschrift der ÖNB Wien, Cod. 2774 von 1448 entdeckt (Petrus C o m e s t o r, Historia Scholastisca)[145]. Der Stil des von G. Schmidt mit Martinus O p i f e x in Zusammenhang gebrachten Matthaeusmeisters zeichnet sich durch die Gestaltung vierschrötiger, kubischer Figuren mit ebensolcher Kopfform aus, deren Körperglieder und Bewegungen in die starre Umrißstruktur der Gesamtform eingebunden sind, wodurch sie den Eindruck einer zweidimensionalen, flächenhaften Art der Darstellung vermitteln. Die Grenzlinie der kubischen Masse wird besonders akzentuiert. Die Gestik der kleinen, an den Körper gepreßten Hände sowie auch die Mimik der Physiognomien können hervorstechende Merkmale werden und dienen dazu, den Inhalt der Darstellungen zu verlebendigen. Diese Art blockhafter Figurenauffassung findet sich auch in der zeitgenössischen Salzburger Malerei, wo Pächt den Einfluß trecentesker Malerei in bezug auf das Figurenideal G i o t t o s festgestellt hat[146]. Beim „Matthaeusmeister" dominieren die häufig zu einer gruppalen Gesamtform verschmolzenen Figurenkörper der zweidimensional aufgeklappten Bildfläche, – ein

---

[140] *Schmidt* (wie Anm. 6) 160. – *B. Wohlgemuth*, Die Werkstatt der Grillinger-Bibel in Salzburg am Anfang des 15. Jahrhunderts (München, Bayerische Staatsbibliothek, Cod. lat. 15701). Diss. München 1973, 100 f. – Von L. Wilckens wurde jener Meister fälschlicherweise in das 14. Jahrhundert datiert. *L. v. Wilckens*, Salzburger Buchmalerei um 1400 – was charakterisiert sie und was trennt sie von der donaubayerischen? Anzeiger d. Germ. Nationalmus. (1974) 32, Abb. 7. – Der Stil des Meisters ist gegen 1440 zu datieren. *Wohlgemuth* (wie oben) 101. – *Ziegler*, Diss. (wie Anm. 7) 303–304. – Dies. 1977 (wie Anm. 8) 83, Anm. 4. – Dies., Das Mondseer Urbar von 1416, Ein Beitrag zur Frühphase der Werkstatt der Grillinger Bibel. ÖZKD XXXI (1977) 126.

[141] *Schmidt* (wie Anm. 6) 161.

[142] *Schmidt* (wie Anm. 6) 160. – *Ziegler*, Diss. (wie Anm. 7) 30, 31 ff.

[143] *Schmidt* (wie Anm. 6) 160. – *Ziegler*, Diss. (wie Anm. 7) 29 f., 42 (über Pfalzgraf Ottheinrich + weiterer Literaturangabe zu seiner Person).

[144] *Ziegler*, Diss. (wie Anm. 7) 29–31. – Dies. 1977 (wie Anm. 8) 91, Anm. 4.

[145] *Ziegler*, Diss. (wie Anm. 7) 259, Anm. 1. – Dies. (wie Anm. 8) 83, Anm. 17. – Ohne Quellenangabe hat R. Suckale diese Bezeichnung der drei Meister übernommen. *Suckale* (wie Anm. 7) 97.

[146] *Pächt* 1929 (wie Anm. 88) 24. – Dieses Stilkennzeichen finden wir aber auch in der von Italien her beeinflußten böhmischen Malerei um die Mitte des 14. Jahrhunderts, etwa in den breit konzipierten Figurendarstellungen des Meisters *Theoderich* in der Kreuzkapelle der Burg Karlstein. *G. Schmidt*, Die Malerei, in: Gotik in Böhmen, hg. von *K. M. Swoboda*. München 1969, 196 ff.

Abb. 44: Brevier Friedrichs III., Wien ÖNB, Cod. 1767, fol. 215r; 1447/48

traditionelles Phänomen in der süddeutschen Malerei[147]. Kennzeichnend ist weiters für den Meister das vielfach in lavierender Technik flüchtig aufgetragene Kolorit in Beige, Blau, Aubergine und Grasgrün, manchmal mit Betonung einer pointillistischen und strichförmigen Pinselführung und mit Anwendung von „Schlagschatten" (fol. 18r, Sturm auf dem Meer).

Kurz möchte ich erwähnen, daß die Kompositionsweise der Darstellungen des dritten Meisters, des „Markusmeisters", der seines Kollegen weitgehend entspricht, jedoch mit dem gravierenden Unterschied, daß hier eine bewußte Imitation greifbarer, reliefplastischer Strukturen rezipiert wurde,

---

[147] *Ziegler*, Diss. (wie Anm. 7) 32 ff. – Dieses traditionelle Phänomen überwiegt in der süddeutschen Malerei im Gegensatz zur westlichen und niederländischen Malerei dieser Zeit, wo die Grundlage des Darstellungskonzeptes einerseits die Integration der Figur in den Umraum unter Einbeziehung optischer Perspektive war (Bildauffassung der Brüder van Eyck), während es anderseits die Koordinierung der Komposition auf einer Projektionsfläche wie beim Meister von Flémalle gab. *O. Pächt*, Gestaltungsprinzipien der westlichen Malerei des 15. Jahrhunderts, in: Methodisches zur kunsthistorischen Praxis. München 1977, 21–23 (aus: Kunstwissenschaftliche Forschungen 2. Berlin 1933, 75–100).

die an holzgeschnitzte Werke, konkret: an die Reliefplastik des Znaimer Altars, erinnern. Die optische Vortäuschung von kubischer Dreidimensionalität spielt sich dabei auf der kleinteiligen Draperiemodellierung der Oberfläche ab. Die Figuren stellen einen Körperhohlraum dar. Reliefartig werden die Faltenstege scharfkantig und brüchig ineinandergeschoben. Kubistisch wirken prismatische kegel- und scheibenförmige Felsstücke aus der S p e i s u n g d e r 4 0 0 0 von fol. 56r. Durch die Spannung gegensätzlicher Druckverhältnisse wird die Oberflächenform, unter Beibehaltung einer festen Umrißgestalt, „zertrümmert". Auch in den sehr volkstümlich variierten Physiognomiepartien ist dieses Merkmal deutlich. Es sei an dieser Stelle betont, daß innerhalb der Buchmalerei der Stil des „Markusmeisters" der Ottheinrichsbibel mit dem Stil des Znaimer Altars verbunden erscheint[148]. Die Malweise des Meisters ist durch die ausführliche Anwendung von Deckfarbenmalerei mit Pastelltönen von der seines Kollegen unterschieden. Die gedämpfte Tonskala von Grasgrün, Aubergine bis Rosa, Violett, Kobaltblau und Stahlgrau lehnt sich an das zeitgemäße koloristische Farbempfinden an, wie es etwa in der gleichzeitigen Tafelmalerei des Meisters von Schloß Lichtenstein sowie beim Meister des Landsberger Altars zum Ausdruck kommt. Den Hintergrund der Miniaturen verkleidet der „Markusmeister" mit Blattgold, während der „Matthaeusmeister" beim Blattgoldhintergrund verschiedenartig ziselierte Ranken oder überhaupt farbigen Grund mit Goldranken verwendet. Bereits in der Dissertation haben wir unterstrichen, daß der „Markusmeister" aus dem 1437 entstandenen Landsberger Altar ganz spezifische Figuren- und Physiognomietypen übernommen hat, ein terminus postquem für die Entstehung der Ottheinrichsbibel. Im Katalog zur Regensburger Buchmalerei hat Suckale, ohne Stilvergleich des „Markusmeisters" mit den Landsberger Tafeln, die Ottheinrichsbibel fälschlich zwischen 1425 und 1430 datiert. Suckale vertritt auch die einseitige Auffassung, daß der „Markusmeister" aus dem Worcester-Meister stilistisch hervorgegangen sei und in der Folge Martinus O p i f e x aus dem Stil des „Markusmeisters"[149]. Letzterer sei ein typischer Vertreter des bayerischen Stils. Bei der Stilanalyse des Martinus O p i f e x (auch Meister der Worcester-Kreuztragung) konnte der Ursprung im österreichischen Raum, speziell in der Wiener Buch- und Tafelmalerei, nachgewiesen werden.

1977 und 1982 (1983)[150] haben wir die Tätigkeit von Wiener Buchmalern im bayerischen Raum (Nürnberg, Aldersbach) von 1458 und 1431 erörtert. Es ist bekannt, daß es zwischen Regensburg und Wien in der 1. Hälfte des 15. Jahrhunderts regen Austausch auf wirtschaftlichem Gebiet gab, schon bedingt durch die gemeinsame Lage an der Donau. Für Regensburger Händler gab es in Wien eine eigene „Fremdenpension", den sogenannen „Regensburger-Hof". In sakraler Stellung waren beide Städte Erzdiözesen. Wir wissen, daß Jakob Kaschauer aus dem Nürnberger Raum nach Wien gezogen ist und hier eine große Werkstatt gegründet hat, die aufs engste mit dem Meister des Albrechtsaltars verbunden ist. Es ist das Verdienst von R. Perger[151] und A. Lhotsky[152], das Wiener Kunst- und Wirtschaftsleben der ersten Hälfte des 15. Jahrhunderts, nämlich auch in bezug zum bayerischen Raum eingehend behandelt zu haben. Wien als Universitätsstadt und mit einer Hofminiatorenwerkstatt, gelangte nach dem Niedergang der Prager Universität und der Hofkunst unter König Wenzel zur kulturellen Blüte. Der Wiener Dominikaner, Universitätsprofessor und Rektor Franciscus de R e t z a ging von Wien nach Nürnberg und lehrte dort. Der Wiener Universitätsgelehrte Nikolaus von D i n k e l s b ü h l stammte aus dem schwäbischen Raum, studierte an der Universität Wien und wurde 1410 zum Dekan der Theologischen Fakultät gewählt, nachdem Berthold von R e g e n s b u r g resigniert hatte[153]. Als Vertreter Herzog Albrechts V. zum Konstanzer Konzil entsendet, war Nikolaus von Dinkelsbühl einer der heftigsten Gegner des Johannes H u s[154].

Suckale betonte, daß die Wiener Hofkunst im ersten Viertel des 15. Jahrhunderts für die Regensburger Kunst wichtigstes Vorbild war[155]. In dieser Sicht ist auch die künstlerische Stellung des Meisters der Worcester-Kreuztragung zu betrachten. Da sein Stil ursprüngliche Wiener Züge trägt, kam er als Vertreter der Wiener Kunst nach Regensburg. Oder aber er kam aus dem Regensburger

---

[148] *Ziegler*, Diss. (wie Anm. 7) 110.
[149] *Suckale* (wie Anm. 7) 98–99.
[150] *Ziegler* 1977, 1983 (wie Anm. 8, 88).
[151] *Perger* (wie Anm. 28) 13 ff.
[152] *A. Lhotsky* (wie Anm. 189). – *Perger* (wie Anm. 151).
[153] *A. Madre*, Nikolaus von Dinkelsbühl – Leben und Schriften – Ein Beitrag zur theoretischen Literaturgeschichte, in: BGPhMA 40 (1965) 8–21.
[154] *Madre* (wie Anm. 153) 22 ff.
[155] *Suckale* (wie Anm. 7) 93.

Abb. 45: Wien ÖNB, Cod. 2773, fol. 185r; Wien, ca. 1447/48–1454

Raum nach Wien und hat sich jahrelang im frühen 15. Jahrhundert den Wiener Stil angeeignet – das heißt, er wurde zu einem Wiener Buchmaler, ähnlich wie Jakob Kaschauer zu einem Künstler des Wiener Raumes wurde, um schließlich zu einem Wanderkünstler zwischen diesen beiden Städten zu werden mit „Auslandsaufenthalt" in Konstanz und im Westen. Ich bin der Meinung, daß die erste Variante eher wahrscheinlich ist. Wer waren aber seine Auftraggeber? Bei der Worcester-Kreuztragung handelt es sich möglicherweise um ein privates Andachtsbild. Da wir nun den Worcester-Meister und Martinus O p i f e x als eine Künstlerpersönlichkeit erkannt haben, wissen wir bereits, daß zwei seiner Werke für König Friedrich III. am Wiener Hof entstanden sind. Für die Granada-Handschrift und den Trojanischen Krieg können wir aufgrund der Ausstattungsweise vorläufig von Arbeiten mit höfischem Charakter sprechen. Da Kräfte der Werkstatt der Ottheinrichsbibel neben dem Peutinger Gebetbuchmeister und dem Meister der Klosterneuburger Missalien in der Granada--Handschrift mitgewirkt haben, ist für das erste der Kontakt des Martinus O p i f e x (oder Worcester-Meister) mit Regensburg belegt. Denn aufgrund seiner Recherchen konnte Suckale weitere ausgestattete Handschriften der Ottheinrichswerkstatt, vor allem aus dem Kreis des Matthaeusmeisters mit Regensburger Provenienz nachweisen[156]. Im Kommentar der Faksimileausgabe von 1974 berief man sich auf Schmidt und meinte, daß Martinus O p i f e x von der Werkstatt der Ottheinrichsbibel in seiner Arbeit „unterstützt" worden sei. Diese Ansicht vertrat ich sowohl in meiner Dissertation wie auch 1979[157]. Formale Stileigenschaften des „Matthaeusmeisters"

---

[156] *Suckale* (wie Anm. 7) 105–106, Nr. 93.
[157] Vortrag in Budapest an der Ungarischen Akademie der Wissenschaften.

der Ottheinrichsbibel und vor allem dessen Gehilfe aus der Speculum Salvationis-Handschrift (München BSB, Clm. 9716 zwischen 1431 und 1439) sind in der Art der Pinsel- und der kräftigen Federstrichführung sowie in der Anwendung koloristischer Schattierungen in den zahlreichen gerahmten Tierdarstellungen des De natura rerum-Textes des Thomas von Cantimpré in der Granada-Handschrift zu verfolgen: so etwa in der Abstufung der Grautöne zur Suggestion von „Meerestiefe" bei der bildlichen Wiedergabe der Meerestiere *(Abb. 46)* (vgl. Cgm. 8010, fol. 26r mit fol. 56v von C-67). In einem anderen Beispiel, der Wiedergabe der Schlangenarten, ist die jenem Meister eigene Betonung des „Schlagschattens" hervorgehoben (C-67, fol. 73v). In der Ottheinrichsbibel äußert sich die Kenntnis des künstlerischen Details in völlig anderem Zusammenhang z. B. auf fol. 18r, wo die über das Boot hängenden Gewanddraperien der Figuren an die Bootswand Schatten werfen. Zieht man die Tierdarstellungen im Granada-Codex heran, so lassen sich annähernde Vergleiche zu den Tiermotiven im Rankendekor auf fol. 10r der Ottheinrichsbibel anstellen: die Darstellung des Äffchens auf fol. 27v von C-67 *(Abb. 47)*, das dem Sitzmotiv des die Trommel betätigenden Äffchens auf fol. 10r gleicht. Als Symbol des Negativen und Bösen kommt das Äffchen auch im Trojanischen Krieg immer wieder vor (fol. 62r; s. die Abb. auf der Rückseite des Hinterdeckels). Auch bei den Vogelarten in den Rankenmedaillons auf fol. 10r von Cgm. 8010 bieten sich Vergleiche zu Darstellungen in der Granada-Handschrift an. Trotz gewisser bildlicher Übereinstimmungen stellen formale Differenzierungen, die auf einer feinen, ausgewogenen Pinselführung des „Matthaeusmeisters" bei Tierdarstellungen beruhen, eine glaubhafte Mitarbeit dieses Meisters im ersten Teil der Granada-Handschrift in Frage.

Wir denken eher an die Mitarbeit seines Gehilfen aus der Münchner Speculum-Handschrift[158], da man in den lavierten Federzeichnungen dieser Darstellung einwandfrei dessen Stilbemühen erkennen kann, abweichend vom blockhaften Figurentypus des „Matthaeusmeisters" das schlankere, puppenhafte Figurenideal des Martinus O p i f e x aufzugreifen, Clm 9716, fol. 96v[159]. Die Figurenkomposition auf fol. 1r–2r und C-67 gehören zum dritten Buch des De natura rerum-Textes (in ihm werden die Lebensgewohnheiten und das Aussehen der Menschen in verschiedenen regionalen Bereichen geschildert). In der etwas aufgelockerten Anordnung und in der Neigung, die Figuren wie kleine, vierschrötige Püppchen mit einer gewissen Dynamik darzustellen, unterscheiden sie sich von dem uns bekannten Figurentypus des „Matthaeusmeisters" und lehnen sich mehr an das Stilvokabular von Martinus O p i f e x an (C-67, fol. 1r). Ziehen wir eine im Stil für Martinus O p i f e x gesicherte Komposition der Handschrift heran (C-67, fol. 99r, 111r, *Abb. 35) (Taf. 3)*, so divergieren sie von dieser etwas in der formalen Ausführung, nicht aber im inhaltlichen Geist der Kompositionsdarlegung. Die gruppale Anordnung kubischer Figuren wird nicht zu einer einheitlichen Masse verschmolzen, wie beim Figurenkonzept des „Matthaeusmeisters", sondern es tritt eine Hinwendung zu einer freieren, von dynamischen Kräften durchzogenen Gestaltung von Figurengruppen ein, was das wesentlichste Stilkennzeichen einer Figurenkomposition bei Martinus O p i f e x ist. Das bedeutet, daß grundlegende Stilkennzeichen von Martinus O p i f e x bereits im ersten Teil der Granada-Handschrift aufscheinen und daß der Meister, der die Kompositionen letzten Endes ausführte, nach ihm vorgelegten Richtlinien gearbeitet hat. In den bildlichen Überlieferungen des Tacuinum Sanitatis-Teiles, wie auch in den restlichen Büchern des Werkes De natura rerum tritt keineswegs mehr eine derartige Annäherung an das Formenvokabular des Körperkubus der Figuren der Ottheinrichsbibel auf, wie zu Beginn der Ausstattung der Granada-Handschrift. Das gilt zum Beispiel auch bei der genrehaften Komposition auf fol. 1r von C-67 *(Abb. 37a)*, die sich in mancher Hinsicht an die Gruppierung der S p e i s u n g d e r 4000 auf fol. 56r der Ottheinrichsbibel anlehnt (so die Auffassung der Rückenfigur bei beiden Beispielen). Vorläufig sollte man festhalten, daß Stilmerkmale aus den Miniaturen der Ottheinrichsbibel (die erste Lage ausgenommen) vor allem im ersten Teil der Granada-Handschrift C-67 vorkommen, was nicht unbedingt die Tätigkeit eines

---

[158] Speculum Humanae Salvationis aus Bogenberg.
[159] Bei der Lesung der beiden *Kolophone* ist *Suckale* ein Fehler unterlaufen. Das *Kolophon* auf 153vb lautet: E x p l i c i u n t l i b e r dulcissime et piissime venerende et laudande gloriose et speciose diligende et metuende venerabilis et amicabilis virginis Marie que cum Ihesu filio suo sit semper benedicta. A m e n, s c r i p t u s e s t l i b e r i s t e a n n o d o m i n i m i l l e s i m o C C C C X X X i n d i e s a n c t i G r e g o r i i a f r a t r e E r h a r d o. Auf fol. 258v heißt es: R e s c r i p t a e s t h e c s u m m u l a a n n o d o m i n i 1 4 3 9 i n d i e S a n c t i B e n e d i c t i. Auf 1r und am HD-Spiegelblatt (= aus Pergament) ist der Besitzvermerk der Kirche Bogenberg von demselben Schreiber eingetragen. Die Bindung der gesamten Handschrift muß daher nach 1439 erfolgt sein. Ob daher der für uns interessante Speculum-Teil von 1430 auch in Bogenberg entstanden ist, muß als nicht erwiesen eingeschätzt werden.

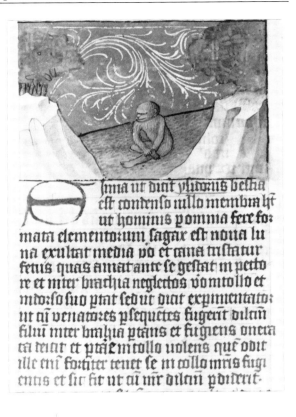

Abb. 46: Granada, Universitätsbibliothek, C-67, fol. 56v; Wien–Bayern, um 1440

Abb. 47: Granada, Universitätsbibliothek, C-67, fol. 27v; Wien–Bayern, um 1440

Meisters – des „Matthaeusmeisters" – der Ottheinrichsbibel zur Folge haben muß. Es ist die Beobachtung erwähnenswert, daß die Vogeldarstellungen auch mit jenen in der Prachtminiatur des Kunsthistorischen Museums außerordentlich ähnlich sind, nämlich in der Maltechnik (s. oben die erste Reihe der Medaillons). Wir glauben, man sollte es bei der allgemeinen Stilformulierung einer Mitarbeit von Regensburger Illuminatoren aus dem Umkreis der Ottheinrichsbibel bei der Granada-Handschrift bewenden lassen. Zur Erklärung der Werkstatt des Martinus O p i f e x war die Anknüpfung an die Miniaturen der Ottheinrichsbibel notwendig. Die Mundart der deutschen Bibelübersetzung weist, nach Schneider, in den Regensburger Raum.

Wir kommen nun auf die lavierten Federzeichnungen mit dem Totentanz der Handschrift Cgm. 3974, fol. 56r (München BSB) zu sprechen. Der Codex ist mit lavierten Federzeichnungen reichhaltig ausgestattet und stellt ein Compendium von unterschiedlichen Stilrichtungen in der süddeutschen Buchillustration der Zeit um 1446 dar. Er enthält viele verschiedene Erbauungstexte, die im Katalog zur Regensburger Buchmalerei von Suckale aufgelistet wurden. Der Codex stammt aus der Bibliothek des Benediktinerklosters St. E m m e r a m in Regensburg. Auf fol. 56r–57r befinden sich Totentanzdarstellungen, von denen jene auf fol. 56r eigenhändig von Martinus O p i f e x ausgeführt worden sein sollen, während „er sich sonst mit der Vorzeichnung begnügte"[160]. Bereits 1974[161] haben wir gerade diese Seite lediglich stilistisch verwandt mit den Darstellungen des Martinus O p i f e x bezeichnet. O. Pächt nennt eine der Totentanzszenen stilistisch als süddeutsch, Mitte des 15. Jahrhunderts[162]. Suckale ist nun der Meinung, daß es sich hierbei um die bisher früheste eigenhändige Leistung des Martinus O p i f e x handelt. Nun ist jedoch erstens die Worcester-Kreuztragung als mögliches frühestes Werk des Martinus O p i f e x in Betracht zu ziehen, und zweitens hält Suckales Meinung einem direkten Stilvergleich dieses Blattes mit solchen von Martinus

---

[160] *Suckale* (wie Anm. 7) 107–108, Nr. 97, Farbtaf. 71, Abb. 163–164.
[161] *Ziegler*, Diss. (wie Anm. 7) 151, Anm. 1 (Beginn auf S. 150).
[162] *O. Pächt*, René – Studie I. Jahrb. d. kunsth. Slgn. 69 (1973) 97, Abb. 98 auf S. 102.

Opifex ausgeführten Blättern in der etwa gleichzeitig entstandenen Granada-Handschrift nicht stand. Worin liegen nun die grundlegenden Unterschiede? Sie sind technischer und stilistischer Art. Entsprechend dem Meister der Heidelberger Renner-Handschrift oder dem „Matthaeus"- und dem „Markusmeister" der Ottheinrichsbibel sind die Figuren bis ins Detail in harter Federstrichzeichnung konzipiert, ein formaler Widerspruch zum technisch-malerischen Feingefühl des Martinus O p i f e x (siehe S. 14 ff.). Martinus O p i f e x hätte niemals die einzelnen Körperglieder so plump und teils auch mit zittrigem Federstich ausgeführt (etwa bei der Bildung der Arm- und Handpartien der weiblichen Figuren oder beim „reichen Mann" aus der Darstellung D i v i c i e). Die Aktfigur des T o d e s im Bildzentrum auf fol. 56r unterscheidet sich grundsätzlich von der künstlerischen Auffassung einer Aktfigur bei Martinus O p i f e x. Ein weiterer gravierender Unterschied liegt in der Figurenhaltung, im Standmotiv der Figuren, zum Beispiel beim Paar der Darstellung S p o n s u s s p o n s a im Vergleich zu den Aktfiguren bei Martinus O p i f e x (um eines von vielen Beispielen herauszugreifen). Symptomatisch ist der Spitzentanz „klassischer Ballettschulung" für die Figuren bei Martinus O p i f e x *(Taf. 3, 20)*, nicht der „Fersentanz", wie bei den Figuren der Totentanzszenen. Unterschiedlich sind auch manche Kopf- und Physiognomiezüge, wie etwa bei der weiblichen Figur aus der Abbildung Sponsus sponsa oder C r a p u l a oder auch bei den männlichen Figuren, wie jener des reichen Mannes. Unbestritten bleibt, daß der Illustrator mit dem Stilœuvre des Martinus O p i f e x bekannt war und davon beeinflußt wurde. Er ist ein weiteres Zeugnis für die künstlerische Ausstrahlungskraft, die Martinus O p i f e x wohl auch im Regensburger Raum hinterlassen hat.

HISTORISCHE ASPEKTE IM ŒUVRE DES MARTINUS OPIFEX

Das Wiener Exemplar des Trojanischen Krieges, Cod. 2773, stellt in der deutschen Fassung der lateinischen Vorlage des Guido da C o l u m p n a die getreueste und ausführlichste Übersetzung dar[163]. Es ist sogar anzunehmen, daß es die einzige erhaltene, vollständige mittelhochdeutsche Übersetzung ist. Nach K. S c h n e i d e r ist die Mundart bayerisch[164]. Dabei ist festzuhalten, daß das Wiener Exemplar wahrscheinlich direkt auf eine vollständig bebilderte Vorlage zurückgegriffen hat. Ausgestattete Überlieferungen im französischen und im flämischen Bereich[165] müssen dafür näher in Betracht gezogen und die Tradition der minierten Codices herangezogen werden. Zur Erforschung der ersten Überlieferungen der Textbebilderung hat Hugo B u c h t h a l[166] einen bedeutenden Beitrag geleistet. Wir glauben aber, daß ein Exemplar für die Entwicklung des Darstellungszyklus dieses Themas um 1400 und somit auch für unsere Handschrift eine Schlüsselstellung hatte, was auf eine Einflußsphäre südlich der Alpen hindeuten würde. Es handelt sich um die Illustrationen des Trojanischen Krieges von Guido C o l u m p n a in einer lombardischen Handschrift vom Ende des 14. Jahrhunderts (Mailand, Ambrosiana, Cod. H. 86 sup.)[167]. Die gerahmten Darstellungen, die häufig einen Großteil der Blattseite einnehmen, bieten die unserem Zyklus nächstverwandte Darstellungsfolge südlich der Alpen. Es besteht daher die Möglichkeit, daß ein entscheidender Anstoß vom

---

[163] *Edition* der lateinischen Fassung: *N. E. Griffin,* Cambridge (Massachusetts) 1936.

[164] *K. Schneider,* Der „Trojanische Krieg" im späten Mittelalter. Berlin 1968, 59–65. *H. Menhardt,* Verzeichnis der altdeutschen literarischen Handschriften der Österreichischen Nationalbibliothek. Bd. 1. Berlin 1960, 275. – Von allen bebilderten Handschriften des T r o j a n i s c h e n K r i e g e s des Guido da C o l o n n a im süddeutschen Raum stellt die fragmentierte Ausgabe von München BSB, Clm. 61, aus den späten fünfziger Jahren ein zu unserem Codex eng verwandtes Beispiel dar. Die Überschriften der gerahmten Federzeichnungen sind in frühneuhochdeutscher Sprache verfaßt. Die lavierten Illustrationen wurden von verschiedenen Meistern ausgeführt und sind bayerischen Ursprungs (der Text ist mit der „Chronik von Augsburg" und mit der „Goldenen Bulle Karls IV." verbunden. *C. Halm, G. Laubmann,* Catalogus Codicum Latinorum Bibliothecae Regiae Monacensis. Bd. 1, Teil 1 (Nr. 1–2329). München 1868, 10. – *H. Lehmann-Haupt,* Schwäbische Federzeichnungen. Berlin 1929, Abb. 37–40. – Vgl. z. B. die Darstellung „Jason verabschiedet sich von König Peleus" auf fol. 5v von Cod. 2773 mit der Überlieferung in 2v von Clm. 61.

[165] *G. Dogaer,* La Librarie de Philippe le Bon. Exposition orig. à l'occasion du 500ᵉ anniversaire de la mort du duc. Bruxelles 1967, 118, Nr. 175, Farbabb. X, Abb. 36 (J. Mansel, „La Fleur des histoires", vol. I. Bruxelles, Bibl. Roy. MS 9231, ca. 1455. – Über die „Historia Troiana" des Guido da C o l o n n a siehe *Dogaer* 114–115, Nr. 166–168.

[166] *H. Buchthal,* Historia Troiana. Studies in the history of medieval secular illustrations. London (The Warburg Inst. Univ. of London 32) 1971.

[167] *R. Cipriani,* Codici Miniati dell'Ambrosiana. Milano 1968, 65.

lie zu rucke lies vnd gar pald zu der vngestume strit des meres kument
wart durch den snellesten seine lauff als sij nu vil tag vnd nacht sein
vuit des von tessalie philote stewrunge der dan wol erkant was in
dem lauffe der stern dar vmb was er der schifstewrunge gantz lensig
vnd sur in des gute windes wehen als lang biß er kam zu der krige-
schen gestatten des konigreichs troie zugehörunge · daselbst leget
sich das newe schiff zu · vnd dieselbe stat was von der einwanern ge-
heissen simoueta

Abb. 48: Wien ÖNB, Cod. 2773, fol. 6v; Wien, ca. 1447/48–1454; Martinus Opifex

italienischen Raum ausging, wie dieser auch bei anderen Themenkreisen der Buchmalerei erkannt wurde[168]. Im Vergleich zu den Beispielen aus ÖNB Wien, Cod. 2773 zeigen wir zwei Jasonszenen – Jason nimmt Abschied von König Peleus *(Taf. 16)* (fol. 5v zu fol. 3r von Cod. H. 86) sowie Jason und Hercules rasten auf ihrer Fahrt (fol. 6v zu fol. 4v der lombardischen Handschrift; *Abb. 48, 49*). Stilverbindende Komponenten in der Text-Bildüberlieferung liegen im Aufbau der Wasser- und der Uferlandschaft mit den Felsriffen als Hintergrundfolie der Figuren (fol. 5v), weiters in der Postierung der Schiffe im Bildvordergrund, in der Sitzhaltung der Figuren sowie in der Gestik der Verabschiedung Jasons von König Peleus. Ebenso zeigen die Schlachtenbilder mit Gebirgszügen als Ambiente eine verwandte Kompositionsauffassung. Unterschiedlich ist die Einbindung der Architektur in den genannten Beispielen des italienischen Exemplars. Auch die Art italienischer Kastenarchitektur und die künstlerische Interpretation oberitalienischer (Stadt-)Architektur vor 1400 unterscheidet sich von den Darstellungen bei Martinus O p i f e x. Martinus O p i f e x greift hier unter anderem auch auf westliche Stilformen zurück (siehe

---

[168] *Pächt* 1950 (wie Anm. 35) 45–47.

S. 91 ff.). Mehrere Kampfszenen Jasons um das G o l d e n e V l i e s *(Taf. 25, 26)* sind in der oberitalienischen Vorlage auf eine Miniatur zusammengezogen. Wir sehen vier Darstellungen – die Bändigung der Widder ist zweireihig dargestellt, während rechts der Beginn des Drachenkampfes, vom Bildrand überschnitten, zur folgenden Miniatur mit der Fortsetzung des Themas überleiten soll. Bei Martinus O p i f e x ist jeder Kampfszene eine großformatige Miniatur gewidmet, in denen er in Anthrazitfarben die düstere, schreckliche Kampfatmosphäre dem Betrachter anschaulich schildert. Da eine eigene Arbeit zum Trojanischen Krieg des Cod. 2773 von der Autorin vorbereitet wird, sei im Folgenden nur kurz auf die Text-Bild-Problematik der mittelhochdeutschen Überlieferung der lateinischen Vorlage des Guido da Colonna einschließlich unserer Handschrift eingegangen. In der Arbeit ‚Der Trojanische Krieg im späten Mittelalter' hat Karin Schneider 1968 aufgrund philologischer Studien erstmals einen bedeutenden Beitrag zur Entwicklung und Verbreitung der deutschen „Historia Troiana"-Übersetzungsvarianten des Guido da Colonna und zum deutschen Versepos des Themas durch Konrad von Würzburg geleistet. Bereits die Feststellung zu Beginn der Abhandlung ist bemerkenswert, worin K. Schneider schreibt: „Im Jahre 1391, rund ein Jahrhundert nach ihrer Entstehung, wurde die erfolgreichste und verbreitetste lateinische Trojadichtung des Mittelalters, die ‚Historia desstructionis Trojae' des sizilianischen Juristen GUIDO DE COLUMNA zum ersten Mal ins Deutsche übertragen. Der Übersetzer, der hier zuerst den Stoff vom Trojanischen Krieg für den deutschen Prosaroman entdeckte, war HANS MAIR von Nördlingen. Er nennt sich selbst in dem gereimten Epilog, den er seiner Übersetzung anfügt[169]. Der Codex Cgm 342 (München BSB) von 1393 wäre zwei Jahre nach der Übersetzung die älteste überlieferte Handschrift. Aus den von ihr aufgelisteten Codices erkennt man, daß häufig der Troja-Roman des Hans Mair im bayerisch-schwäbischen Raum mit dem Alexanderroman oder mit Stadtchroniken zu einer Sammelhandschrift ver- und gebunden wurde, ein nicht uninteressanter Aspekt symbolischer Übertagung von „sagenumwobener antiker Stadtgeschichte" auf die zeitgenössische Geschichte der Stadt, in der die Handschrift entstanden ist (s. a. K. Schneider zu fol. 34 von Cgm 696). Bei diesem Codex handelt es sich um eine gekürzte Troja-Fassung der Übersetzung des Hans Mair, neben verschiedenen Chroniken. Zur Übersetzungsfähigkeit des Hans Mair schreibt K. Schneider: „Daß Mair seinen lateinischen Text erst durchlas und sich bemühte, den ganzen Zusammenhang zu erfassen, bevor er sich ans Übersetzen und Niederschreiben machte, ist seiner Verdeutschung gut anzumerken. Er dreht nämlich häufig die Reihenfolge zweier Sätze oder Gedanken um und nimmt gelegentlich Fakten, die in seiner Vorlage erst viel später erwähnt werden, schon an anderer Stelle voraus. ... Mairs Verdeutschung enthält kaum Übersetzungsfehler oder Mißverständnisse. Er hat die lateinische Sprache gut beherrscht; zudem hat er grundsätzlich schwierige Stellen, die er nicht verstand, weggelassen"[170]. Bevor K. Schneider auf Cod. 2773 zu sprechen kommt, geht sie auf zwei weitere mittelhochdeutsche Übersetzungen des 15. Jahrhunderts unbekannter Autoren ein (ÖNB Wien, Cod. 2678 und Berlin SPK, Ms. germ. fol. 1202). Im Gegensatz zu Hans Mair hält sich der Übersetzer der Wiener Handschrift lediglich im Hauptteil des Trojanischen Krieges genau an die lateinische Vorlage des Guido da Colonna[171]. „Auffällig unterscheidet sich der Beginn der Übersetzung vom späteren Text; der Autor überträgt die ganze Vorgeschichte vom Argonautenzug und der ersten Zerstörung Trojas bis zum Beginn des eigentlichen Krieges ziemlich schlecht und oft nur oberflächlich"[172]. Von der Mundart her ist die Handschrift mittelhochdeutsch, der Codex stammt aus der 1. Hälfte des 15. Jahrhunderts. Die Mundart der deutschen Übersetzung des Berliner Exemplars ist thüringisch, 15. Jahrhundert; die Übersetzung ist unvollständig, die Abschrift bricht „mitten in der Rede des Achill an die griechischen Fürsten ab. ... Diese Verdeutschung ist nicht von der gleichen Ausführlichkeit wie die beiden vorher behandelten Trojaromane, die ihre lateinische Vorlage zumeist Satz für Satz wiedergaben. Der Autor dieser Fassung kürzt den Handlungsablauf oft sehr merklich und läßt häufig einmal unbedenklich einen ganzen Passus der Vorlage weg. Dies fällt ganz zu Anfang des Textes noch wenig auf, denn die Vorrede Guidos ist vollständig und wörtlich übernommen worden"[173]. „Im ganzen erweist sich der Verfasser dieses Trojaromans als ein recht gewandter Übersetzer, der selbständig und anschaulich nachzuerzählen versteht, der aber auch versucht, in seiner

---

[169] *Schneider* (wie Anm. 164) 9 f., 13.
[170] *Schneider* (wie Anm. 164) 20.
[171] *Schneider* (wie Anm. 164) 28 ff. und 40 ff.
[172] *Schneider* (wie Anm. 164) 29.
[173] *Schneider* (wie Anm. 164) 40 ff.

Historische Aspekte

Abb. 49: Mailand, Ambrosiana, Cod. H. 86 sup. fol. 4v

Verdeutschung etwas von dem Prunk und der Rhetorik jenes Latein wiederzugeben, das zu seiner Zeit bewundert wurde und dessen Übernahme in die deutsche Sprache von Gregor von Heimburg und Niclas von Wyle systematisch angestrebt wurde"[174]. Es folgt schließlich noch die Besprechung eines niederdeutschen Drucks des Trojanischen Krieges. Bis auf die Wiener Handschrift 2678 sind alle bei Schneider erwähnten Codices aus Papier; einige wenige davon sind mit kolorierten Federzeichnungen ausgestattet, die sich in der freieren Darstellungsweise von den Miniaturen unseres Exemplars, Cod. 2773, erheblich unterscheiden. Der Trojanische Krieg, ÖNB Wien, Cod. 2773[175], ist mit 335 Miniaturen die reichste bebilderte Handschrift unter den mittelhochdeutschen Übersetzungen der „Historia destructionis Troiae" des Guido da Colonna. Der Übersetzer befolgt wortgetreu die lateinische Vorlage. Dies erfolgt häufig auf Kosten der Sinndeutung und der richtigen Konstruktion eines Satzes aus der lateinischen Vorlage in der deutschen Sprache. Entsprechend der lateinischen Vorlage ist der Erzählstil in Perfektform überliefert, der Übersetzer verdeutscht die Participalkonstruktionen und verwendet nach dem Vorbild den Acc. c. Inf. und den Nom. c. Inf. „Der stark substantivische Stil des rhetorischen Lateins wird peinlich genau wiedergegeben; dies führt zur Entstehung kaum verständlicher, mit Substantiven überladener Satzgebilde..."[176]. Nach K. Schneider beabsichtigte der Übersetzer, „... sich so wenig wie möglich vom Latein zu entfernen und ein latinisiertes Deutsch zu schaffen, das sich von ‚Germanismen' soweit wie möglich frei hält"[177]. Manchmal ist daher der Text für den Leser schwer verständlich. Auf fol. 74r ist eine mehrzeilige Textstelle in Rot überliefert[178], in der für den Miniator und gleichzeitig für den Leser eine kurze Beschreibung der Kleidung und Rüstung der griechischen und trojanischen Ständevertreter geschildert wird. Anhand von Wappen, Banner und Farben sollten die beiden Kampftruppen in den Darstellungen voneinander unterschieden werden. Der Übersetzer legte darauf Wert, daß die Könige und Fürsten in vergoldeter, „die andern namhaften" in versilberter Rüstung und das gewöhnliche Volk gewöhnlich gekleidet werden. Diese in der lateinischen Textvorlage nicht enthaltene Stelle wurde vom Miniator und von dessen Gehilfen genau befolgt. Auf 74v und 75r *(Abb. 50)* werden die Persönlichkeiten der Griechen und Trojaner dargestellt. Jedem Griechen und Trojaner ist ein Wappen zugeteilt. Um den Typus des Helden noch zu unterstreichen, tragen diese Schmuckagraffen, welche durch bunte, langflatternde, leichte Schals zusammengehalten werden; zusätzlich halten sie in den Händen Fahnenlanzen. So trägt Hektor einen violett-preußischblauen Schal, sein Wappen ist blau grundiert mit drei goldenen Löwen, die Fahne ist blaugelb dekoriert. Achill trägt einen violett-weißen Schal, der Schild ist in Rot, Weiß und Schwarz, die Fahne in Rot und Weiß gehalten. Der Trojaner

---

[174] *Schneider* (wie Anm. 164) 49.
[175] *Schneider* (wie Anm. 164) 59–65.
[176] *Schneider* (wie Anm. 164) 63.
[177] *Schneider* (wie oben).
[178] *Schneider* (wie Anm. 164) 65.

73

Troilus trägt ein blaues Wappen mit einem goldenen Löwen und eine blaue Fahne mit einem goldenen Mittelstreifen. Die Herrscherpersönlichkeiten sind durch Krone und Schild gekennzeichnet. König Priamos, der Sohn des Königs Laomedon, trägt einen rotschwarzen Schild, während A g a m e m - n o n (König von Mykene) einen rotgelben und M e n e l a u s, sein Bruder (König von Sparta), einen schwarz-blau-gelb gemusterten Schild besitzt. Es handelt sich hier einerseits um Wappen mit historischer Anspielung, anderseits um Phantasie- oder Fabelwappen, die entweder eine Symbolbeziehung beinhalten oder einem rein dekorativen Zweck dienen. Nach N e u b e c k e r[179] zerfällt der Realitätsgrad der Phantasiewappen im Mittelalter in zwei Gruppen: 1. Wappen, die es geben könnte, weil es die Personen oder Länder gibt, denen sie zugeschrieben werden, ohne daß die angeblichen Wappenherren etwas davon wissen; 2. Wappen, die Personen oder Ländern zugeschrieben werden, welche zur Zeit der Entstehung der Heraldik gelebt oder bestanden haben. Diesen Wappen stehen die heraldisch gestalteten Sinnbilder abstrakter Begriffe nahe. Es kommt hier nicht auf die geographische und genealogische Richtigkeit eines Wappens an. Charakteristisch ist auch die Entstehung eines Phantasiewappens aufgrund literarischer Symbolik, wie dies zum Beispiel der Eber als Wappensymbol des Helden T r i s t a n darstellt[180]. Für die Entstehung der Wappenfarben bei den Figuren des Trojanischen Krieges von Martinus O p i f e x kann noch ein weiterer Modus gelten, nämlich daß historische Persönlichkeiten, welche keine Wappen besitzen, ein Phantasiewappen zugeteilt bekommen, wie dies zum Beispiel den exotischen Fürsten und Königen, die am Konstanzer Konzil teilnahmen, zugeteilt und an den Häusern, in denen die Persönlichkeiten untergebracht waren, angebracht wurde. In einem ganz ähnlichen Zusammenhang müssen einige Wappen der Handschrift H a n d r e g i s t r a t u r   K ö n i g   F r i e d r i c h s III. (Haus-, Hof- und Staatsarchiv, Cod. 84; 1446–1448) gesehen werden; auch hier handelt es sich um Phantasiewappen, wie zum Großteil in Cod. 2773[181]. Die Farbe bei dem Griechen zeigt eine Anspielung auf das Erzherzogtum Österreich. König Priamos trägt das „Antlitz" Kaiser Sigismunds *(Taf. 35)*, des Schwiegervaters von Erzherzog Albrecht V. († 1439) und Großvaters von Ladislaus Postumus. Das „Antlitz" Sigismunds taucht daher häufig in den Miniaturen des Trojanischen Krieges, aber auch auf der Titelseite im Brevier Friedrichs III. sowie in weiteren Miniaturen daselbst auf (siehe S. 76 ff.) *(Taf. 12)*. Die Farbe der Trojaner ist blaugelb (-gold), Farben, die für das Land Niederösterreich sprechen könnten. Der geteilte Schwanz des Löwen auf dem Schild von T r o i l u s deutet auf den böhmischen Löwen hin (der böhmische Löwe ist jedoch weiß auf rotem Grund) *(Taf. 35)*. Auf fol. 69r ist auf dem Banner der Trompeter ein Adler zu sehen, der damals Symbol der deutschen Königswürde war; auf fol. 68v ist der ‚böhmische' Löwe etwas patzig gemalt *(Taf. 36, 35)*. Die Beziehung zu Erzherzog Albrecht V. von Österreich, der nach dem Tod von Kaiser Sigismund König von Böhmen und Ungarn und römisch-deutscher Kaiser war, wird in den Miniaturen von Cod. 2773 durch unverwechselbare Abbildung von dessen Portrait evoziert (fol. 88r, v). Dies zeigt ein Vergleich mit dessen Portraittypus der Schutzmantelmadonna des Klosterneuburger Albrechtsaltares *(Abb. 27)* oder auf fol. 18v seines Gebetbuches (ÖNB Wien, Cod. 2772). 1420/21 hat unter Albrecht V. in Wien und in Niederösterreich im Raum Krems eine grausam durchgeführte Judenverfolgung eingesetzt[182]. Zahlreiche Kulturgüter, u. a. auch Handschriften wurden zerstört, viele hebräische Fragmente wurden als Vor- und Nachsatzblätter in Codices des 2. Viertels des 15. Jahrhunderts eingebunden, so auch wahrscheinlich gegen Ende des 2. Viertels des 15. Jahrhunderts in Cod. 2773[183]. Im Gegensatz dazu genossen die Juden unter Friedrich III. hohes Ansehen[183a].

---

[179] *O. Neubecker*, Realitätsgrad der sogenannten Phantasiewappen, in: Genealogica et Heraldica I (1970) (10. internationaler Kongreß für genealogische und heraldische Wissenschaften) 397–401. Herrn Univ.-Doz. *Gall* (†) vom Archiv der Universität Wien danke ich sehr für die wissenschaftliche Hilfeleistung und für die Bereitstellung des handschriftlichen Manuskriptes über eine bevorstehende Ausgabe zu Phantasiewappen. *Ziegler*, Diss. (wie Anm. 7) 163–164, Anm. 1.

[180] *M. Zips*, Tristan und die Ebersymbolik, in: Genealogica et Heraldica I (1970) 445–450.
Handschriftliches Manuskript von Univ.-Doz. *Gall*. Die drei ersten Fabelwesen der Welt wurden von Ulrich Richenthal den Herren Abaysia, Bananyas und Abythay zugewiesen und haben sich an orientalischen Wappen orientiert. *Neubecker* (wie Anm. 179) 401.

[181] *Ziegler*, Diss. (wie Anm. 7) 164, Abb. 332 (fol. 8v, 9rv). – Ausst.-Kat. Friedrich III. (wie Anm. 118a) 346, Nr. 129 (Bearbeiter: *G. Gerhartl*). – An dieser Stelle möchte ich sagen, daß die gemalten Wappen wie jene in Federzeichnung sehr stark von Martinus O p i f e x beeinflußt sind, möglicherweise von Mitgliedern seiner Werkstatt angefertigt wurden. Bei den gemalten Wappen könnte es sich um ein Frühwerk des Lehrbüchermeisters handeln, der sowohl im Brevier Friedrichs III. als auch im Trojanischen Krieg mitgearbeitet hat (siehe Seite 63).

[182] *Perger* (wie Anm. 28) 10.

[183] Auf Ir von Cod. 2773 steht in Bleistift der Vermerk: 2 hebr. Fragmente, abgelöst vom Vorsatz und Falz i. d. Fragmentensammlung (wahrscheinlich zu Beginn des 20. Jahrhunderts abgelöst). – [183a] Gerhartl (1966) 115f.

Abb. 50: Wien ÖNB, Cod. 2773, fol. 75r; Trojaner; Wien ca. 1447/48–1454

Die Fragmente waren als Vorsatzblätter eingebunden.

Der Illuminator, besser gesagt der Werkstattleiter, hielt sich bei den Darstellungen streng an den vorgegebenen Text, so daß man einen ständigen Kontakt zwischen dem Schreiber und dem Miniator annehmen muß. Die kausale Verbindung beider Disziplinen wird dann klarer, wenn wir uns der Bedeutung des K o l o p h o n s auf fol. 1r von Cod. 2773 zuwenden. Die Goldlettern, quasi als „Unterschrift" gesetzte Worte M a r t i n u s O p i f e x *(Taf. 14)*, wurden von der Forschung überwiegend mit dem Illuminator der Darstellungen in Zusammenhang gebracht und mit „Schaffer des Werks" oder „der das Werk gemacht hat" (Opifex ist gleich „opus fecit") interpretiert[184]. Übersetzt heißt das Wort „opifex" W e r k m e i s t e r, V e r f a s s e r, A r b e i t e r, B i l d n e r, insbesondere H a n d w e r k e r im Sinne eines bildenden Künstlers. Anhand von zwei handschriftlichen Überlieferungen möchte ich die mittelalterliche etymologische Interpretation des Wortes „opifex" darlegen: die erste Wortdeutung stammt aus einem Glossar einer Handschrift aus dem Ende des 12. Jahrhunderts der Stiftsbibliothek Zwettl, Cod. Zwetl. 1, fol. 112vc; darin steht: *Opifex artifex*

---

[184] *Schmidt* (wie Anm. 6) 162 f. – *Ziegler*, Diss. (wie Anm. 7) 2. – *Suckale* (wie Anm. 7) 109, Nr. 100.

operarius; Opifex dictus quod opus aliquod faciat; Opifex wird der genannt, der irgendein bestimmtes Werk ausführen soll. Im Vocabularium des H u g g u c i o eines Zwettler Codex aus der ersten Hälfte des 15. Jahrhunderts[185] (Cod. Zwetl. 153) wird der Begriff *opifex* auf fol. 204rb folgendermaßen interpretiert: *Item opus quia opifex opificis id est artifex peritus scilicet opus faciens. Item ab (!) opus vel opera operator artis* . . . Hier wird der „Werkmeister" mit einem erfahrenen Künstler verglichen, der das Werk ausgeführt hat; er wird auch als Handwerker der Kunst bezeichnet. Der Begriff *opifex* wird aber im Mittelalter ebenso sinngemäß als „Schöpfer" und „Urheber" eines Textes verwendet, etwa beim Werk des H r a b a n u s   M a u r u s von Cod. Zwetl. 86 (2. Hälfte 12. Jh.). Auf das K o l o p h o n von fol. 1r in Cod. 2773 übertragen, wäre Martinus O p i f e x zugleich als Urheber der Übersetzung der Historia destructionis Trojae des Guido da Colonna anzunehmen. Aufgrund der Überlegungen gehe ich davon aus, daß Martinus O p i f e x als Haupt einer Werkstatt sowohl als Übersetzer als auch als Illuminator der Handschrift, Cod. 2773, betrachtet werden muß. Da die Übersetzung viel Zeit in Anspruch nahm, überließ er oftmals die Ausführung der Miniaturen den Gehilfen, die nach seinen Anweisungen bzw. Vorzeichnungen gearbeitet haben. Bei der Schreibweise des Namens Martinus O p i f e x fällt auf, daß sich die Schrift von der auf fol. 1rff. insoferne unterscheidet, als sie nicht die extrem harten Brechungen der Buchstabenkörper aufweist; die Textura entspricht mehr dem Schreiber zwei ab fol. 192r. Auf fol. 238v stammen die letzten Zeilen von einer dritten Hand. Der Name Martinus O p i f e x wurde demnach nach geraumer Zeit von Schreiber zwei auf fol. 1r in Goldlettern nachgetragen. Die Schrift ist auch kleiner gehalten als jene der Überschriften und insgesamt des Haupttextes.

Auf dem Pergamentspiegel des Hinterdeckels ist ein Papierfragment aufgeklebt, auf dem in wohlgeformter, flüssiger spätgotischer Bastarda Bruchstücke einer U r k u n d e in Deutsch lesbar sind: *Wir Fridrich und wir Ulrich sein sun paide von gotes gnaden grafen zu Cili zu* . . . *Bekennen als wir dan am nachsten von sulcher [*. Bei den beiden Genannten handelt es sich um Graf F r i e d r i c h II. von C i l l i und um dessen Sohn U l r i c h II. (beide wurden 1436 in Prag in den Reichsfürstenstand erhoben). Sie waren Anhänger von Kaiser Sigismund sowie von dessen Schwiegersohn, dem Habsburger Albrecht V., der mit E l i s a b e t h – der Tochter von Kaiser Sigismund von Luxemburg und Barbara von Cilli – einer Schwester Friedrichs II. – verheiratet war. Sie kämpften darüber hinaus für Ladislaus Postumus, den Sohn Albrechts V. (geb. 1440; Albrecht V. starb 1439), der nach Albrechts Tod bis 1452 unter der Vormundschaft Friedrichs III. am Wiener Hof stand (die Vormundschaft sollte bis 1456 dauern), bevor er im Spätsommer des Jahres nach einer Belagerung von Wiener Neustadt durch Ulrich II. Cilli und Ulrich Eizinger von Friedrich III. an Ulrich II. Cilli ausgeliefert wurde[186]. Am 9. Juni 1454 starb der Vater Ulrichs II. Cilli, Altgraf Friedrich II. Cilli[187]. Am 9. November 1456 wurde der letzte Cillier Ulrich II. ermordet. Das Urkundenfragment am HD-Spiegel von Cod. 2773 bietet daher die Möglichkeit eines terminus antequam 1454 für die Fertigstellung des Codex. Auch Barbara Cilli, die Großmutter von Ladislaus Postumus, stand in keinem guten Verhältnis zu Erzherzog Friedrich III. (ab 1440 deutscher König, ab 1452 römisch-deutscher Kaiser). Erzherzog Albrecht V. von Österreich war von 1438–1439 deutscher König sowie König von Böhmen und Ungarn. Für die Cillier und auch für böhmische und ungarische Kreise war der nachgeborene Habsburger Ladislaus Postumus der rechtmäßige Nachfolger seines Vaters Albrecht V.

Bevor ich über den möglichen Besteller von Cod. 2773 spreche, möchte ich an dieser Stelle noch auf die Identifizierung der beiden höfischen Figuren des Titelblattes von Cod. 1767, fol. 1v eingehen *(Taf. 9)*. Schmidt hat nachgewiesen, daß es sich bei der bartlosen, blondhaarigen Figur im Prachtgewand mit der „sonderbaren" Krone, die ein Mittelding zwischen dem österreichischen Erzherzoghut und der Kaiserkrone darstellt, um Friedrich III. handelt, der zu dieser Zeit bereits deutscher König war. Als Vergleichsportrait für unsere Darstellung zieht Schmidt[188] das Bildnis Friedrichs III. eines italienischen Meisters in den Uffizien von Florenz heran. Auf fol. 1v hält Friedrich III. in seiner linken Hand den Reichsapfel. Er „thront" in der Bildmitte unter den s i e b e n

---

[185] *Ch. Ziegler, J. Rössl,* Zisterzienserstift Zwettl – Katalog der Handschriften des Mittelalters – Teil II, Codex 101–200, in: Scriptorium Ordinis Cisterciensium Monasterii BMV in Zwethl. Wien 1985, 145–146.

[186] *Krones,* Grundriß der österreichischen Geschichte, mit besonderer Rücksicht auf Quellen- und Literaturkunde. Wien 1882, 370, 371, 391.

[187] *Krones* (wie Anm. 186).

[188] *Schmidt* (wie Anm. 6) 162, Nr. 98.

Kurfürsten (laut Schmidt) im Hintergrund einer halbkreisförmig abgerundeten, chorartigen Architekturkulisse. Links im Bild sind drei geistliche, rechts drei weltliche Würdenträger zu sehen. Die vierte weltliche soll laut Schmidt der „König von Böhmen" sein, der auf diesem Bild mit einer Krone und mit dem Zepter in der Rechten Friedrich III. gegenübergestellt ist. Bei der Entstehung der Handschrift 1447/1448 war Ladislaus Postumus jedoch erst sieben bis acht Jahre alt. Die von ihm erhaltenen Darstellungen überliefern stets einen bartlosen Jüngling, niemals einen wie hier abgebildeten älteren Mann mit Bart. Wen stellt dann diese Figur auf der ganzseitigen Miniatur mit zweifellos historischer Bedeutung dar? Wie oben angedeutet wurde, wissen wir, daß des öfteren die Länder Böhmen und Ungarn, die nach 1444 und 1446 durch Reichsverweser repräsentiert wurden, sowie im österreichischen Raum die Albertinische Linie der Habsburger die Herausgabe des in der Obhut von Friedrich III. befindlichen Ladislaus forderten[189]. Friedrich III. verweigerte dies jedoch, er wollte vermeiden, daß Ladislaus, noch im Kindesalter, politisch als Spielball für die Stände der beiden Länder mißbraucht würde, was zu politischen Zerwürfnissen geführt hätte und ihn auch innenpolitisch als Erzherzog und seit 1440 als deutscher König geschwächt hätte. Wir glauben, daß es für Friedrich III. eine politische Notwendigkeit war, sich seinen Gegnern gegenüber als rechtmäßiger Vormund von Ladislaus auszuweisen und mit einer Geste der Verbundenheit mit dem Geschlecht der Luxemburger in der Darstellung ihres bedeutenden Vertreters im 15. Jahrhundert, Kaiser Sigismund – König von Böhmen und Ungarn (Großvater von Ladislaus) –, sich hinsichtlich Ladislaus und dessen Anhänger zu behaupten. Auch den Besitz Sigismunds, den Ladislaus nach dem Tod Albrechts V. geerbt hatte (darunter die Prachthandschriften der Wenzelswerkstatt, unter ihnen die mehrbändige Wenzelsbibel) verwahrte Friedrich III. Der „Portraittypus" von König (Kaiser) Sigismund lehnt sich an überlieferte Darstellungen des Herrschers an, auch wenn der Typus im Laufe des 15. Jahrhunderts in der Malerei vielfach zu einem allgemeinen Bildmodus wurde. Das hat Bertalan K é r y in seinem Buch über die Ikonographie Kaiser Sigismunds an zahlreichen ausgewählten Beispielen gezeigt[190]. Die Darstellung des hl. Sigismund ist in Cod. 1767 auf 268r in einer D-Initiale enthalten *(Taf. 12)*, und in Cod. 2773 scheint das „Portrait" Sigismunds öfter auf, wie wir gehört haben *(Taf. 16ff.)*. Die posthume Versinnbildlichung der Figur links von Friedrich III. als Sigismund, König von Böhmen und Ungarn, wurde schon von der früheren Forschung erkannt, jedoch in einem anderen historischen Zusammenhang. Das Brevier Friedrichs III., Cod. 1767, wurde in dessen Auftrag angefertigt, ist aber in engem Konnex mit Ladislaus Postumus, dem rechtmäßigen Anwärter auf die Krone Ungarns und Böhmens und auf das Erbe Erzherzog Albrechts V., zu bewerten.

Eine weitere historische Begebenheit muß bei dem Dedikationsbild in Betracht gezogen werden, nämlich die Verleihung der G o l d e n e n R o s e 1448 an Friedrich III. durch Papst N i k o l a u s V. 1418 wurde die Goldene Rose von Papst M a r t i n V. (O d o C o l o n n a) und Kaiser Sigismund aus Anlaß der erfolgreichen Beendigung des Konzils von Konstanz gestiftet. Auf fol. 62r der Konzilschronik des Ulrich von Richenthal der ÖNB Wien, Cod. 3044 (um 1470), ist Kaiser Sigismund zu Pferd und mit der Goldenen Rose abgebildet. Es ist bemerkenswert, daß gerade auf fol. 1v von Cod. 1767 der Rosendekor als Streumuster in der „Kapelle" und als Rankendekor hervorgehoben ist. Dieses historische Moment würde auch die Figur Sigismunds zur Rechten von Friedrich III. zusätzlich begründen.

Wir sind letztlich davon überzeugt, daß die Prachthandschrift des Trojanischen Krieges, Cod. 2773, mit absolut höfischem Charakter, für eine höfische Persönlichkeit bestellt wurde. Das Thema des Heldenepos, die lebendige Schilderung der Darstellungen, die meist auch ohne Lektüre des Textes verstanden werden konnten, waren höchstwahrscheinlich für Ladislaus Postumus bestimmt. Daß das „Portrait" Albrechts V. und Sigismunds in den Miniaturen mehrmals vertreten ist, sollte zugleich den jungen Ladislaus an die historische Bedeutung seines Vaters und Großvaters erinnern. Der Codex wurde demnach nicht von Martinus O p i f e x „auf Vorrat" geschaffen, wie Suckale dies fälschlicherweise angenommen hat[191].

Wir sind daher der Auffassung, daß der Codex ungefähr in der Zeit von 1448–1453/54 entstanden sein muß. Wer hatte aber den Trojanischen Krieg in Auftrag gegeben? Es ist mit großer

---

[189] *A. Lhotsky*, Kaiser Friedrich III., Sein Leben und seine Persönlichkeit, in: Ausst.-Kat. Friedrich III. Wiener Neustadt 1966, 27–30.
[190] *B. Kéry*, Kaiser Sigismund, Ikonographie. Wien – München 1972.
Siehe auch das Buch: *H. Fillitz*, Denkmale der deutschen Könige und Kaiser, 2. Von Rudolf I. bis Maximilian I. 1273–1519. *Perci Ernst Schramm, Hermann Fillitz*. In Zusammenarbeit mit *Florentine Mütherich*. München 1978, 80, Nr. 97, Abb. 97.
[191] *Suckale* (wie Anm. 7) 99.

Wahrscheinlichkeit anzunehmen, daß Friedrich III. als Auftraggeber dieses „historischen Lehrbuches" für Ladislaus Postumus in Betracht kommt, ebenso wie er für diesen um 1445 eine lateinische Grammatik herstellen ließ, die der Meister Michael ausgestattet hat (ÖNB Wien, Cod. 23*). Als Ladislaus Postumus vorzeitig von Friedrich III. aus dessen Obhut Ende 1452 entlassen werden mußte, war der Trojanische Krieg offenbar noch nicht fertiggestellt. 1451 scheint Martinus O p i f e x in Regensburg auf, wenn man die Quelle im Haussteuerverzeichnis des Jahres auf ihn bezieht. Er hat in dem Stadtviertel W a l h e n w a c h t in der Straße U n n d e r n s c h r e i n e r n in einem Haus der Stiftsdamen von Obermünster gewohnt: *Secunda stuba Martein illuminyrer et uxor, dorothea ancilla* (mit seiner Frau und der Magd D o r o t h e a) (München, Bayerisches Hauptstaatsarchiv, Reichsstadt Regensburg 441, fol. 249v)[192]. Im Dezember 1451 zog Friedrich III. nach Rom zur Kaiserkrönung, die im Februar 1452 stattgefunden hat; im März 1452 heiratete Friedrich III. E l e o n o r e von Portugal. Im Sommer 1452 kehrte er nach Österreich zurück. Nach der Herausgabe seines Mündels war für Friedrich III. dieses politische Kapitel für eine Weile ad acta gelegt, und sein Interesse an der Fertigstellung des Trojanischen Krieges für Ladislaus Postumus war nicht mehr verpflichtend. Wie bei den anderen Prachtcodices aus dem Erbgut des Ladislaus, war er aber auch bei dieser Handschrift nicht gewillt, sie an ihn auszuhändigen, er konnte und wollte andererseits auch nicht den fertiggestellten Codex begleichen. Schenkt man dem Regensburger Quellenmeister bezüglich einer Identifizierung des Martinus O p i f e x weiter Glauben, so hat die Frau des Martinus O p i f e x nach dem Tod ihres Mannes die Handschrift des Trojanischen Krieges zu Weihnachten 1456 beim Regensburger Stadt-Kämmerer gegen einen Betrag von 34½ Pfund Pfennige hinterlegt, um den reich illuminierten Codex gegen etwaige Entwendungen zu schützen. 1456 wurde Ulrich II. Cilli ermordet[193]. 1456 oder etwas davor ist wahrscheinlich Martinus O p i f e x gestorben. Am 23. November 1457 wurde Ladislaus Postumus in Prag angeblich von G e o r g von P o d i e b r a d vergiftet[194]. Zwischen 1456 und 1459 muß auch die Frau des Martinus O p i f e x gestorben sein. Nachdem der Trojanische Krieg, Cod. 2773, mehr als zwei Jahre lang beim Regensburger Stadtkämmerer C o n t z G r a f f e n r e u t t e r deponiert war, wurde er 1459 dem kaiserlichen Kanzler U l r i c h W e l c z l *verschannckt* und kam somit unentgeltlich wieder in den Besitz des ursprünglichen Auftraggebers Friedrich III.

Friedrich III. hatte somit alle Prachtcodices, die von Martinus O p i f e x und seiner Werkstatt illuminiert worden waren, in seiner Bibliothek vereint. Denn auch die Granada-Handschrift mit dem De natura rerum- und dem Tacuinum Sanitatis-Teil weist inhaltlich auf ihn als Auftraggeber hin. Es ist bekannt, daß Friedrich III. ein besonderer G a r t e n f r e u n d war, „aber auch ein großer Jagdliebhaber". In seiner Residenz in W i e n e r N e u s t a d t besaß er einen Tiergarten. Er hatte großes Interesse für Pflanzen-, Gemüse- und für Obstkulturen, die von seinem Kanzler E n e a s S i l v i u s besonders anschaulich beschrieben werden. 1446(–1447) ließ er eine große, wohlgepflegte Parkanlage errichten, den sogenannten *tännelgarten*[195]. Die Föhrenwälder, die Wiener Neustadt umgeben, gehen zum Großteil auf seine Anlage zurück *(Abb. 51)*. Tier-, Baum-, Pflanzen- und Obstkultur, verbunden mit Jagdszenen *(Taf. 1)*, sind die zentralen Themenkreise der Granada-Handschrift. Wir sehen in den Darstellungen der Granada-Handschrift eine Vorliebe für Nadelwälder, speziell für die Föhre (fol. 89r, 100r, 102r ...), ebenso in den Miniaturen des Trojanischen Krieges oder im Brevier Friedrichs III. (fol. 269r). Das Interesse Friedrichs III. für die Vogelwelt war nicht ohne Bedeutung. Sie erscheint im Buch des Thomas von Cantimpré von fol. 32r–53v der Granada-Handschrift abgebildet. Wir finden sie aber auch als Dekor in der Baumlandschaft des Trojanischen Krieges (fol. 62r). Es wird nun verständlich, aus welchem Grund die Granada-Handschrift aus Fragmenten bestimmter Themenkreise besteht. Sie r e f l e k t i e r e n b e s t i m m t e v o n F r i e d r i c h III. b e v o r z u g t e n a t u r w i s s e n s c h a f t l i c h e I n h a l t e.

Friedrich III. hatte auch eine besondere Vorliebe für E d e l s t e i n e und war ein Kenner der Mineralien. Auf fol. 1v seines Breviers Cod. 1767 *(Taf. 9)*, ist er in ein mit Edelsteinen besetztes Prachtgewand gekleidet. Auch seine Krone und die des Sigismund zieren prächtige Edelsteine.

---

[192] *Ziegler*, Diss. (wie Anm. 7) 8, Anm. 2. Bereits 1973 hat mich A. v. Rohr liebenswürdigerweise auf diese Quelle aufmerksam gemacht. – *Suckale* greift 1987 auf Anregung von A. v. Rohr auf die Archivquelle zurück. *Suckale* (wie Anm. 7) 98.
[193] *Krones* (wie Anm. 186) 44.
[194] *Lhotsky* (wie Anm. 189) 30.
[195] G. *Gerhartl*, Wiener Neustadt als Residenz, in: Ausst.-Kat. Friedrich III. Wiener Neustadt 1966, 116–117.

Abb. 51: Brevier Friedrichs III., Wien ÖNB, Cod. 1767, fol. 269r; 1447/1448

Dasselbe gilt auch für die Kronen der Königsfiguren und die Kopfbedeckung des Priesters in der Darstellung der Hochzeit des Paris mit Helena auf fol. 69r von Cod. 2773 *(Taf. 36)*. Auf fol. 82r von C-67 besteht die Kopfbedeckung der rechten Figur aus lauter Edelsteinarten. In einer anderen Handschrift, nämlich in der Handregistratur Friedrich III., ist häufig die Miniatureneinfassung mit den Wappen reich mit Perlen besetzt, so auch der „weiße" Querstreifen des österreichischen Bindenschildes[196]. (S. a. den Baum mit Edelsteinen auf fol. 90v von Cod. 2773.)

Neben der Möglichkeit, daß der Trojanische Krieg von Friedrich III. für Ladislaus Postumus in Auftrag gegeben wurde, möchte ich anhand einiger historischer Quellen die Historia destructionis Trojae als ein Exemplar für das Haus Habsburg interpretieren.

Schon der Nachname des Autors C o l u m p n a und die des Sagenkreises bilden zwei grundlegende Bezugspunkte zur Dynastie der H a b s b u r g e r. In hervorragenden historischen Schilderungen hat A. Lhotsky diese Themenkreise behandelt. Für unsere Problematik möchte ich nun einige wichtige Passagen herausgreifen. In der Abhandlung „Apis Colonna – Fabeln und Theorien über die Herkunft der Habsburger – Ein Exkurs zur Cronica Austrie des Thomas Ebendorfer", greift Lhotsky 1944 erstmals eine Notiz Thomas Ebendorfers auf, die besagt, daß die Habsburger von den Colonna abstammten[197]. Gerade die nähere Beschäftigung mit den künstlichen Abstammungslehren war nach Lhotsky auch anregend für die Künstler. Der Name tritt nach 1273 auf, daneben wurde auch auf die antike, römische Herkunft der Habsburgerdynastie verwiesen. Diese Sage wurde erstmals von schweizerischen Herolden aufgebracht[198]. Die Beziehung der Habsburger zu den Colonna überliefert erstmals Thomas Ebendorfer[199] ca. 1450. *Niemand vermochte den Namen des Geschlechtes zu nennen, von dem die Habsburger abstammen sollten, bis um die Mitte des 15. Jahrhunderts Thomas Ebendorfer scheinbar ganz unvermittelt und jedenfalls ohne weitere Begründung, die Colonna nannte. . . . Es bleibt wohl nichts anderes anzunehmen, als daß sich die Habsburger schon um 1300 wirklich für eine deutsche Seitenlinie des Hauses Colonna hielten und . . ., daß die Habsburger des 14. Jahrhunderts selbst an die Verwandtschaft mit den Colonna geglaubt haben. Thomas Ebendorfer hat also in der Hauptsache eine durchaus offizielle Tradition wiedergegeben*[200]. Für das Spätmittelalter schreibt Lhotsky *. . ., daß die Habsburger im Spätmittelalter wirklich die Abstammung von den Colonna (oder wenigstens an die Verwandtschaft mit ihnen) glaubten, haben sich inzwischen neue Beweise gefunden. Aus einer Instruktion vom 11. November 1417 geht hervor, daß Papst Martin V. (Odo Colonna!) selbst sich für einen Verwandten des Hauses Österreich hielt*[201].

Zum Bezug der Habsburger zur Troja-Sage schreibt Lhotsky: *Zum Verständnis des zweiten Sagenkreises – daß die Habsburger vom Trojaner Hector abstammen – muß daran erinnert werden, daß die Franken schon in sehr früher Zeit für Abkömmlinge der Trojaner galten . . .*[202]. In der französischen Chronik, Les grand chronique de la France, wird von einem König Priamus d'Osteriche gesprochen, *qui estoit descendu de la lignée de grand roy Priant de Troie*[203]. Um 1300 wurde unter Albrecht I. die erste Beziehung zwischen Troja und Österreich hergestellt – ausgehend von der Schweiz – und damit die Abstammung der Habsburger von den Trojanern nachdrücklich betont[204]. Erwähnenswert ist vor allem die Anmerkung, daß bei der Zusammenkunft Friedrichs III. mit Karl dem Kühnen in Trier 1473 das Langhaus des Domes mit Tapisserien verhängt war, auf denen die Historia Troyana dargestellt war: *das Lannckhaus was alles umhangen mit schonen gewarchten tuchern, die historia Troyana . . .*[205]. So hat Jakob Mennel eine genaue Abstammungstafel hergestellt[206]. Auch Friedrich III. war dem Sagenkreis zugetan, wie wir gehört haben.

Auch die L u x e m b u r g e r propagierten ihre Abstammung von den Trojanern, wie das Beispiel K a r l s IV. zeigt. Ausgangspunkt war die C h r o n i k des 1351 verstorbenen Jean de

---

[196] *F. Unterkircher*, Die Bibliothek Friedrichs III., in: Ausst.-Kat. Friedrich III. Wiener Neustadt 1966, 219.
[197] *A. Lhotsky*, Apis Colonna, in: Das Haus Habsburg – Aufsätze und Vorträge, hg. von *H. Wagner* und *H. Koller* II (1971) 9 (erstmals erschienen in: Mitteilungen des Instituts für Geschichtsforschung und Archivwissenschaft in Wien 55, 1944, 171–245).
[198] *Lhotsky* II (wie Anm. 197) 20–21.
[199] *Lhotsky* II (wie Anm. 197) 27. – Ed., PEZ, SS. rer. Austr. 2, 841 ff.
[200] *Lhotsky* II (wie Anm. 197) 32.
[201] *Lhotsky* II (wie Anm. 197) 33.
[202] *Lhotsky* II (wie Anm. 197) 48.
[203] *Lhotsky* II (wie Anm. 197) 50.
[204] *Lhotsky* II (wie Anm. 197) 51.
[205] *Lhotsky* II (wie Anm. 197) 51, Anm. 137 und 67, Anm. 198.
[206] *Lhotsky* II (wie Anm. 197) 54, 300.

Historische Aspekte

Klerk aus Brabant, die sich Karl IV. auf der Burg Karlstein anfertigen ließ. König Wenzel übernahm die brabantische Trojanersage und bezeichnete „diese Bilderfolge als sua genealogia"[207]. Im 15. Jahrhundert hat die brabantische Trojasage noch einmal eine umfangreiche Darstellung in einer Chronik gefunden, die Edmund de Dynter dem Herzog Philipp von Burgund 1445 zueignete[208]. Weiters schreibt Lhotsky, daß ein Poet des 16. Jahrhunderts über Friedrich III. von dessen Hectorea origo sprach[209]. In seinem Beitrag über „Aeneas Silvius und Österreich"[210] bemerkt Lhotsky, daß Aeneas Silvius die Literatur sowie die Wissenschaft in den Klosterbibliotheken zur Zeit Friedrichs III. bewundert und daraus studiert hat. Er verweist auf den Sammelcodex CCl 1099 der Stiftsbibliothek von Klosterneuburg (dat. 1454), der „eine sinnvolle Zusammenstellung ausgewählter Orientliteratur enthält, wie sie dem Bedürfnisse jener Zeit angemessen war: zunächst Guido da Columpna, Historia destructionis Troje ..."[211]. Wie Thomas Ebendorfer leitet Aeneas Silvius die Herkunft des Ladislaus Postumus von der deutschen Seitenlinie des Hauses Colonna ab, die wiederum auf den römischen Imperator Caesar zurückgeht[212]. Lhotsky ist der Meinung, daß diese Abstammungsformel ebenso auf Friedrich III. bezogen werden könnte.

In einigen Darstellungen des Trojanischen Krieges, Cod. 2773, gewinnt man den Eindruck, daß die eine oder andere Herrscherfigur die „Portraitzüge" Erzherzog Albrechts V. trägt, beispielsweise auf fol. 88v. Albrecht V. war der Vater von Ladislaus Postumus. Daß das „Portrait" Kaiser Sigismunds öfter dargestellt ist, haben wir bereits gehört. Aufgrund dieser zahlreichen historischen Belege müssen wir davon ausgehen, daß unsere Historia destructionis Trojae, Cod. 2773, ein vom Hause Habsburg bestelltes Werk gewesen ist, das in engstem Zusammenhang mit Friedrich III. und Ladislaus Postumus betrachtet werden muß. Über den Verfasser Guido da Columpna schreibt Griffin, daß dieser dem noblen Geschlecht der Colonna angehört habe[213].

In der Beschreibung des Colossus, *ein ungestalter Mensch,* auf fol. 2r der Granada-Handschrift C-67, vor allem in dem der Beschreibung angefügten Satz, wird Wien als örtlicher Zeuge des Geschehens hervorgehoben: *Hec tibi Wyenna civitas Austrie in civitate circa testabitur.*

Weiters muß auf paläographische Kennzeichen in drei Codices aufmerksam gemacht werden, die ebenso historisch von Interesse sind. Die zahlreichen Randnotizen im Trojanischen Krieg, Cod. 2773, die den Inhalt der Miniaturen in lateinischer Sprache überliefern, sind in Cursiva currens (in einer Art Kanzleinotula) geschrieben (fol. 122rv, 125v, 172v, 212r, 208v, 209r, 222r, 218r, 211v . . .). Häufig sind die Notizen beschnitten. Diese Cursivschrift ist jener im Brevier Friedrichs III. äußerst verwandt, etwa die Randnotiz auf fol. 267v oder auf 268r. Ebenso hat diese Hand in der Granada-Handschrift meist das Wort *Sequitur* nach den einzelnen Abschnitten und Kapiteln nachgetragen, wie etwa auf fol. 99v. Es handelt sich vermutlich um einen Schreiber aus dem Hofskriptorium Friedrichs III., der die Prachtcodices redigiert hat. Der Vergleich zwischen Cod. 1767 und 2773 gilt auch für die Lagenanmerkungen in beiden Codices.

Die Form der Textura in der Granada-Handschrift unterscheidet sich grundsätzlich von der im Trojanischen Krieg. Jedoch ist die Schrift der Haupthand des Trojanischen Krieges etwa in neun Zeilen auf fol. 81rb im Granadacodex anzutreffen. Ebenso ist der Rubrikator in beiden Codices derselbe; dieser hat auch die einfachen roten und blauen Lombarden beider Codices ausgeführt.

(In der Publikation zum Trojanischen Krieg wird die Autorin noch näher auf dieses Problem eingehen.)

---

[207] *Lhotsky* II (wie Anm. 197) 56–57.
[208] *Lhotsky* II (wie Anm. 197) 57, Anm. 154.
[209] *Lhotsky* II (wie Anm. 197) 62 Anm. 175.
[210] A. *Lhotsky*, Aeneas Silvius und Österreich, in: Historiographie, Quellenkunde, Wissenschaftsgeschichte, hg. von *H. Wagner* und *H. Koller III* (1972) 26 ff.
[211] *Lhotsky* III (wie Anm. 210) 63.
[212] *Lhotsky* (wie Anm. 210) 68–69.
[213] *Griffin* (wie Anm. 163).

DIE LANDSCHAFTSDARSTELLUNGEN BEI MARTINUS OPIFEX

Hinsichtlich der L a n d s c h a f t s k o m p o s i t i o n im Œuvre des Martinus O p i f e x ist ein Exkurs über die Landschaftsmalerei im süd- und südostdeutschen Raum erforderlich[214]. In dieser Hinsicht muß die Abhandlung von Hermann B r a n d t noch immer als grundlegende Arbeit gelten[215]. Bemerkenswert zusammenfassende Betrachtungen enthalten auch die Arbeiten von S t a n g e[216] und C o r n e l l[217].

Die Forschung ging in bezug auf die Landschaftsdarstellung in der Handschriftenillustration der ersten Hälfte des 15. Jahrhunderts davon aus, daß das Empfinden für die Naturbeobachtung, die Anwendung des Kolorits als Mittel zur Erzeugung von Tiefenillusionen, der daraus entstehende Eindruck einer Luft- und Lichtatmosphäre in der Landschaft und die dabei bisweilen verwendete freie, i m p r e s s i o n i s t i s c h e Pinselstrichführung eine Darstellungsform wiedergibt, die in der s e e s c h w ä b i s c h e n Handschriftenillustration beheimatet ist[218]. Ein wesentliches Kriterium ist die Technik der kolorierten Federzeichnung als künstlerisches Ausdrucksmittel. Als Beispiele wären die Handschriften mit dem L e b e n d e r h l. M a r i a M a g d a l e n a in der Landesbibliothek von Karlsruhe zu nennen (St. Georgen Cod. germ. LXVI, ca. 1420–1430), und als späteres Werk der Codex mit den f ü n f z e h n Z e i c h e n (um 1450, Berlin, SPK, Ms. germ. Qu. 1870)[219]. Das N u t z- und U r b a r b u c h d e r V e s t e R h e i n f e l d e n (um 1420, Wien, Hof- und Staatsarchiv) stammt nicht, wie ursprünglich angenommen, aus dem seeschwäbischen Raum, sondern aus Rhein in der Steiermark[219a].

Sekundär war für die Forschung die Beziehung zur burgundisch-französischen Buchmalerei, die durch die Tätigkeit seeschwäbischer Künstler am burgundischen Hof entstand. In der Ausstattung der Handschrift J e r o n i a n u m des Johannes A n d r e e käme der französische Einfluß zum Tragen[220]. Im Gegensatz zu den oben erwähnten Beispielen, handelt es sich um eine sorgfältig ausgeführte Deckfarbenminiatur auf Pergament, die von einem breiten Goldrahmen eingefaßt ist.

Außerhalb des seeschwäbischen Kunstkreises ist unserer Ansicht nach gleichermaßen die Landschaftsmalerei in der b ö h m i s c h e n Buchmalerei um 1400 von entscheidender Bedeutung für die Entwicklung in der süddeutschen Buchmalerei. Gemeint sind die Arbeiten aus der Werkstatt des Meisters des M a r t y r o l o g i u m s v o n G e r o n a, wo malerische impressionistische Effekte mit Hilfe des Pinselstriches in Verbindung mit der Leuchtkraft des Kolorits bevorzugt werden. Die Idee, die Leuchtkraft der Farbe durch Lichteffekte herauszuarbeiten, wurde vom Meister der Wittingauer Tafeln (ca. Mitte des 14. Jhs.) aufgegriffen und in der böhmischen Buchmalerei weiterentwickelt[221]. In der Folge vermittelte auch die Kenntnis der f r a n z ö s i s c h e n Buchmalerei nach 1400 räumliches Sehen und die malerische Anwendung von Licht- und Luftatmosphäre[222]. Als Beispiele für diese Rezeption seien die B i b e l K o n r a d V e c h t a s, das Martyrologium von Gerona sowie als Hauptwerk aus der Spätphase der Werkstatt die R e i s e b e s c h r e i b u n g d e s M a n d e v i l l e in der British Museum Library genannt (Add. ms. 24189)[223] *(Abb. 52)*. Der Codex stellt eigentlich ein Compendium aus Einzelblättern dar. Ihre Ausstattung besteht hauptsächlich in Grisailletechnik mit starker Betonung der Federzeichnung als Mittel zur Binnen- und Umrißmodellierung der Kompositionen. Koloristische Effekte werden vor allem in der bereits erwähnten künstlerischen Absicht angewendet. Der französische Einfluß drückt sich in den Miniaturen neben der Gesamtkomposition auch im Detail, wie etwa in den Formen der Architektur, aus. Aufgrund dieser

---

[214] *Ziegler*, Diss. (wie Anm. 7) 165–192.

[215] *H. Brandt*, Die Anfänge der deutschen Landschaftsmalerei im 14. und 15. Jahrhundert. Studie zur deutschen Kunstgeschichte. Strassbourg 1912.

[216] *A. Stange*, Eine oberrheinische Handschrift aus der Mitte des 15. Jahrhunderts, in: Beiträge zur Forschung; Studien aus dem Antiquariat Jaques Rosenthal; N. F. II (1929) 25–38.

[217] *Cornell* (wie Anm. 38) 228–237.

[218] Siehe *Brandt* und *Stange*.

[219] *Brandt* (wie Anm. 215) 69–72, 72 ff.

[219a] Dankenswerte Mitteilung von O. Pächt (8. 9. 1976).

[220] *Ziegler*, Diss. (wie Anm. 7) 165.

[221] *J. Krása*, Die Handschriften König Wenzels IV. Wien 1971, 227.

[222] *O. Pächt*, A Bohemian Martyrology. Burlington Magazine 73 (1938) 192–204. – *J. Pésina*, Obraz Krajiny v České Knizni Malté R. 1400. K 20. vyroci osvobozeni. Umeni (1965) 280–282.

[223] *J. Krása*, Die Reisen des Ritters John Mandeville. München 1983.

künstlerischen Vorstufen ist der Codex für das Stilœuvre von Martinus O p i f e x immer wieder heranzuziehen *(Taf. 24)*.

Martinus O p i f e x war sowohl mit der böhmischen wie auch mit der französischen Buchmalerei aus primärer Quellenkenntnis vertraut. Die Diaspora böhmischer Buchmaler im zweiten Jahrzehnt des 15. Jahrhunderts von Prag aus hat nachdrücklich deren künstlerische Expansion im süddeutschen Raum (Bayern, Salzburg, Wien) bewirkt. So ist die Ausstattung der B e n e d i k t i n e r r e g e l von 1414 des Klosters M e t t e n *(Abb. 53)* in Bayern derart von der Martyrologiumswerkstatt in Figur- und Landschaftsauffassung geprägt, daß als Urheber der Miniaturen wohl eher ein böhmischer als ein bayerischer Buchmaler in Frage kommt[224]. Im Salzburger Raum ist der böhmische

Abb. 52: London, British Library, Ms. Add. 24189, fol. 3v; Der Ritter Mandeville und sein Gefolge unterwegs; um 1420

Einfluß im Œuvre der Werkstatt der G r i l l i n g e r - B i b e l, im Wiener Raum in der Landschaftsauffassung der kolorierten Federzeichnungen der Historia Scholastica der Albertina Wien (1420–1430) nachweisbar. Weiters im S c h o n d o c h -Codex der Österreichischen Nationalbibliothek Wien (Cod. 2675*), beim A l b r e c h t s m i n i a t o r, beim Meister M i c h a e l, beim K l o s t e r n e u b u r g e r M i s s a l i e n m e i s t e r, bei Martinus O p i f e x und in der Ausführung

---

[224] *Pésina* (wie Anm. 222) 266–269. – *M. Frinta*, The Master of the Gerona Martyrology and Bohemian Illumination. Art Bulletin 46 (1964) 296 f.

von Cod. 2774 (ÖNB Wien, 1448), wobei hier Salzburger und Wiener Kräfte gearbeitet haben. Im bayerischen Raum wäre noch die Landschaft beim Matthaeus-Meister der Ottheinrichsbibel zu nennen (München BSB, Cgm. 8010)[225].

Wahrscheinlich in der zweiten Hälfte der zwanziger Jahre des 15. Jahrhunderts wurde das Landschaftsbild in der süddeutschen Malerei abermals verändert. Sowohl in der Buchmalerei als auch in der Tafelmalerei um 1430 finden sich deutliche Spuren der altniederländischen Malerei. Das gilt für die 1431 datierte Rennerhandschrift des Hugo von Trimberg (bayerisch; Heidelberg, Universitätsbibliothek, Cod. pal. germ. 471, fol. 4*), in der seeschwäbischen Tafelmalerei für den Tiefenbronner Altar des Lukas Moser von 1431, den Maulbronner Altar von 1432, für den Oberrhein ist der hl. Christophorus *(Abb. 54)* des Konrad Witz von 1435 zu nennen, für Wien das Œuvre des Meisters des Albrechtsaltares und in der Buchmalerei vereinzelt die Miniaturen der Schondoch-Handschrift (um 1430)[226].

Worin bestanden nun diese Neuerungen? Die Altniederländer begannen damit, die Landschaft so zu malen, wie sie sie tatsächlich sahen. Figur und Objekt wurden zum Beispiel bei den van Eycks in das Landschaftsbild integriert. Die optische Perspektive spielt nun eine wichtige Rolle, Luft- und Lichtatmosphäre sowie die Leuchtkraft und Transparenz der Farben entstehen nicht imaginär, sondern sind kausal bedingt. Nähe und Ferne werden durch den Grad der Lichtreflexion bestimmt, damit verbunden kommt es zu einer Differenzierung in der exakten Wiedergabe der Darstellungsobjekte. Eine Stadtansicht, meist am Horizont oder im Hintergrund der Landschaft gelegen, entspricht nun in der Anordnung ihrer Wahrzeichen der Wirklichkeit und kann auch als historisches Fundament für die Forschung eines Historio- oder Karthographen dienen, zum Beispiel die Hintergrundlandschaft der Kreuzigung des Hubert und Jan van Eyck im Metropolitan Museum von New York (um 1420) – ein anderes Beispiel wäre die Stadtansicht im Mittelbild des Genter Altares von 1432[227]. Stadt-, Gebirgs-, Acker- und Hügellandschaft werden zum Ambiente für einen tatsächlichen Landschaftsausschnitt.

Die Maler des süd- und südostdeutschen Raumes greifen die neuen Stilanregungen auf und setzen sie in die eigene, der Tradition verhaftete Bildsprache um, wie die folgenden Ausführungen zeigen sollen.

In den Miniaturen des De natura rerum-Teiles des Thomas von Cantimpré und des Tacuinum Sanitatis-Teiles greift Martinus Opifex *(Taf. 1, 3, 5)* in der Landschaftskomposition auf Werke des seeschwäbisch-oberrheinischen und des Wiener Raumes der dreißiger Jahre zurück. Die Figurenkomposition ist im Bildvordergrund auf einer halbrunden, aufgeklappten Bühne angeordnet. Die aufgeklappte Bildfläche wird in der süddeutschen Malerei das ganze 15. Jahrhundert hindurch immer wieder als Kompositionselement verwendet. Ungefähr von der Mitte der Bildhöhe an erstreckt sich in optischer Tiefenillusion der Landschaftsraum. Im Landschaftsbild des Tiefenbronner Altares des Lukas Moser schiebt sich an der Bruchlinie beider Ebenen ein monumentales Felsstück mit einer Baumsilhouette rechts in das Bild. Im Christophorusbild des Konrad Witz sind es gewaltige, vertikal gerichtete Felsriffe. Desgleichen erfolgt bei Martinus Opifex die Trennung der Bildebenen durch Felskuben, durch horizontal langgestreckte, schollenartige Felszonen oder auch durch abgrenzende Zaun- und Baummotive. Letzteres bevorzugt der Albrechtsmeister in seiner Landschaftswiedergabe als Grenzlinie. Die diagonal verlaufende Flußlandschaft dient dem Albrechtsmeister als geeignetes Stilmittel zur Überbrückung beider Bildebenen, wie etwa bei der Begegnung an der Goldenen Pforte oder in der Darstellung Elias teilt den Jordan *(Abb. 55)*. Martinus Opifex greift dieses Stilhilfsmittel in der Landschaft auf fol. 110 v *(Abb. 37)* auf. Damit verwandt sind auch die schollenförmigen Wellenzonen, die bei Martinus Opifex in übertriebenem Maße formiert werden. Rosenauer brachte das Landschaftsbild der Eliasszene mit der altniederländischen Malerei, unter anderem bei der Geburtdarstellung des Meisters von Flémalle in Verbindung[228]. Kennzeichnend sind demnach für Martinus Opifex klar, großzügig und breitflächig durch das Bild gezogene Landschaftsformen, die er in Licht- und Schattenstreifen taucht *(Taf. 2, 5)*. Bevor wir näher darauf eingehen, sei vorweggenommen, daß dieses Stilphänomen

---

[225] *Ziegler,* Diss. (wie Anm. 7) 30–36.
[226] *Ziegler,* Diss. (wie Anm. 7) 168.
[227] *Panofsky*[2] (wie Anm. 48) Pl. 143, fig. 275.
[228] *Rosenauer* (wie Anm. 90) 114–115, Abb. 11.

Abb. 53: Benediktinerregel, München BSB, Cgm. 8201ᵈ, fol. 36r; 1414

einerseits die Landschaftsauffassung aus dem Œuvre des Konrad Witz, anderseits jene des Albrechtsmeisters kennzeichnet.

Der fundamentale Unterschied zur Landschaftsmalerei des bayerischen Raumes besteht letztlich darin, daß dort die Landschaft in kleinere Dimensionen unterteilt und durch Details einerseits verniedlicht, anderseits pittoresk überladen wird. In der Heidelberger R e n n e r handschrift von 1431 wird die altniederländische Landschaftsstruktur aus der Eyck'schen Kreuzigung in New York aufgegriffen und in eine „bayerische", ländliche, mehrschichtige Hügellandschaft umstrukturiert. Eine mächtige Burg mit Fachwerkfassade links im Bild auf einem Hügel, die Türmchen einer Stadtsilhouette und die Andeutung von Flußläufen im Bildhintergrund sowie die Streifen von Ackerfeldern im Bildvordergrund werden teilweise von einem kleinen Zaun und von additiv hinzugefügten Felsbrocken rechts und links im Bild abgeschlossen. Überdimensionale Vogelmotive werden im Inhalt hervorgehoben. Monumentale Bäume schließen das Bild ab. In der B e n e d i k t - b e u e r n -Kreuzigung, die als Gesamtkomposition auf die New Yorker Kreuzigung der v a n E y c k zurückgeht, ist das Landschaftsambiente mit Gebirgskuppen überladen. Die Leerstellen sind mit verschiedenen Einzelheiten ausgefüllt. In der Folge wird in der Regensburger Buchmalerei der zweiten Hälfte des 15. Jahrhunderts die Landschaft bei Berthold Furtmeyr zu dichten, ornamentalen, räumlichen Phantasielandschaften umfunktioniert, die in der Spätphase von Motiven aus der Donauschule bereichert werden.[229]

Kehren wir zum Vergleich des Martinus Opifex mit der seeschwäbisch-oberrheinischen Malerei zurück. Ähnlich wie beim Tiefenbronner Altar des Lukas Moser[230], ist häufig der Gesamteindruck der Kolloritanwendung von Dunkelbraun und leuchtendem Grün-Goldbeige als Grundton der Aktionsfläche in den Darstellungen der Granada-Handschrift. Beim Tiefenbronner Altar entsteht der ocker Ton durch die Spiegelung der gebrochenen und gekräuselten Wellen mit der matten Goldhintergrundfläche. Im Granada-Codex wäre eine vergleichbare Farbkonkordanz auf fol. 99v, 102rv, 106r, 111rv ... (Taf. 4) zu finden. In anderen Beispielen des Codex ist der Hintergrund farbig und mit Goldranken versehen, oft jedoch ist er mit einem luftatmosphärischen Raum umgeben. Im Tiefenbronner Altar des Lukas Moser erscheint die Tonskala der Bergkuppen von Rostrot bis Dunkelbraun nuanciert. Jäh bricht die Landschaft in eine Fernsicht über. Detailreicher sind die Schilderungen der Nebenszenen, wie etwa die lebhafte szenische Begebenheit außerhalb der „Stadtmauer" *(Abb. 37)*. Links von der Stadt sind eine Reitergruppe und Fußvolk auf einem Plateau um einen Galgen gruppiert, an dem eine Figur hängt. Die kleinen Figuren sind kaum erkennbar. Diese Kennzeichen genrehafter Erzählweise greifen auf Anregungen der altniederländischen Malerei, etwa auf das Turiner Stundenbuch, zurück, wenn wir an die Miniatur Der hl. Julian fährt Christus über das Wasser[231] denken. Analog erscheint die Lichtspiegelung in den Wellen und der transparente Glanz des Wassers, durch das der Bootskiel schimmert. Ch. Sterling ist der Meinung, daß Lukas Moser zwischen 1420 und 1430 in den Westen gegangen sein muß, da nicht nur der Einfluß der Belles Heures der Brüder Limbourg, sondern vor allem die Reflexion der Landschaft aus der Geburt des Meisters von Flémalle (Dijon, Musée de Beaux Arts) und der realistische Naturalismus aus den Eyckschen Landschaftsbildern der Turiner Miniaturen wiedergegeben wird[231a]. In den Granada-Miniaturen bei Martinus Opifex werden diese Eindrücke viel oberflächlicher und oft nur skizzenhaft angedeutet. Eine szenische Begebenheit wird im Bildhintergrund in einen dunklen Figurenschwarm umgeformt *(Taf. 5)*, Details auf den Bergkuppen erscheinen lediglich durch Weißhöhungen markiert, Stadtansichten sind summarisch umrissen.

Mit der Landschaftsauffassung bei Konrad Witz verbindet die Miniaturen der Granada-Handschrift unter anderem die Anwendung des Licht- und Schattenkontrastes sowie die Wirkung des Lichtes in der Farbe. Die mächtigen Felsschollen und die Landschaftsebene werden wie beim Christophorusbild[232] von schleierartig ausgebreiteten Schattenbahnen überzogen (fol. 93r, 105r, 106r). Licht und Schatteneffekte basieren bei Konrad Witz auf einer natürlichen Lichtquelle, die von rechts ins Bild einfällt und Schlagschatten verursacht. Wir erkennen Spiegelbilder von Natur und Objekt im Wasser. Der Gegenstand wird infolge des Lichteinfalls auf das Wasser darin gebrochen, wie etwa der Stock oder das Gewand des Christophorus. In der Landschaft des Martinus Opifex existiert keine reale Lichtquelle. Licht und Schatten werden ornamental und als Kontrastfaktoren eingesetzt. Im Christophorusbild des Konrad Witz wird der vom Tageslicht erhellte Himmelsglanz auf dem Wasser reflektiert, auf fol. 105v *(Taf. 5)* des Granada-Codex wird das Bild von zwei imaginären Lichtphänomenen im Bildvordergrund und im Hintergrund beherrscht. Wie oben angedeutet wurde, wird der Gegensatz von Hell und Dunkel mittels Schattierung von Pinsel- und Federstrich akzentuiert. So wird beispielsweise auf fol. 105v der Granada-Handschrift die Wasserfläche am Horizont von einem dunklen Schattenstreifen bedeckt, dahinter hebt sich deutlich ein luftatmosphärischer Lichtstreifen mit hellblauen Gebirgszügen ab. Der Lichtstreifen geht nicht allmählich in ein sanftes Blau über, wie beim Christophorusbild des Konrad Witz, sondern Martinus Opifex setzt einfach ein kräftiges Blau über den hellen Streifen *(Taf. 2, 5)*.

---

[229] Ausst.-Kat. Regensburger Buchmalerei (wie Anm. 40) Taf. 77, 78.

[230] I Maestri del Colore: Il gotico internazionale nei paesi tedeschi. Nr. 235. Mailand 1966, Farbabb. XII. *Ch. Sterling*, Observations on Moser's Tiefenbronn Altarpiece. Pantheon 30 (1972) 19–32.

[231] *P. Durrieu*, Les Belles Heures de Turin. Paris 1902, Abb. XXXVI. – Panofsky² (wie Anm. 48) Pl. 161, fig. 296.

[231a] *Sterling* ist der Meinung, daß das Landschaftsbild des Tiefenbronner Altares den Umraum der Stadt Marseille in der Province wiedergibt. Sterling (wie Anm. 230) 27, 28.

[232] I Maestri del Colore: Konrad Witz. Nr. 84. Mailand 1965, Farbabb. IX. – *Gantner* (wie Anm. 82) Farbtaf. I.

Abb. 54: Konrad Witz, hl. Christophorus, ca. 1435

Zwar waren die Naturerscheinungen der Licht- und Luftperspektive Martinus O p i f e x nicht fremd, er übernahm sie jedoch nicht, wie Konrad Witz, getreu aus der altniederländischen Malerei der van Eyck's und des Meisters von Flémalle. Ihm genügte es, in naiver Weise diesen Einfluß zu suggerieren. Martinus O p i f e x war dabei noch stark der Tradition der französisch-böhmischen Landschaftsauffassung verbunden.

Wie beim Christophorusbild von Konrad Witz weisen die monumentalen Felskuben bei Martinus O p i f e x durch die innere Spannung der Gesteinsmasse tiefe Bruchstellen auf (fol. 102v, 109v). Diese Spannung der energiebetonten, stofflichen Materie drückt auch der Verlauf der winkelhakenartig geformten Pfadwege aus, die sich in den Hintergrund des Bildes schlängeln. Dieses realistische Phänomen wird in unterschiedlicher Form noch mehrmals erscheinen. Auf fol. 105v, 106v, 110v von Cod. C-67 ist die Landschaftsebene im Bildvordergrund rautenförmig unterteilt *(Taf. 2, 5)*. Das R a u t e n m u s t e r , D i a g o n a l e und D r e i e c k , bilden tief einschneidende, der Flächenstruktur entgegenwirkende Stilelemente im Landschaftsbild bei Martinus O p i f e x . Die R a u t e wird bei Konrad Witz in dem Genfer Bild mit dem Fischzug aufgegriffen. Wie bei O p i f e x dient sie dazu, die unendliche Weite der Fernsicht zu untermalen. Letzten Endes geht das Motiv auf die französische Buchmalerei der Brüder Limbourg zurück. Martinus O p i f e x muß somit Kenntnis von der Kalenderdarstellung der T r è s R i c h e s H e u r e s besessen haben[233]. Wir werden dies in den Miniaturen des Trojanischen Krieges weiterverfolgen können.

---

[233] Kalenderbild des Monats März, fol. 3v von Ms. 65 (Chantilly, Musée Condé; ca. 1416). *M. Meiss*, Les Très Riches Heures du Duc de Berry. London 1969, Abb. 4. – *Panofsky*[2] (wie Anm. 48) Pl. 42, fig. 90.

Auf fol. 110v des Granada-Codex *(Abb. 37)* von Martinus O p i f e x erinnern die mit skizzenhaften Pinselstrichen aufgesetzten Figuren im Boot und am gegenüberliegenden Ufer im Bildhintergrund, die in kräftiges Rot und Blau gekleidet sind, an jene Figuren, die Witz optisch malerisch in der Landschaft verteilt (K r e u z i g u n g in Berlin; Christophorusbild; G e n f e r S e e l a n d s c h a f t in Basel; *Abb. 56)*[234]. In den Miniaturen des später entstandenen Trojanischen Krieges (ÖNB, Cod. 2773) ist Vergleichbares auf fol. 20v oder 103v *(Taf. 40a)* zu beobachten. In diesem Codex und im B r e v i e r F r i e d r i c h s III. (ÖNB, Cod. 1767. 1447/1448) von Martinus O p i f e x wird der Einfluß des Konrad Witz im Kolorit von Figur und Objekt und in der Wirkung selbstleuchtender Farbe verfeinert. In Pastellfarben malt der Meister die Gegenstände unter der Wasseroberfläche (Cod. 2773, fol. 8v, 9r, 103v, 220r ... *[Taf. 18, 45]*; Cod. 1767, fol. 268v: hl. Christophorus; 269r Gewand Petri aus der Darstellung des Fischfanges) *(Abb. 51)*. Wie erwähnt käme als Vergleich das im Wasser schimmernde Gewand Petri und Christophori bei den Landschaftsbildern des Konrad Witz in Frage. In der Darstellung des Fischzuges spiegeln sich die Gestalten der Apostel im Wasser wieder, ein naturgetreues Phänomen, das bei Martinus O p i f e x derart nicht erscheint. Bei Martinus O p i f e x ist die Wasserlandschaft rein dekorativ, sehr häufig auch irreal aufgefaßt. Das zeigt sich einerseits in den mächtigen Wellenbergen mit höhlenartigen Einbuchtungen und im Gegensatz dazu in der Bildung des tropfenförmigen Wellenschaumes mit pointillistischer Pinselführung (Cod. C-67, fol. 105v, 93r; Cod. 2773, fol. 5v, 8v, 20r, 47r, 49v, 220r ...; Cod. 1767, fol. 268v, 269r; Cod. 326, fol. 137v ...; Cod. brev. 91, fol. 30r, 70v ...) *(Taf. 2, 16, 18, 31)*. Verwandt erscheint die Behandlung der Wasseroberfläche im Fischzug des Matthäusmeisters aus der O t t h e i n r i c h s b i b e l (München BSB, Cod. 8010, fol.26r, um 1440). Stilistisch näher liegt die Formierung der schollenförmigen Wellenzonen in der Darstellung E l i a s t e i l t d e n J o r d a n aus dem A l b r e c h t s a l t a r (1437–1439)[235].

Wir haben bereits bezüglich anderer Aspekte der Landschaft die Stilnähe des Albrechtsmeisters zu Martinus O p i f e x behandelt. Das Abendrot mit seiner differenzierten Hell-Dunkel-Farbskala untermalt die Landschaftsstimmung in der Komposition mit der B o t s c h a f t d e s E n g e l s a n J o a c h i m (Österreichische Galerie, Unteres Belvedere) oder in der Eliasdarstellung des Albrechtsmeisters[236]. Bei Martinus O p i f e x wird das Abendrot in naiver Weise bei Unwetterdarstellungen religiösen und profanen Inhaltes verwendet (Cod. 1767, fol. 108v – die drei Frauen am Grabe *[Abb. 57]*; Cod. 2773, 49v, fol. 172r) *(Taf. 31)*. Die extreme Aussagekraft einer G e w i t t e r s t i m m u n g wird in der Farbkombination von Gelb, Rot, Grün, Dunkelgrau und tief hängenden Kumuluswolken veranschaulicht, nicht aber die natürliche Erscheinung als solche, wie es beispielsweise der Meister des Albrechtsaltares im Sinne des altniederländischen Vorbildes darzustellen versucht. Weisen Darstellungen auf das nahe Unheil voraus, beispielsweise in den Kampfszenen Jasons um das Goldene Vlies, so malt Martinus O p i f e x die Landschaft in Anthrazit (fol. 21v) *(Taf. 25)*. Eine ähnliche Auffassung ist auch auf fol. 5r der Mandeville-Handschrift zu sehen. Das Abendrot in der Kreuzigung des Maulbronner Altares von 1432 und die Vorstufen dazu im Turiner Stundenbuch der Brüder van Eyck stehen, nach Rosenauer[237], mit dem Meister des Albrechtsaltares naturalistisch in Verbindung. Es ist demnach auch im Landschaftsbild der Malerei des Wiener Raumes der dreißiger Jahre des 15. Jahrhunderts der Stilkonnex mit der Bodenseekunst, dem Oberrhein und den altniederländischen Vorbildern erwiesen. Dieses gemeinsame künstlerische Empfinden ist ein weiteres Beispiel für die Ausstrahlung der Konzilskunst von Konstanz und Basel. Es impliziert den direkten Stilkontakt mit der altniederländischen Malerei.

Wir wollen nun die Stilreflexion der f r a n z ö s i s c h e n Buchmalerei um 1400 im Landschafts-œuvre des Martinus O p i f e x und vor allem in den Miniaturen des T r o j a n i s c h e n K r i e g e s betrachten. Manches davon wurde bereits angedeutet. Der Landschaftsstil aus den Miniaturen des J a q u e m a r t d e H e s d i n, des B o u c i c a u t m e i s t e r s und der B r ü d e r L i m b o u r g sind diesbezüglich die bedeutendsten Stilquellen. Im Landschaftsambiente der T r è s B e l l e s H e u r e s d e N o t r e D a m e des Jaquemart de Hesdin, wie etwa in der F l u c h t n a c h Ä g y p t e n oder in der K r e u z t r a g u n g, finden wir „Streifen" von spielzeugartigen Stadtarchitekturen am Horizont,

---

[234] I Maestri del Colore (wie Anm. 232) Farbabb. XVI. – *Gantner* (wie Anm. 82) Farbtaf. II.
[235] Der Albrechtsaltar und sein Meister (wie Anm. 83) Farbtaf. 21.
[236] Der Albrechtsaltar und sein Meister (wie Anm. 83) Farbtaf. 30.
[237] *Rosenauer* (wie Anm. 90) 116, Abb. 133, 134.

Abb. 55: Meister des Albrechtsaltares,
Elias teilt den Jordan; ca. 1437–1439

Felspartien, bekrönt mit burgartigen Festungen, sowie malerische, breitflächige Wasserstraßen (vgl. Cod. 2773, fol. 9v, 36v, 37v, 47v *(Taf. 19)* mit Brüssel Bibl. Royale, Ms. 11060/61)[238]. Diese Stilkennzeichen wurden bereits in der Granada-Handschrift des Martinus O p i f e x vorgestellt. In der Flucht nach Ägypten der Très Belles Heures werden die Figuren im Bildvordergrund in den Landschaftsgrund derart eingegliedert, daß zum Beispiel die Figur des Josef von einer hohen Felswand „eingeschlossen" wird. Auf fol. 65v und 87r *(Taf. 37)* des Trojanischen Krieges von Martinus O p i f e x wird das Motiv so interpretiert, daß die Figuren buchstäblich von massiven Felsmassen eingekeilt werden. Zahlreich erscheint dieses Stilkennzeichen in der Wiener Buch- und Tafelmalerei in der ersten Hälfte des 15. Jahrhunderts, jedoch mehr unter dem Gesichtspunkt, daß die Felspartie eher Hintergrundfolie und -rahmung für die Figur ist (Historia Scholastica der Albertina Wien und des Kupferstichkabinetts in Berlin; Schondoch-Handschrift; Pottenstein-Codex in München BSB, Cgm. 254 von 1431; der Titurel-Codex ebenda, Cgm. 8470, um 1430; das kleine Gemälde mit Christus in der Trauer um 1410–1420, Berlin, Gemäldesammlung Preußischer Kulturbesitz *[Abb. 16]*). In der böhmischen Buchmalerei der M a r t y r o l o g i u m s werkstatt sind die Miniaturen mit der Reisebeschreibung des M a n d e v i l l e anzuführen, die Martinus O p i f e x bekannt waren.

Die Himmelsfläche in den Miniaturen der Très Belles Heures de Notre Dame des Jaquemart de Hesdin wird noch einheitlich in tiefblauer Farbe wiedergegeben. Es wurde schon erläutert, daß Martinus O p i f e x bei der Darstellung des Himmels- und Luftraumes auch die Stileigenschaft der Brüder Limbourg in den Belles- und Très Riches Heures und aus der böhmischen Mandeville-Handschrift übernimmt. Auf dem lichtdurchfluteten Himmelsgrund sind in zartem graublauem Ton Hügel und Stadttürmchen kaum wahrnehmbar (Cod. 2773, fol. 8v, 9v; *[Taf. 18]* Cod. C-67, fol. 93r, 105v, 109r, 113v) *(Taf. 2, 5)*. Auf fol. 8v ist die Szene mit J a s o n auf dem M e e r in zartes Hellgrau mit einem Hauch von Himmelblau getönt *(Taf. 18)*, so daß hier von einer Sublimierung des

---

[238] *Panofsky*² (wie Anm. 48) Pl. 20, fig. 45, Pl. 19, fig. 44. – Ähnlich sind in der kompositionellen Landschaftsauffassung zu Martinus O p i f e x die Darstellungen des Cité des Dames-Meisters (Paris Bibl. Nat. Ms. fr. 23279, fol. 54r von 1401; vgl. mit fol. 9v von Cod. 2773). *M. Meiss*, French Painting in the time of Jean de Berry; The Boucicaut Master. London 1968, Taf. 71.

Farbempfindens gesprochen werden kann. In der von der böhmischen Buchmalerei geprägten Mettener B e n e d i k t i n e r - R e g e l *(Abb. 53)* (München BSB, Clm. 8201ᵈ; 1414)²³⁹ kommen Farb- und Formgestaltung der Hintergrundlandschaft auf fol. 5r und 9v manchen Hintergrundlandschaften des Trojanischen Krieges nahe. Dies beruht jedoch auf den gemeinsamen böhmisch-französischen Stilquellen, wie anfangs ausgeführt wurde. In der Mettener Benediktinerregel wird der Landschaftsraum durch eine dichte Ansammlung von Baumgruppen unterteilt, deren Geäst in eine schwärzliche Hintergrundzone „verschwindet", nur die leuchtende Farbe der Blätter hebt sich kontrastreich ab (fol. 5r, 6v). Sowohl in der Granada-Handschrift als auch im Trojanischen Krieg wird dieses Motiv zum fundamentalen Hilfsmittel bei der Landschaftsstruktur. Die Baumgruppen werden überall dort „eingesetzt", wo es gilt, der Fläche entgegenzuwirken, die Anzahl der Raumschichten zu vermehren oder den glatten, hellen Ton eines Stadtmauerwerks und monumentaler Felspartien farbig kontrastreicher erscheinen zu lassen und abzusetzen (Cod. 2773, fol. 20r, 58v, 60v, 71r, 87r ... *[Taf. 24, 37]*; Cod. C-67, fol. 111r) *(Abb. 34)*²⁴⁰. Im Tacuinum-Sanitatis-Teil der Granada-Handschrift werden die Baumfrüchte, wie etwa die Kirschen, durch rote Punkte auf der dunklen Baumfläche pittoresk und gleichzeitig „impressionistisch" gemalt. Die oberitalienischen Vorbilder des späten 14. Jahrhunderts sind in der malerischen Ausführung dieses naturalistischen Themenkreises wesentlich präziser. Nicht Detailnähe, sondern optische Fernsicht bestimmt die Verteilung der Landschaftsformen im Bildraum. Der Horizont der Globalfläche ist entsprechend den französischen und böhmischen Vorbildern fast immer hoch gelegen. In der französischen Buchmalerei sind beispielsweise Kolorit und Form in der Baumlandschaft des L i v r e d e l a C h a s s e des Gaston P h e b u s (Paris Bibl. Nat. fr. 616, fol. 24v) der Überlieferung bei Martinus O p i f e x ziemlich analog. Dies gilt auch für die Anwendung des breiten und groben Pinselstriches bei der malerischen Gestaltung der Blumen- und Pflanzenvegetation oder in weiterer Hinsicht bei der Wiedergabe von Tierdarstellungen²⁴¹.

Wie erwähnt wurde, sind viele Elemente der Raumkomposition aus der Reisebeschreibung des Mandeville französischen Vorbildern entnommen, etwa die Felslandschaften und die Stadtarchitekturen als Kompositionsfaktoren, die weiträumigen Landschaftsflächen mit zurückweichenden, stark gegliederten und scharfkantigen Uferzonen, Buchten und Tümpeln. Im Trojanischen Krieg werden die Elemente zu kubischer Plastizität geformt (fol. 9r, 42r, 71r, 20r, 29r, 36v, 65v ... *[Taf. 24]*; Cod. C-67, fol. 93v. ... vgl. *Abb. 58*; London British Library, Ms. Add. 24189, fol. 3v, 4v, 6v, 9v)²⁴². Das Motiv der Schwäne im Wasser (Cod. 2773, fol. 91r, 104r *[Taf. 40b]*; Cod. C-67, fol. 93r) findet man in den Heures de Boucicaut (Musée Jaquemart-André, Paris) oder in der Versuchung Christi aus den Très Riches Heures der Brüder Limbourg²⁴³.

Auf die Landschaftsauffassung der fünziger Jahre des 15. Jahrhunderts, also in der Nachfolge von Martinus O p i f e x, soll kurz eingegangen werden. Wir wissen vom Einfluß der Landschaftskomposition des Martinus O p i f e x auf den Meister der K l o s t e r n e u b u r g e r M i s s a l i e n, der mit Martinus O p i f e x am Wiener Hof zusammengearbeitet hat, ebenso teilweise auf die Landschaftsdarstellung des Lehrbüchermeisters, der in jedem Fall das Œuvre des Martinus O p i f e x genau gekannt hat und wahrscheinlich auch noch mit ihm zusammen tätig war. Direkt übernommen und kopiert wurde der Landschaftsstil des Martinus O p i f e x vom Meister des P e u t i n g e r G e b e t b u c h e s, der im gesamten Œuvre des Meisters M a r t i n u s mitgearbeitet hat.

Auch in einem weiteren, bisher weniger bekannten Werk wird die unmittelbare Kenntnis der Landschaftskomposition des Martinus O p i f e x offenbar. Es handelt sich um eine großformatige Prachtminiatur auf Pergament mit der G e b u r t C h r i s t i und mit doppelreihigen Randmedail-

---

²³⁹ *Ziegler*, Diss. (wie Anm. 7) 183.
²⁴⁰ I Maestri de Colore Nr. 254. Mailand 1966, Farbabb. 30. – Manchmal kennzeichnet Martinus O p i f e x die Landschaft im Goldhintergrund durch feine skizzenhafte Ziselierarbeit (Cod. 2773, fol. 20r; Cod. 1767, fol. 268r – Christus und Petrus).
²⁴¹ Ausst.-Kat., Europäische Kunst (wie Anm. 77) Nr. 113, Abb. 137. – *M. Thomas*, Das höfische Jagdspiel des Gaston Phebus. Graz 1979, fol. 16r, 40v, 56v, ... 68r, ... 104v ...
²⁴² *J. Krása* (wie Anm. 223) Abb. 2, 4, 18, 6.
²⁴³ *L. Fischel*, Werk und Name des „Meisters von 1445". Zeitschr. f. Kunstg. 13 (1950). – *Fischel* kennzeichnet den besonderen Einfluß der Boucicautwerkstatt auf die Landschaftsdarstellung, auf die Tafel der „Eremiten Antonius und Paulus" in Basel (Motiv des Schwanes im Bildvordergrund sowie das zart geformte Schilfrohr; vgl. Cod. 2773, fol. 71r, 103r; Cod. C-67, fol. 93v). Siehe auch das Motiv in den Bildern des hl. Christophorus und in der Genfer Seelandschaft des Konrad Witz. *Ziegler*, Diss. (wie Anm. 7) 184, Anm. 1. – Die in den Miniaturen des Martinus O p i f e x häufig vorkommenden Windhunde sind ein traditionelles Motiv in der französischen und flämischen Buchmalerei ebenso wie in der Tafelmalerei. Sie kommen auch im Tiefenbronner Altar des Lukas Moser vor. *Ziegler*, Diss. (wie Anm. 7) 183, Anm. 1.

Abb. 56: Konrad Witz, Der wunderbare Fischzug; 1444

lons, die typologische Darstellungen enthalten. Das Blatt befindet sich im Kunsthistorischen Museum Wien und hat die Signatur PS 4947[244] *(Abb. 26)*. Vergleicht man den Landschaftsraum der Bildinhalte mit jenem des Peutinger Gebetbuches oder des Trojanischen Krieges, so geht daraus eine mögliche Werkstattzusammenarbeit mit Martinus O p i f e x hervor. Die Stilübereinstimmungen sprechen für sich, ohne daß man sie nochmals erwähnen müßte. Das betrifft auch die Innenraumgestaltung, die Figurenauffassung und zum Teil die Rankenform. Der Miniator war ein Schüler des Martinus O p i f e x. Sein Œuvre, das zum größten Teil aus dem letzten Drittel des 15. Jahrhunderts stammt, wurde von der Forschung dem Regensburger Buchmaler Berthold Furtmeyr zugeschrieben. Bisher war der Forschung das Blatt als Werk von Berthold Furtmeyr unbekannt. Es handelt sich dabei um eine sehr frühe Arbeit des Buchmalers, die unserer Ansicht nach gegen 1460 entstanden sein muß und die beispielsweise in der Drapperieauffassung von der Wiener Malerei der Zeit geprägt wurde. Das veranschaulicht der Gewandwurf des J o s e f aus der G e b u r t sowie der beiden Stifterfiguren unten im Bild, verglichen mit der Draperieführung des Gewandes bei G o t t v a t e r aus der M a r i e n k r ö n u n g des Meisters der M a r i a a m G e s t a d e (Wien, Diözesan-Museum, gegen 1460)[245]. Breite Draperiebänder, wie die des Gewandes von Josef, beherrschen auch den Draperieverlauf des Gewandes vom Erzengel M i c h a e l auf fol. 268r aus dem B r e v i e r F r i e d r i c h s III. (1447/1448) von Martinus O p i f e x.

In einem Exkurs möchte ich auf einzelne A r c h i t e k t u r f o r m e n in den Miniaturen des Martinus O p i f e x eingehen. Der Miniator bevorzugt schwere, monumentale Architekturen, die er ausschnitthaft in den Bildraum setzt (Cod. 2773, fol. 25r, 27r, 43r, 58v, 59r, 78r . . .) *(Taf. 27, 29)*. Martinus O p i f e x monumentalisiert die Architektur gegen den Bildvordergrund zu, um die Vertikale der Bildfläche beherrschen zu können. Nicht die perspektivische Orthogonale, sondern Dreieck, Diagonale und Raute werden in Überschneidungen als Konstruktionsmittel für den Bildraum eingesetzt. Eine Vorstufe davon bildet die Architekturauffassung der französischen

---

[244] Ausst.-Kat. Historisches Museum Wien (wie Anm. 43).
[245] Katalog des Dom- und Diözesanmuseums Wien, hg. von *A. Saliger*, Wien 1987, 117, 120–121, Abb. 190 (Bearbeiter: *A. Saliger*).

Abb. 57: Brevier Friedrichs III., Wien ÖNB, Cod. 1767, fol. 108v; 1447/1448

Buchmalerei nach 1400, das Œuvre der Werkstatt des Boucicautmeisters sowie auch das der Brüder Limbourg[246]. Zu nennen wäre der Codex, Paris Musée Jaquemart-André, Ms. 2, fol. 23v, im Vergleich dazu die Ansicht der neu erbauten Stadt Troja auf fol. 44r von Cod. 2773.

Auf fol. 3v und 68v, 78r, 104r von Cod. 2773 des Martinus Opifex *(Taf. 35, 40b)* sind die Architekturmaßstäbe im Verhältnis zur Figur überdimensional konzipiert, so daß man unwillkürlich an die megalomanen Architekturen des französischen Buchmalers Fouquet um die Mitte des 15. Jahrhunderts erinnert wird[246a], wie etwa in der Grandes Chronique de France von 1458, Paris Bibl. Nat., Ms. fr. 6465, fol. 419r, sowie an jene in den Miniaturen des Boccacio von

---

[246] *Meiss* 1968 (wie Anm. 238) Taf. 10.
[246a] *K. G. Perls*, Jean Fouquet. London-Paris 1940, fig. 93. – Jean *Fouquet*, Die Bilder der Grandes Chroniques de France, Graz 1987, Taf. 2, 22, 25, 28.

Abb. 58: London, British Library, Ms. Add. 24189, fol. 4v; um 1420; Mandeville unterwegs nach Konstantinopel

1459 (München BSB, Cod. gall. 6, fol. 49v)[247]. In der Betonung der schweren, massiven Architekturmasse, die sich in den Bildraum schiebt und die mit maßwerkartig ziselierten Voll- und Dreiviertelsäulen versehen ist, findet man eine verwandte Art in den Miniaturen des Renémeisters, zum Beispiel auf fol. 25v des Livre du Coeur d'Amour épris (Wien ÖNB, Cod. 2597; 1457) oder im Livre des tournois von 1446 (Paris Bibl. Nat., Ms. fr. 2692, fol. 51v–52r)[248]. Gemessen an diesen beiden Vergleichen gibt es bei Martinus Opifex lediglich den Versuch, die Realität von Architekturerscheinungen greifbar und tastbar zu gestalten. Stilistisch reifer als Martinus Opifex und dem Renémeister näher hat Konrad Witz in seinem Œuvre das Architekturproblem bewältigt. Das Aufeinanderprallen zweier Kräftespannungen führt zu Sprüngen und Rissen im Mauerwerk, in der Folge bricht zuweilen der Mörtel an der Mauerkante ab (Joachim und Anna an der Goldenen Pforte)[248a].

In der Wiener Tafelmalerei sehen wir diesbezügliche Ansätze in der Architektur-Bildraumgestaltung beim Albrechtsmeister, wie etwa im Bild mit dem Besuch im Kloster (Rückseite des

---

[247] P. Durrieu, Le Boccace de Munich. Paris 1909, Pl. VI.
[248] Pächt (Renè – Studie II) (wie Anm. 109) 39 f., Abb. 45.
[248a] I Maestri del Colore Nr. 84 (wie Anm. 232) Farbabb. XII. – Gantner (wie Anm. 82) Abb. 40.

Klosterneuburger Altars) oder in der früher entstandenen Geburt Christi (Budapest, Nationalmuseum)[249].

Ziehen wir wiederholt die französischen Architekturstilvorstufen nach 1400 in Betracht, so wären zum Vergleich die Architekturkompositionen in der Landschaft der Kalenderbilder des März und des April aus den Très Riches Heures der Brüder Limbourg zu erwähnen (fol. 4v, 9v von Ms. 65, Musée Condé Chantilly; 1416). Stufenförmige, von Zinnen bekrönte Türme mit Fensteröffnungen dienen als Abgrenzung von Landschaftsstücken, beispielsweise einem Hof in der Miniatur des April (vgl. Cod. 2773, fol. 20r) *(Taf. 24)*. Wesentlich erscheint in diesem Bild nicht nur die Anbringung massiven Mauerwerks als dreieckförmiger Einschnitt in die Landschaft, wie es häufig bei Martinus Opifex zu sehen ist, sondern auch die Wiedergabe einer Seelandschaft mit Bootsfahrern und einer mächtigen Burgarchitektur am Bildhorizont. In den Miniaturen der etwas früher entstandenen Belles Heures der Brüder Limbourg (1408–1409; New York, The Metropolitan Museum of Art – The Cloisters) wird auf fol. 97v das Bildzentrum durch die rautenförmige Anlage der Grande Chartreuse ausgefüllt[250]. Gewaltig ragt die Kapellenarchitektur vorne am Rautneneck empor, während die einzelnen Zellenhäuschen der Mönche wie Zinnen die Raute zum Bildhintergrund hin abschließen. Im Bildvordergrund der Kartause sehen wir wieder das beliebte Motiv der Teichlandschaft mit Fischerbooten, hier sind die Kartäuser bei der täglichen Arbeit des Fischfanges abgebildet. Bergspitzen schließen den Bildhintergrund ab. Architektur als Bildmaßstab in Rautenmuster wurde schließlich bei Martinus Opifex in der Absicht der neugebauten Stadt Troja weiter ausgeführt (Cod. 2773, fol. 44r) *(Taf. 30)*, wobei die Überschneidungseffekte durch den Bildrahmen sowie auch durch die Orthogonalen der Architektur im Bildinneren die dichte Anordnung der monumentalen Gebäudekomplexe unterstreichen. Der farbige Kontrast von bunten und metallenen Dächern, zum Beispiel das silbrige Dach der „Kathedrale" im Bildvordergrund, zu dem leuchtenden Grauweiß des Mauerwerks, sowie die dunkel schattierte Himmelszone untermalen den bevorstehenden Glanz und die Tragödie der Stadt Troja.

Einzig die zahlreichen Figürchen der Architekturplastik sind insoferne ein „lebendiger", „aktiver" Bestandteil der Stadtansicht, als sie die Funktion von stillen Beobachtern und Wachtposten einnehmen. Ohne aktiv in die historischen Vorgänge in der Stadt einzugreifen oder daran teilnehmen zu können, sind sie stets über deren Ablauf informiert. Wir werden noch hören, daß dieses Motiv für die Bilderzählung bei Martinus Opifex fundamental ist.

Zunächst sei darauf hingewiesen, daß im Œuvre des Martinus Opifex sehr häufig spätgotische Stilformen als Architekturdekor erscheinen, die weniger aus dem Repertoire der französischen Architektur, als vielmehr aus der Tradition der spätgotischen böhmischen und Wiener Architektur stammen. Wir sehen die Vorliebe für abgetreppte Giebel in der Häuserarchitektur, die Anwendung von Ranken und von durchbrochenem Steinmaßwerk als Turmdekor und Chorschrankenabschluß (Cod. 2773, fol. 44r; Cod. 1767, fol. 1v) *(Taf. 30, 9)*. Bemerkenswert ist auch die Anwendung von unterschiedlichen Dachverkleidungen, angefangen vom Schindelwerk bis zur Dachziegelkonstruktion, also von Formen, die genauso noch heute beim Bau eines Hauses verwendet werden (z. B. auch auf fol. 59r von Cod. 2773). Auch in dieser Stilfrage muß bei Martinus Opifex die Kenntnis der böhmischen und der Wiener Buchmalerei vorausgesetzt werden, wenn wir an die Architektur in der Bibel Konrad Vechtas[251] oder an die Stadtansicht in der Mandeville - Handschrift der British Museum Library denken (z. B. fol. 9v: Ansicht von Konstantinopel) *(Abb. 59)*[251a]. Hinzu kommen reizvolle Architekturblickfänge, wie beispielsweise Erkermotive oder der Einblick in Vorhallen von Häusern und in Stadttore (Cod. 2773, fol. 10r, 44r, 47v) *(Taf. 30)*. In der Wiener Buchmalerei nach 1420 wäre die Stadtarchitektur in den Illustrationen der Historienbibel aus der Kupferstichsammlung der Albertina Wien und des Kupferstichkabinetts Berlin hervorzuheben. Abgesehen von den ihm bekannten Stilvorlagen in der Buchkunst hat Martinus

---

[249] Der Albrechtsaltar und sein Meister (wie Anm. 83) Farbabb. 25; Taf. 33.
[250] *J. Porcher*, Les Belles Heures du Duc de Berry. Paris 1953.
[251] Antwerpen, Platin-Moretus-Museum, Ms. 15. I. *Krása* 1971 (wie Anm. 221) 222, Abb. 207, 211, 247. – *Ziegler*, Diss. (wie Anm. 7) 187–188. Die Verbindung zur böhmischen Kunst zeigt zum Beispiel auch ein kleines Detail auf fol. 10v von Cod. 2773, das die „Relieffiguren" von Adam und Eva im Architekturabschluß zeigt. In der Haltung und im Standmotiv sind die beiden Figuren mit einer Reliefdarstellung des Themas an einer Konsole eines Wandpfeilers des Veitsdomes in Prag zu vergleichen. *Krása* 1971 (wie Anm. 221) Abb. 77a.
[251a] *Krása* 1983 (wie Anm. 223) Taf. 6.

Abb. 59: London, British Library, Ms. Add. 24189, fol. 9v; um 1420; Die Stadt Konstantinopel

Opifex zeitgenössische spätgotische Architekturphänomene seiner Umgebung phantasievoll in seine Miniaturen hineininterpretiert. Wie oben angedeutet, wurde die antike Stadt Troja zu einer spätgotischen, „osteuropäischen" Stadtansicht. Die Hochzeit von Paris und Helena (fol. 69r) findet nicht in einem antiken Tempel statt, sondern in einer gotischen Kapelle mit reicher Architekturportalplastik und dünnen Säulchen zwischen den Glasfenstern im Inneren. Unserer Ansicht nach entsteht der Eindruck, daß Martinus Opifex die Hofburgkapelle in Wien oder eine Seitenkapelle des Wiener Stephansdomes bei der Abfassung der Miniatur bildlich vor Augen hatte[252]. Bei Martinus Opifex dominiert die phantasievolle Auslegung von Architekturmotiven. Auf fol. 1v des Breviers Friedrichs III. von Cod. 1767 besteht die Portalöffnung zum Kapellenraum hin aus einem maßwerkartigen Chorschrankenmotiv mit einem Turmerker in der Mitte und seitlichen Kielbogen *(Taf. 9)*. Am Bildrand wird der Bogen durch Pfeilerarchitektur mit runden Lisenen und spitzer Turmbekrönung abgegrenzt. Leerstellen sind durch Maßwerk-, Ranken- und Krabbendekor ausgefüllt. Kennzeichnend ist vor allem eine Überladenheit der Bogenflächen, Kapitellzonen und Nischen mit Architekturplastik, worauf auf fol. 69r von Cod. 2773 hingewiesen wurde. Auch die Maske als Schlußstein wird wiederholt verwendet.

---

[252] Ausst.-Kat. Historisches Museum Wien (wie Anm. 43) 117, Nr. 99 (+ Abb.); 162–163, Nr. 148, Abb. auf S. 152 (Bearbeiter: *Ch. Ziegler*). – Dies. Diss. (wie Anm. 7) 188, Anm. 2.

Die Figürchen der Steinplastiken sind meist in eine Kukulle gehüllt, deren Haupt häufig durch eine Kapuze verdeckt ist. Als Voll- oder Reliefplastik nehmen sie Stellungen gemäß der Architekturposition ein – wie etwa als stehende Gewändefiguren oder hockend als Kapitellfüllung, in kriechender Haltung in der Bogenleibung oder in unterschiedlicher Sitzhaltung in den Turmfeldern. Als Steinplastiken sind die Figuren der Farbe des Mauerwerks angepaßt und daher fast stets in Grisaillemalerei ausgeführt. Am inhaltlichen Geschehen unbeteiligt, agieren sie als stille Beobachter und Zuhörer der Theaterszene. Die Figuren sind daher an der V o r d e r f r o n t   d e r   T h e a t e r -
k u l i s s e postiert, sie dienen einerseits stellvertretend für den Betrachter von außen, anderseits als Kommunikationspunkt von Betrachter und Inhalt der Darstellung. Entweder in Kontrapoststellung oder zueinander gewendet, kann es vorkommen, daß sie sich gegenseitig das Geschehen durch G e s t i k u l a t i o n   d e r   H ä n d e oder durch V e r z e r r u n g   d e r   P h y s i o g n o m i e n   z u
G r i m a s s e n kommentieren (Cod. 2773, fol. 97v, 163r; Cod. 1767, fol. 1v) *(Taf. 38, 42, 9)*.

Wir müssen auf die b u r g u n d i s c h e   G r a b m a l p l a s t i k um 1400 als Stilquelle für unsere Überlieferung zurückgreifen, wie etwa auf die K l a g e f i g u r e n   a m   G r a b m a l   P h i l i p p s   d e s
K ü h n e n   v o n   C l a u s   S l ü t e r (1404; Dijon, Musée de la Ville), die vollkommen in ihre Kukulle gehüllt sind, so daß man statt von einer Figurenplastik von reiner Draperieplastik sprechen muß[253]. Ein anderes Beispiel wären die in einen Umhang gehüllten, blockhaften Figuren in der Bogenlaibung des Westportals von St. A n t o i n e - e n - V i e n n o i s von 1420–1430[254]. Ein weiterer möglicher Stilzusammenhang entsteht aus der Kenntnis der von der burgundischen Portalplastik beeinflußten K a r g n i s c h e des Hans M u l t s c h e r[255] bei Martinus O p i f e x. Der Einfluß der Plastik als Bereich der bildenden Kunst war für die Malerei diesbezüglich jedenfalls vorrangig, man denke zum Beispiel auch an die Verkleidung des „Sakramentshäuschen" mit den kauernden Figürchen in der Verkündigung auf fol. 91r von Cod. 1767 *(Taf. 10)*. Desgleichen ist davon auszugehen, daß die altniederländischen Maler wie Jan van Eyck und der Meister von Flémalle bewußt die Steinplastik in Form von Grisaillemalerei in ihren Gemälden eingesetzt haben, einerseits in der Innen- und Außenarchitektur der Darstellungen, anderseits in Form eines eigenständigen Bildthemas, was in der R e a l i s m u s entwicklung dieser Zeit revolutionär war (z. B. die V e r k ü n d i g u n g   d e s   J a n   v a n
E y c k, Lugano – Sammlung Thyssen)[256].

Die Einbeziehung von Architekturplastik westlicher und altniederländischer Vorstufen war im süddeutschen Raum von den dreißiger Jahren an sehr verbreitet, denken wir beispielsweise an die Architekturplastik in den Tafelbildern des Konrad Witz am Oberrhein oder an die Ausgestaltung des S c h n e g g im Münster von Konstanz (1438–1446)[257]. In der Nürnberger Malerei wäre vor allem der 14-N o t h e l f e r-Altar zu erwähnen, wo auf Architekturbögen sitzende, in Gewänder gehüllte Figürchen dicht aneinandergereiht sind, analog wie in manchen bei Martinus O p i f e x[258]. Nach Ansicht von O. Pächt handelt es sich hier um ein zwischen 1430 und 1435 entstandenes Frühwerk des T u c h e r m e i s t e r s[259]. In der bayerischen Malerei wäre noch die Tabula Magna von 1445 in der Alten Pinakothek von München hervorzuheben. Das Bild ist in Grisaille und in lettnerartiger Architektur mit Figuren an den Pfeilern gemalt. Zu Martinus O p i f e x liegt die Übereinstimmung im Zeitstil, nicht aber in einer unmittelbaren Stilgleichheit. Beide Meister gehen auf eine unterschiedliche Stilentwicklung zurück.

Martinus O p i f e x übernimmt das Architektur- und das Architekturplastikverständnis des Wiener und des böhmischen Raumes und formt es in seine Interpretation einer spätgotischen K u l i s s e n - A r c h i t e k t u r um. Der Südturm und die Südfront des Stephansdomes mit den kleinteiligen Maßwerkapplikationen, den Türmchen, den Fialen, dem Krabbendekor, die dreischiffige Halle im Innern mit der überdimensional hohen Pfeilerlisenenarchitektur und den zahlreichen Pfeilerstatuen im Hauptschiff (Apostelfiguren, Heilige) sowie die Außenarchitektur des Chores mit den Strebebögen und -pfeilern haben auf Martinus O p i f e x einen künstlerischen Eindruck

---

[253] *G. Tröscher*, Die burgundische Plastik des ausgehenden Mittelalters. Frankfurt a. M. 1940, Fig. 203.
[254] *Tröscher* (wie Anm. 253) Taf. 141–144.
[255] *Ziegler* 1977 (wie Anm. 8) 93, Anm. 51. – *Gerstenberg* (wie Anm. 30) Abb. 6, 7, 8.
[256] *Panofsky*² (wie Anm. 48) Pl. 124, fig. 253.
[257] *Tröscher* (wie Anm. 253) 156 f, Abb. 477–490. – *Th. Müller*, Zur Konstanzer Plastik in der Mitte des 15. Jahrhunderts, in: Festschrift Fleischhauer (1964) 101–114. – *A. Knoepfli*, Kunstgeschichte des Bodenseeraumes 7 (1969) 901, Taf. 48, 49. – *Ziegler*, Diss. (wie Anm. 7) 190, Abb. 374e, f.
[258] *E. Lutz, E. Zimmermann*, Nürnberger Malerei 1350–1450, in: Anz. d. germ. Nationalmus. (1932) 47–48, Abb. 192.
[259] Freundliche Mitteilung von Univ.-Prof. Otto *Pächt*.

Abb. 60: Meister des Albrechtsaltares, Der Tod im Topf; ca. 1437–1439

hinterlassen. Die Hofburgkapelle oder die Kirche Maria am Gestade waren zu dieser Zeit neben dem Wiener Stephansdom Wahrzeichen (spät)gotischer Architektur des Wiener Raumes. In der mit Plastikstatuen überladenen filigranen gotischen Kulissenarchitektur in der Marienkrönung des Meisters von Maria am Gestade wurde jene Tradition künstlerischen Architekturempfindens gegen 1460 im Wiener Raum weiter gepflegt[260]. Wie intensiv das Wiener Stadtbild die Künstler geprägt hat, überliefern die Stadtansichten in den Gemälden des Wiener Schottenaltars (gegen 1470, Wien, Abtei zu den Schotten), beispielsweise in der Heimsuchung oder in der Flucht nach Ägypten[261]. In den dreißiger Jahren des 15. Jahrhunderts verewigt der Meister des Albrechtsaltares mehrmals die Sakralarchitektur Wiens (Stephansdom, Maria am Gestade, Minoritenkirche ...) im Landschaftshorizont seiner Gemälde (Begegnung an der Goldenen Pforte; Elias teilt den Jordan; Joachim und der Engel; Der Tod im Topf; Klosterneuburg, Stiftsgalerie) *(Abb. 60)*. Desgleichen verwendet er Architekturplastiken, wie etwa im Tafelbild mit der Zurückweisung des Opfers Joachims und Annas (Österreichische Galerie, Wien).

Auf ein weiteres architektonisch konstruktives Moment sei noch hingewiesen. Als Hofminiator Friedrichs III. hatte Martinus Opifex wohl auch Kenntnis von den Bauaufträgen seines Arbeitgebers, die in den vierziger Jahren des 15. Jahrhunderts realisiert wurden. Ohne definitive Schlüsse ziehen zu wollen, möchten wir lediglich betonen, daß zum Beispiel die Gewölbearchitektur der von Friedrich III. gegründeten Zisterzienserkirche Neukloster in Wiener Neustadt (1444–1447) aus Raute und Dreieck konstruiert ist, was ein fundamentales Stilmittel im Bildaufbau der Malereien des Martinus Opifex darstellt, wie dies schon mehrmals in diesem Kapitel erläutert wurde[262].

---

[260] Ausst.-Kat., Gotik 1967 (wie Anm. 123) Nr. 7 (Bearbeiter *A. Rosenauer*). – *Saliger* (wie Anm. 245).
[261] Ausst.-Kat., Friedrich III. (wie Anm. 118a) 414–425, Nr. 243 (Bearbeiter: *R. Feuchtmüller*). – Ausst.-Kat., Wien im Mittelalter. Historisches Museum der Stadt Wien. Wien 1975, Nr. 287/3. – *W. Brauneis*, Beitrag zur mittelalterlichen Topographie der Stadt Wien. ÖZKD XXVII (1973) 121–131. – Der Albrechtsaltar und sein Meister (wie Anm. 83) Farbtaf. – *Baum* (wie Anm. 62).
[262] Ausst.-Kat., Friedrich III. (wie Anm. 118a) fig. 2 auf S. 207. – Zur Raute als Bildmuster in der französischen Buchmalerei, siehe: *O. Pächt*, Gestaltungsprinzipien der westlichen Malerei, in: Methodisches zur kunsthistorischen Praxis. München 1977, 53 f.

DER RANKENDEKOR BEI MARTINUS OPIFEX

Bei der Frage nach der Bedeutung der „vergessenen" österreichischen Stilqualitäten von Martinus O p i f e x wird sich auf dem Gebiet der Ornamentik erneut die böhmische Buchmalerei als wichtige Quelle erweisen.

Bei dem 1447/48 datierten Brevier (Wien ÖNB, Cod. 1767) mit der Devise Friedrichs III. handelt es sich um ein den Wenzelshandschriften adäquates Prachtexemplar, das von den Hauptkräften der Wiener Hofwerkstatt illuminiert wurde[263]. Die Martinus O p i f e x zugeschriebenen Blätter[264] übertreffen an Reichtum den Ausstattungsmodus seiner Werkstattgenossen. Sie veranschaulichen am deutlichsten eine Wiederbelebung der höfischen Illuminierkunst der Wenzelszeit.

Auf dem Gebiet des Rankendekors kann man feststellen, daß der Ursprung des Rankenverlaufs unterschiedlich ist; in traditioneller Weise von der Initiale ausgehend, entwickelt sie sich ebenso aus einem Rankenstrunk mit dem Ansatz in der linken oberen Blattecke oder zwischen den beiden Schriftkolumnen (fol. 268r). Die Äste des gespaltenen Strunkes verlaufen entlang der Schriftkolumne, teilen oder formen sich zu Medaillons mit Blüten und figuralem Inhalt, die besonders an der Blattunterseite größeres Format annehmen (fol. 91r, 163v, 244r, 269r ...) *(Taf. 10, 12)*. Auf fol. 1v entspringt der spiralenförmige Rankenverlauf aus der Mundöffnung einer Blattmaske[265], die außen am Miniaturrahmen wie ein plastisches Gebilde „befestigt" ist *(Taf. 9)*. In anderen Fällen windet sich die Ranke um konturierte Goldleisten, die den Schriftspiegel bis zu drei Seiten rahmen (fol. 2r, 91r, 244r, 257r, 268r, 269r; Wien ÖNB, Cod. 2773, fol. 1r) *(Taf. 10, 12)*. In regelmäßigem Abstand sind naturalistisch geformte Blüten auf die Leiste gesteckt.

Charakteristisch ist der systematische, einer Ordnung unterliegende Aufbau des Rankendekors. Dieses Merkmal kann man bis zu den Anfängen der böhmischen Buchmalerei nachweisen[266]. In der nun eintretenden Entwicklung hat sich der ornamental verzierte Rankenstab[267] zum Rankenast gebildet, der, wie unser Beispiel andeutet, in locker ausgreifender Bewegung den Anschein des Regelmäßigen aufzulösen beginnt (fol. 268r)[268]. Die Goldleiste hat zusätzlich neben der rahmenden Funktion die eines Orientierungsfaktors für den Verlauf der Blattranke.

Sie entspricht weitgehend einer Stilerscheinung des Höhepunkts der Wenzelswerkstatt: Bl. 46 des 1. Bandes der Bibel Konrad Vechtas[269]. Hier wird der Schriftspiegel durch ein einfaches Gitter aus Goldleisten gefaßt, der gleich zu Cod. 1767 mit Rankenmedaillons und Blütenmotiven verziert ist. Die strenge Geometrie des böhmischen Vorbildes ist in Cod. 1767 zu einem dekorativen Hilfsgerüst abgeschwächt; auf fol. 267v hängt der gespaltene Rankenast im Goldstab oben, zwischen den Schriftkolumnen; auf fol. 268r und 269r wechseln Goldleiste und Rankenast als Rahmenstruktur der Blattseite ab. Auf fol. 91r *(Taf. 10)* klingt die strenge Ordnung noch nach; beiderseitige Goldleistenrahmung der Medaillons an der Rankenunterseite, die von der Leiste außen überschnitten werden. Ein späteres Beispiel der Überlegungen im süddeutschen Raum: Herzog August Bibliothek Wolfenbüttel, Inkunabel 1.1.1., Decretum Gratiani, Mainz 1472, fol. 1r[270]. Im Wiener und Salzburger

---

[263] Albrechtsminiator, Meister Michael, Martinus O p i f e x und der Meister der Klosterneuburger Missalien. *Schmidt* (wie Anm. 6) 162. – K. *Holter*, Die Wiener Buchmalerei, in: Geschichte der bildenden Kunst in Wien. Wien 1955, 223.

[264] Fol. 1v, 2r, 91r, 93r, 99v, 108v, 121r, 163v, 244r, 247r, 261v, 257r, 267v–269v, 272r, 280r, 294v. – *Holter, Oettinger* 1938 (wie Anm. 10) 110 ff.

[265] Vgl. das Motiv ähnlich gestaltet auf fol: 108v und 269r.

[266] Liber Viaticus, Prag, Nationalmus., Cod. XIII A 12, 1355–1360, fol. 69v. – *Schmidt* 1969 (wie Anm. 146) 179 ff., Farbtaf. IX. – *Krása* 1971 (wie Anm. 221) 115.

[267] In der Wiener Hofwerkstatt wird der verzierte Rundstab vom Meister Michael konstant angewendet – Wien ÖNB, Cod. 326, fol. 13r (1446/47). – K. *Oettinger*, Der Illuminator Michael. (Ein Beitrag zur Geschichte der österreichischen Malerei im XV. Jahrhundert.) Mitteilungen der Gesellschaft für vervielfältigende Kunst. Beilage der „Graphischen Künste" (1933) 8, Anm. 13.

[268] Spätere Beispiele: Cod. brev. 91, fol. 1r (Stilkreis des Berthold Furtmeyr?, E. 15. Jh.). Vita Sancti Simperti (Slg. d. Grafen Antoine Seilern, London), fol. 2r. – O. *Pächt*, Vita Sancti Simperti – Eine Handschrift für Maximilian I. Deutscher Verlag für Kunstwissenschaft (1964) Taf. 3. Das Rankenwerk läßt sich in die Augsburger Buchmalerwerkstatt der Spätzeit einordnen – *Pächt*, 22. Das Verhältnis von freierem Rankenverlauf um das Schriftbild erinnert in der spätgotischen dt. Buchmalerei an Vorstufen der Wenzelshandschriften. – *Wohlgemuth* (wie Anm. 140) 9, Anm. 1. – Ein Beispiel der Salzburger Buchmalerei der dreißiger Jahre: Paris. Bibl. Nat. Ms. lat. 9466, fol. 9v. – *Wilckens* (wie Anm. 140) Abb. 3.

[269] Antwerpen, Museé Plantin Moretus, Ms 15/1–2, um 1404. *Krása* 1971 (wie Anm. 221) 223, Abb. 185. – *Schmidt* (wie Anm. 146) 247. Ein französisches Beispiel des frühen 14. Jhs.: Jean Pucelle, Brevier der Jeanne d'Evreux, Chantilly, Museé Condé, Ms. 51 (die den Schriftspiegel rahmenden Goldleisten sind mit Dornblattornament verziert). – K. *Morand*, Jean Pucelle. Oxford 1962, Pl. XVII b.

[270] E. *Vaassen*, Die Werkstatt der Mainzer Riesenbibel in Würzburg und ihr Umkreis. Archiv für Geschichte des Buchwesens 13 (1973) 1226, Abb. 33. Vaassen spricht von einer „... lähmenden Wirkung eines starren doppelten Goldrahmens auf die Zweige".

Raum findet sich die Rundleiste als Rahmengerüst[271], wobei sich der Titelblattminiatur der Grillinger-Bibel die Ranke in verspielt tänzelnder Bewegung um die Leiste windet[272]; vgl. den Verlauf der Initialranke um Goldleiste und Rankenast in Cod. 1767, fol. 267v. Anderseits erinnert die eher gleichmäßige Abfolge der Rankenspiralen an Überlieferungen aus dem Œuvre des Albrechtsminiators: Missale des Wilhelm Turs, 1425/30, Frühwerk; ÖNB, Cod. 2722, fol. 65v, vor 1437[273].

Die Wiener und Salzburger Buchmalerei des zweiten Jahrhundertviertels schöpft vornehmlich aus dem Ornamentrepertoire der Wenzelswerkstatt nach 1400 – der Antwerpener Bibel des Konrad Vechta und im folgenden den Werkstattarbeiten des Meisters des Dietrichstein-Martyrologiums –, jedoch mit unterschiedlicher Aufnahme und Anwendung. Der Salzburger Buchmaler[274] hat eine ausgesprochene Vorliebe für Droleriemotive (Werkstatt der Grillinger-Bibel), der Wiener (s. Albrechtsminiator) mehr für variantenreichen Blüten- und Federrankendekor[275]. Beide übernehmen den Typus der Filigranranke (s. u.). Infolge des gegenseitigen künstlerischen Austausches (das Œuvre Meister Michaels ist diesbezüglich von großer Bedeutung), der mit zeitlichen Schwerpunkten bis in das letzte Drittel des 15. Jahrhunderts zu verfolgen ist, kann man die Beobachtung anstellen, daß in der Rankenornamentik der Wiener Buchmalerei eine Bereicherung durch Droleriemotive erfolgte (Cod. 1767, fol. 2r von Martinus O p i f e x – in der nachfolgenden Generation vor allem im Werk des Lehrbüchermeisters)[276]. Das gemeinsame böhmische Vorbild bleibt jedoch grundlegende Stilquelle. In der wahrscheinlich von einer Buchmalerwerkstätte des Wiener Raumes ausgestatteten „Historia Scholastica" (ÖNB, Cod. 2774, 1448)[277] zeigt die Ornamentik Salzburger Stilmerkmale. Umgekehrt ist die Art der Zierseitenrahmung einer im Salzburger und südbayerischen Raum entstandenen Handschrift der BSB München (Cgm. 8010, fol. 1r, 10r; Ottheinrichsbibel, um 1440) vom Frühstil der Wiener Hofwerkstatt beeinflußt (Titelblätter des „Rationale Divinorum Officiorum", ÖNB, Cod. 2765, 1385–1406)[278]. Der mit feinsten Federranken und streumusterartig verteilten, winzigen Blüten dekorierte Goldgrund (fol. 10r von Cgm. 8010) wird von einem kolorierten Profilrahmen begrenzt.

---

[271] Wien ÖNB, Cod. 2783 (Psalmenkommentar des Nikolaus v. Lyra, Wiener Hofwerkstatt, um 1400/05). – *Schmidt* (wie Anm. 6) Nr. 152. – *Wohlgemuth* (wie Anm. 140) 111–112, Anm. 1v. S. 112. Grillinger-Bibel, fol. 3r – *Wohlgemuth* 34–35. – *A. Böckler*, Deutsche Buchmalerei der Gotik, Königstein 1969 (Reihe der Blauen Bücher), Farbtaf. S. 42. Vgl. ein frühes böhmisches Beispiel: Evangeliar d. Johann v. Troppau, Wien ÖNB, Cod. 1182, fol. 92r (Rahmung der F-Initiale), 1368. – *Krása* 1971 (wie Anm. 221) Abb. 78. Auf fol. 81v, 113v, 95r, 123r erhält die Rahmung des Schriftbildes den Charakter eines Tafelbildrahmens. – *O. Pächt, D. Thoss*, Die illuminierten Handschriften der Österr. Nationalbibliothek – Französische Schule I. Wien 1974, 142, Fig. 24–27. – *E. Trenkler*, Das Evangeliar des Johann v. Troppau. Wien 1948.

[272] Es ist ein Charakteristikum der Salzburger Rankenornamentik, vgl. das Rankenspiel auf fol. 1v von Cod. 1767 und als späteres Beispiel fol. 1r, 31r der Riesenbibel in Washington, D.C., Library of Congress. Vaassen (wie Anm. 270) Abb. 50, 51, S. 1154–1176.

[273] Wien, Dom- und Diözesanmuseum, Cod. B 64. – *Schmidt* (wie Anm. 6) 157, Nr. 92. – *A. Saliger*, Erzbischöfliches Dom- und Diözesanmuseum. Wien 1973, 24–26, Nr. 5. – *Schmidt* 1963, 106 (ÖNB, Cod. 2722); Ders. 1967 (wie Anm. 6) 160, Nr. 94.

[274] Anderseits ist in der frühesten Arbeit aus der Werkstatt der Grillinger-Bibel, dem Mondseer Urbar von 1416 (Datierung auf fol. 1r), die Rahmung der Initialminiaturen mit Fadenranken und Fleuronnée in goldgelbem Ton reich verziert. Auf fol. 41r ist in der S-Initiale ein Droleriemotiv zu sehen. Der Stil des Jeremiasmeisters der Grillinger-Bibel prägt die Miniaturen. Siehe die Publikation der Handschrift durch die Autorin in: ÖZKD 31 (1977) 115–126, Abb. 117–130.

[275] Der Codex ist in Privatbesitz.

[276] In Neukloster von Wiener Neustadt befindet sich ein prachtvoll ausgestattetes Missale der späten fünfziger Jahre des 15. Jhs. (Sign. 12 A 15), das von *K. Holter* sehr unterschiedlich datiert wurde (Gutenberg-Jahrbuch 1967, 240 und 1969, 280 – s. Einband der Hs.). Es handelt sich um ein Missale Romanum nach der Salzburger Rubrik (fol. 226vb: E x p l i c i t   B r e v i a r i u m   M i s s a l i s   d e   t e m p o r e   s e c .   r u b r i c a m   S a l z b u r g e n s e m . . .). – Wiener Neustadt war dem Bistum Salzburg einverleibt. Die Miniaturen des Missales stellen ein Hauptwerk österreichischer Buchmalerei nach der Mitte des 15. Jhs. dar. Von der Qualität der Miniaturen ausgehend, wurde die Handschrift von künstlerisch bedeutenden Illuminatoren ausgestattet, wobei eine Hand äußerst nahe dem Stil des Lehrbüchermeisters ist (fol. 8r unten, fol. 21r, 28v . . .). Ebenso aufgrund des Einbandes ist es möglich, daß der Codex für einen besonderen Anlaß oder von einer bedeutenden Persönlichkeit in Auftrag gegeben wurde. Gegen Ende der fünfziger Jahre war Wiener Neustadt zweimal Schauplatz historischer Ereignisse (1459); *Gerhartl* (wie Anm. 195) 122. – Den Einband ziert neben der Devise Friedrichs III., *AEIOU*, ein Doppeladler (diagonal im Quadrat) und ein Hakenstempel (*Holter* in Gutenberg-Jahrbuch 1967, 240, Anm. 14). – *G. Laurin*, Blindgedruckte Einzelstempel des XV. und XVI. Jahrhunderts im Zisterzienserstift Rein bei Graz, in: Festschrift Julius Schütz, hg. von *B. Sutter*, Graz – Köln 1954, 17. Pater Johannes *Vrbecky* danke ich für die Möglichkeit der Einsichtnahme in das Missale. In der Universitätsbibl. von Liverpool befindet sich ein vom Lehrbüchermeister ausgestattetes Missale, das vom Kalender her eindeutig für Salzburg bestimmt war (MS F. 4.4., ca. 1465). – *J. J. G. Alexander, P. Crossley*, Medieval and Early Renaissance Treasures in the North West. Manchester 1976, 28, Nr. 44, Abb. 10.

[277] *K. Holter*, Die Buchmalerei, in: Spätgotik in Salzburg, die Malerei. Salzburg 1972, 224, Nr. 247. – *O. Mazal*, Himmels- und Weltenbilder. Wien 1973, 123. – *Ziegler*, Diss. (wie Anm. 7) 258–259, Anm. 1. Die Hand des Meisters der Klosterneuburger Missalien ist auf fol. 21v, 23r zu sehen.

[278] Fol. 1r, 42r. – *Schmidt* (wie Anm. 6) 150–152, Nr. 82 (dort weitere Literatur).

Rankendekor

Die neuartige Formulierung von Rankenast mit Wellenranke, die einer freieren Entfaltung zustrebte, wird mit dem traditionellen Auslauf in Rankenmedaillons konsequent in ein Bildsystem des 14. Jahrhunderts gefügt. Im „Rationale Durandi" sind es ornamental verzierte goldhinterlegte Rahmenbänder[279] – in Cgm. 8010 erhält die Rahmung insofern einen neuen Akzent, als sie die Ranke und figuralen Motive überschneidet und die gelappten Blattformen von innen um den Rahmen greifen. Es hat den Anschein, der Rahmen befände sich in der Ebene des Schriftbildes, die Ornamentik jedoch dahinter[280]. Auf fol. 267v von Cod. 1767 *(Taf. 11)* wird ein verzierter Goldgrund als äußeres Füllmotiv der Rankenzwickel sichtbar[281], dessen rahmende Funktion mittels einer Konturlinie betont wird; die Rahmung ist unterbrochen.

Die seit Meister Nikolaus von Brünn im Buchschmuck des Wiener Raumes angewendete Filigranranke, deren Akzentsetzung auf der Blattrippe liegt, welche in verspielt bewegte Blattformen ausläuft[282], wird in der Folgezeit durch plastische Modellierung naturalistischer gekennzeichnet (Betonung von fischblasenförmigen Blattadern – Cod. 1767, fol. 267v ...); letzteres Merkmal ist typisch für den Albrechtsminiator. Die sehr genaue kalligraphische Formierung des Blattes bei diesem verleiht jedoch den Eindruck eines auf die Fläche bezogenen Ornaments. Bei Martinus O p i f e x tritt dieses Kennzeichen besonders im Stuttgarter Gebetbuch (Württembergische Landesbibliothek, Cod. brev. 91) in Erscheinung[283]. Der Meister der Klosterneuburger Missalien und der Lehrbüchermeister wenden diese Blattform an, um nur zwei Beispiele zu nennen[284]. Auf fol. 1v, 267v ... von Cod. 1767 führen die in lebhaft züngelnder Bewegung ineinandergreifenden Blattformen zu einer Verästelung des Rankenwerks; ein Kennzeichen, das im süddeutschen Raum besonders in der zweiten Jahrhunderthälfte reiche Verwendung findet[285]. Neben der Filigranranke lebt das weichgelappte Akanthusblatt aus der Tradition des 14. Jahrhunderts weiter („Rationale Durandi"; böhmische Vorstufen). Es erhält gegen die Jahrhundertmitte eine Wiederbelebung und wird in der zweiten Hälfte zu einem bisweilen übertrieben formulierten Ausdrucksmittel[286]. In abgewandelter Form einer Wellenranke findet es im Initialschmuck von Cod. 1767 reiche Anwendung; Beispiele bei Martinus O p i f e x: Wien, Cod. 1767, fol. 267v, 268r; Cod. 2773, fol. 1r; Cod. 326, fol. 162r, 188r. Granada, Cod. C-67, fol. 82r ...) *(Taf. 12, 14)*.

Bei der Gestaltung von Blumen- und Blütenmotiven erweist sich Meister Martinus O p i f e x naturverbundener als etwa der Albrechtsminiator, der häufig stilisierte Phantasieformen bevorzugt. Verglichen mit der reichen botanischen Flora des Rankendekors der zweiten Jahrhunderthälfte, die mit dem Einfluß der flämischen Buchmalerei die Sehweise des süddeutschen Buchmalers in der Wiedergabe von Naturdetails gepflegt hat, ist das Repertoire von Martinus O p i f e x in Cod. 1767 noch eher begrenzt. Es scheinen die Akelei, Glockenblume, Rose, Veilchen, Distel, Vergißmeinnicht und die Steinnelke auf; als Frucht die Erdbeere. Wie in den Miniaturen wendet der Meister äußerst zarte, transparente und satte Farbklänge von Rosarot, Blau, Grün, Goldgelb mit Deckweißglanzlichtern und Schattierungen in Pinsel und Federstrich an (Cod. 1767, fol. 91r, 244r, 257r, 267v, 269r ...) *(Taf. 10, 11)*. Nur mehr vereinzelt werden die Blüten traditionsgemäß von einem ziselierten

---

[279] Auf fol. 42r wird das Blattwerk mittels eines Schaftringes an die Leiste befestigt.

[280] Auf fol. 1r von Cgm. 8010 (Hieronymusmeister) erfolgt die Rahmung des Schriftbildes an drei Seiten. Ranken- und Droleriemotive überschneiden diese vielfältig.

[281] Vgl. die Rahmung des Kanonblattes aus dem Missale 12 A 10, fol. 126v der Bibliothek Neukloster in Wiener Neustadt; Wien, um 1400. *Schmidt* (wie Anm. 6) 153, Nr. 85, Abb. 25.

[282] Stiftsbibliothek Klosterneuburg, Cod. 68 (Antiphonar, Bd. 4, 1424), fol. 106v. – Vaassen (wie Anm. 270) 1141, Abb. 26. – *Schmidt* 1963 (wie Anm. 92) 106. – K. Oettinger, Der Illuminator Nikolaus. Jahrbuch d. preuß. Kslgn. 54 (1933) 225, 230, Abb. 8. – (A. Haidinger, Katalog der Handschriften des Augustiner-Chorherrenstiftes Klosterneuburg in: Denkschriften der Österr. Akad. d. Wissenschaften., phil.-hist. Kl. [1983] 120–121).

[283] Cod. brev. 91, fol. 51v (1450–1455). – *Schmidt* (wie Anm. 6) 161, Nr. 97. – *Ziegler*, Diss. (wie Anm. 7) 7 f., Anm. 3. Vgl. die Blattform der Ranke in der Handschrift „Concordantia Caritatis", ehem. Fürstl. Liechtensteinsche Bibl. Wien, erstes Drittel 15. Jh. – H. Tietze, Die Handschriften der Concordantia Caritatis des Abtes Ulrich von Lilienfeld. Jb. d. k. k. Zentral-Kommission f. Kunst- und historische Denkmale 3/2, Wien 1905, 44–59, Fig. 22. 1948 wurde die Handschrift verkauft.

[284] Wien, ÖNB, Cod. Ser. nov. 2617, fol. 2r um 1465. – *Fichtenau* (wie Anm. 101) Abb. 31. – In der Folge wird jener Ranken- und Blattypus noch das ganze 15. Jh. im österreichischen Raum angewendet (z. B. vom Meister des Friedrich-Breviers oder von Ladislaus Sunthaym).

[285] Antiphonarium Salisburgense. Graz, Universitätsbibl. Cod. 2, fol. 1r (Nachfolge des Ulrich Schreier). – *Holter* (wie Anm. 87) 246, Nr. 292, Abb. 7.

[286] Cgm. 8010, fol. 10r (die Art der Blatt- und Rankenform weist nach *J. Krása* (mündliche Mitteilung) auf ein Brevier um 1370 aus dem Kreis der Neumarkt-Handschriften; Olmütz, Kapitelbibl., Cod. 140, 49r). Neukloster 12 A 15, fol. 1r; Concordantia-Caritatis, Paris Bibl. Nat. Acq. Nouv. 2129 (1471 datiert – Wien). – *Tietze* (wie Anm. 283) 60–63., Abb. 29 („Lebensalter").

Goldgrund hinterlegt, meistens am Blattrand unten. Vergleichbare Blütenformen tauchen vorher im Missale des W. Turs, auf fol. 1r von Cgm. 8470 (München) oder in Cod. 2722 (Wien), fol. 65v auf. Das wiederholte Vorkommen der Rose mag wohl auf einer Berührung mit der Werkstatt der Grillinger-Bibel beruhen[287]; auch hat sicherlich die wesentliche Stilkomponente einen Einfluß auf den Illuminator ausgeübt[288]. Auf fol. 91r wird der Schlagschatten einer Akelei mit verwaschenem Pinselstrich umrissen; auf fol. 10r von Cgm. 8010 hat der Matthäusmeister dieses Motiv viel feinsinniger, auf sinngemäßen Effekt hin interpretiert (Schlagschatten einer Glockenblume am Blattrand unten)[289].

Fragen wir uns kurz nach der Bedeutung der Drolerieornamentik, so spielt sie eine nicht unwesentliche Rolle bei Martinus O p i f e x (Cod. 1767, fol. 2r, 244r, 268r, 269v) *(Taf. 12, 13)*. Wie oben skizziert wurde, drücken sich Berührungspunkte zur Werkstatt der Grillinger Bibel[290] in der wiederholten Anwendung von Masken- und Tiermotiven in den Ranken aus: Affe, Löwe mit Hase, Bär, Hund; auf fol. 2r unten eine Gruppe Vögel, die mit ihren Krallen den Kadaver eines kleinen Vogels festhalten. Schließlich sei noch auf einige Jagdmotive hingewiesen; fol. 99v, Löwe auf Ranke balancierend, einen Gamsbock jagend[291] oder Jäger mit einer Armbrust bewaffnet; auf fol. 244r sieht man einen solchen in Grätschstellung auf einer Ranke (von Profil- zur Rückenansicht gewendet), der auf ein Vogelpaar zielt. Als Vergleich: ein böhmisches (?) Beispiel des späten 14. Jahrhunderts in der Hof- und Stiftsbibliothek von Aschaffenburg. Man. 11 (?)[292]. Auf fol. 268r und 269v klettern Jäger in verschiedenen Stellungen den verzweigten Rankenast entlang (Dreiviertel-Frontal-Rückenansicht) und umklammern diesen wie Artisten mit ihren Gliedmaßen. Analoges beinhaltet fol. 98r des 2. Bandes der Wenzelsbibel (Wien, Cod. 2760); dort ist der Bewegungsrhythmus vom Typ eines „Wilden Mannes" dargestellt[293]. Im Wiener Neustädter Missale 12 A 15 aus Neukloster kehrt das Motiv auf fol. 134v wieder – die Figur im Jagdgewand klettert die Mittelranke hinauf; vgl. später die Rankenfigur im Blattgewand auf fol. 6v in Wien ÖNB, Cod. 2368 des Lehrbüchermeisters[294].

Das Gesamtbild des Rankendekors runden Prophetenbüsten, Figuren mit Spruchbändern und szenischen Kompositionen in den Rankenmedaillons und Blütenkelchen ab; fol. 91r, 244r, 267v ... Böhmische und westliche Formenvorlagen werden miteinander verbunden. Das Motiv des Engels mit dem Portativ auf fol. 261v ist häufig im Rankendekor französischer Handschriften nach 1400 vorzufinden[295]. In der Folge werden jene Dekorformen in der Buchmalerei des südbayerischen Raumes (Augsburg, Nürnberg und Regensburg) langfristig verwendet (vgl. Vita sancti Simperti, fol. 39v)[296].

Kurz sei noch auf die Initialornamentik eingegangen, die durch den reichen Ausstattungsmodus mit dem Rankendekor das Schriftbild bisweilen sekundär erscheinen läßt; das geschieht dann, wenn auf einer Seite zwei bis drei Prachtinitialen vorhanden sind, welche die Breite der Schriftkolumne überschneiden (fol. 267v–269v)[297] *(Taf. 11–13);* Initialen B, V (U), G, C, O. Es handelt sich nicht um

---

[287] Clm. 15 701, fol. 9v. Salzburg, St. Peter. Cod. a VII 27, fol. 1r (Varia opuscula sancti Augustini, um 1430). – *Wohlgemuth* (wie Anm. 140) 94 ff. – Dies., Spätgotik in Salzburg 1972, 221, Nr. 241, Taf. 87. – In Beispielen späteren Datums, wie etwa in der Riesenbibel aus Washington oder im Œuvre des Lehrbüchermeisters, mag wohl das Motiv aus einer Berührung mit der Graphik (Meister der Spielkarten) hervorgegangen sein. *Vaassen* (wie Anm. 270) 1190.

[288] Stundenbuch des Bedford-Meisters. Wien ÖNB, Cod. 1855, fol. 15v, 24v (nach 1420) oder im Rankendekor von Ser. nov. 2614. – *E. Trenkler*, Livre d'Heures. Wien 1948, 23, Abb. 2.

[289] Im Œuvre des Martinus O p i f e x wird das Motiv des Schlagschattens wiederholt angewendet.

[290] Clm. 15 701, fol. 3v; Paris Bibl. Nat. Ms. lat. 9466, fol. 6v, 9v, 10r, 12v – dreißiger Jahre des 15. Jhs.; Cgm. 8010, fol. 1r, 10r (um 1440); Mondseer Urbar von 1416, fol. 41r.

[291] Vgl. das Standmotiv des Löwen in ähnlicher Weise in der Riesenbibel von Washington, fol. 31r (*Vaassen* Abb. 15); das Motiv in der Riesenbibel geht auf den Meister der Spielkarten zurück. Bei Martinus O p i f e x kann kein solcher Einfluß festgestellt werden.

[292] So zitiert bei Graf Johannes von Waldburg-Wolfegg, Lukas Moser. Berlin 1939, 180–182., Abb. 58? auf S. 182 wird der Codex als Bibelhandschrift bezeichnet (Hinweis auf die Handschrift von Prof. Dr. Otto *Pächt*). Vgl. ein sehr ähnliches Motiv auf fol. 24v des Dietrichstein-Martyrologiums (eine Rückenfigur zielt mit einer Armbrust auf eine Eule). – *Pächt* 1938 (wie Anm. 222) Plate I.A., nach 1410.

[293] *Krása* (wie Anm. 221) Farbtaf. XXXII.

[294] Jagddarstellungen sind im Rankendekor des späten 15. Jhs. ein beliebtes Motiv. Vita sancti Simperti, fol. 2r. – *Pächt* 1964 (wie Anm. 38) Taf. 3. – In der süddeutschen Buchmalerei der Frührenaissance werden sie szenisch-räumlich dargestellt; Wien ÖNB, Cod. Ser. nov. 3310, fol. 12v (Gebetbuch, Bayern, um 1520). – *T. Fabich*, Die Buchmalerei der Frührenaissance in Süddeutschland. (Ungedr.) Diss. Wien 1972, 152–153.

[295] *Oettinger* 1933 (wie Anm. 282) Abb. 1. – ÖNB, Cod. 1855, fol. 87v. *Trenkler* (wie Anm. 288) Abb. 13. – Belles Heures der Brüder Limbourg, um 1410, fol. 30. *M. Meiss, E. H. Beatson*, Die Belles Heures des Jean Duc de Berry in the Cloisters New York. München 1974.

[296] *Pächt* 1964 (wie Anm. 38) Taf. 7. – Ab dem letzten Drittel des 15. Jhs. gewinnt der bayerische Raum auf dem Gebiet der Buchmalerei sehr an Bedeutung.

[297] *Ziegler*, Diss. (wie Anm. 7) 266–293.

reine Figureninitialen, sondern um gerahmte Initialen[298]. Aus der böhmischen Buchmalerei, namentlich dem „Liber Viaticus" (Prag, Nationalmuseum, Cod. XIII A 12) hervorgegangen, wurden sie in der Wiener Hofminiatorenwerkstatt erstmals im „Rationale Durandi" (Wien ÖNB, Cod. 2765) aufgegriffen[299]. Figuren in verschiedenem Jagdkostüm oder, in einen Umhang gehüllt, mit Zipfelmütze bewohnen den Schaft. In konträrer Körperhaltung einander gegenübergestellt oder vertikal aufeinander bezogen (B-Initiale, fol. 267v), stehen sie insoferne in Beziehung zur Initialminiatur, als ihr Bewegungsmotiv in den Rotationsprozeß des Bildraumes der Miniatur miteinbezogen wird; es entsteht somit eine bildliche „Harmonie" zwischen der Raum- und Rahmenatmosphäre. In der B-Initiale mit der Trinität (fol. 267v) *(Taf. 11)* unterstreicht die Rückenfigur des unteren Schaftes die Diagonale des Sitzmotivs von Gottvater; dasselbe gilt für die obere Initialfigur – in ihr setzt sich die Diagonale der Engelsfiguren hinter dem Thron Christi fort. Die Figuren agieren in der Rolle eines Beobachters des szenischen Inhaltes (fol. 268r, G-Initiale; 269r, C-Initiale; 269v, O-Initiale) *(Taf. 12, 13)*. Diese Funktion hat z. B. in anderem Zusammenhang die Architekturplastik im Œuvre des Martinus O p i f e x (Wien Cod. 1767, fol. 1v; Wien, Cod. 2773, fol. 69r) *(Taf. 9, 36)*; es ist ein spezifisches Merkmal unseres Meisters. Konträr zur böhmischen und Wiener Vorlage, wo die Figur reines Füllmotiv ist (vgl. in Gewand gehüllte Figur mit Zipfelmütze) und der Rahmen eine markante Abgrenzungslinie bildet, hat man bei den Figuren in Cod. 1767 das Gefühl einer Einengung der Bewegungsfreiheit. In der B-Initiale verlangt ihre Stellung einen dreidimensionalen Raum; durch starke Verkürzung und Verlängerung werden die Figuren in den zweidimensionalen Raum „gezwungen", die Figur gewaltsam in die Rundung des Initialschaftes „gepreßt". Dies führt zu einer Abrundung der Körperglieder am Rahmen. Gleichzeitig werden Gegenkräfte bemerkbar, nämlich der Versuch, aus der Einengung auszubrechen; daher wird die Profilleiste manchmal überdeckt, nie aber überschnitten[300]. Das Genre der Figurentypen erinnert in manchem an die Figuren im Alphabet des Meisters E.S.[301], das aus einer anderen Bildtradition abgeleitet werden muß. Trotz der übersteigerten Bewegungsimpulse ist auch hier der Hang, an eine bestimmte Form gebunden sein zu müssen, deutlich spürbar.

---

[298] Anders als auf fol. 1r von Cod. 2773; der Ansatz des Mittelschaftes der W-Initiale geht in eine Initialfigur über (Autor des Textes, der thronend dargestellt ist). – *A. Hevesy*, Le Breviaire de Sigismond de Luxembourg, in: Bulletin de la Société Francaise de Reproductions de Manuscrits à Peintures, Vol. I. Paris 1911, 106–115, Abb. XXIII.
[299] Cod. XIII A 12, fol. 9v (B-Initiale), fol. 157v (V-Initiale), fol. 69v (G-Initiale). Cod. 2765, fol. 2r, 51r, 138r.
[300] Feine Feder- und Pinselstrichführung untermalen die plastische Modellierung der in Camaieu (s. a. Anm. oben) gemalten Figureninitialen.
[301] *U. Jenni*, Das Skizzenbuch der internationalen Gotik in den Uffizien – der Übergang vom Musterbuch zum Skizzenbuch (Wiener Kunstgeschichtliche Forschungen IV). Wien 1976, 66 ff., Abb. 86, 87.

ANHANG

Außer der lateinischen Interpretation des Namens O p i f e x *(Taf. 14)* besteht eine weitere Möglichkeit, die Bedeutung dieses Namens zu erklären. Dabei setzt sich der Name aus zwei Wörtern zusammen, nämlich aus O p i und aus f e x. F e x bedeutet im Mittelhochdeutschen N a r r und beinhaltet auch die Bedeutung von blödsinnig, Cretin, Possenreißer und das Possenhafte. Es kann jedoch auch die sprachliche Abkürzung für N a r r i f e x sein. (Dieser Begriff kommt im Œuvre des Hermann von S a c h s e n h e i m 1365–1458 häufig vor[302].)

Die erste Silbe des Namens, nämlich O p i, resultiert sprachlich aus dem Altböhmischen O p (Affe) beziehungsweise aus o p i (äffisch, Affen-)[303].

Die Ausdrücke der altböhmischen und mittelhochdeutschen Wortkombination zum Namen O p i - f e x bedeutet schließlich, in unsere Sprache übersetzt, äffischer Narr oder Affen-Narr.

Daraus entsteht ein Bezugspunkt zur bildlichen Detailüberlieferung sowohl in der Worcester-Kreuztragung wie auch in den Miniaturen des Martinus O p i f e x, ein Bezugspunkt, der, wie sich herausstellen wird, einem Bildemblem gleichkommt.

Der Hintergrund der Worcester-Kreuztragung *(Abb. 1)* besteht aus einer Unzahl von Köpfen, die in unterschiedlicher Größenordnung übereinander und nebeneinander gemalt sind. Trotz der stellenweisen Übermalung sind sie mit freiem Auge wahrnehmbar. Es handelt sich um Teufels- und um Narrenmasken mit Eselsohren, um Affengesichter, um breitflächige ‚äffische' Physiognomien mit Turbanbekrönung. Rechts dazwischen ist im Bild ein Gesicht mit äußerst feinen, edlen Zügen zu sehen.

Die unterschiedliche ikonologische und ikonographische Bedeutung des Affen ist bekannt. Christologisch kann er die F i g u r a   d i a b o l i verkörpern, ebenso wie die Sünde, den Niedergang des Menschen[304], in anderer Hinsicht aber auch eine Beziehung zum Narren und zum Humor. In der Worcester-Kreuztragung deutet die Kombination aus „Masken" von Narren und Affen im Bildhintergrund auf das Böse und Niederträchtige des Menschen als Ursache für die Passion und den Tod Christi am Kreuz hin. Der Bildkonnex A f f e und N a r r erscheint als Symbol des U n h e i l s sowohl im Brevier Friedrichs III. als auch im Trojanischen Krieg. Im Brevier Friedrichs III. ist er im Rankendekor auf fol. 257r der Pietàdarstellung Christi *(Abb. 24)* überliefert. In den Miniaturen auf fol. 62r (Rückseite des Hinterdeckels) des Trojanischen Krieges sitzt im Bild rechts unten ein N a r r in grauem Gewand auf einem Pferd, das ausschlägt; auf seinem Haupt trägt er einen weißen Rosenkranz. Ein Affe hat sich an seinem Rücken festgeklammert und blickt über die linke Schulter des Narren. Die Hauptdarstellung der Miniatur überliefert den Reiterzug der Königin H e l e n a zu der Insel Citharee (Kythere) zur Anbetung in den Artemistempel (H i e   r e i t   d i e   k ö n i g i n   H e l e n a   z u   d e r   I n n s e l n   C i t h a r e e   a u f   d i e   k i r w e i c h   d e r   G o t i n   V e n e r i s   C V). Die Textzeilen auf dieser Seite weisen bereits auf das bevorstehende Unheil der Stadt Troja hin. Der N a r r tritt in diesem Bild eher in Funktion eines W a r n e r s in bezug auf den lasterhaften Menschen auf, der A f f e in der oben erwähnten Bedeutung.

Wie in der Worcester-Kreuztragung weisen beide Figuren in den beiden Darstellungen auf die D u m m h e i t, auf das Böse und auf die N a r r e t e i im Menschen hin, die als Ursache von Tragödien anzusehen sind. Auf fol. 62r des Trojanischen Krieges ist eine winzige Figur auf einem Pferd in Vogelperspektive unten im Bild zu sehen. Wie auf 2r handelt es sich um einen „stillen Beobachter" außerhalb der Szene.

Sowohl in der Granada-Handschrift wie auch im Trojanischen Krieg wird die Affen- und die Narrenmaske immer wieder aufgegriffen. So sind auf fol. 86r von C-67, N u x   I n d i e, die Masken in die Nüsse der Bäume eingezeichnet; auf fol. 8r sitzt ein affenartiger Hund vor der Hütte. Weitere derartige Motive sind auf fol. 87r, 91v, 95v, 99v, 111v zu sehen. (Auf fol. 40v unten und 49r oben läuft die Frakturschrift des Schreibers in qualitätvolle Masken aus.)

Im Trojanischen Krieg sind die Köpfe der Wasserspeier solchermaßen ausgeführt (fol. 10r), manche Hunde sind ebenfalls affenartig gestaltet (fol. 20r, 15r von Cod. 1767, 1v) *(Taf. 24, 9)*. Weitere

---

[302] *J. W. Grimme*, Deutsches Wörterbuch 3 (1862) Sp. 1225. – *F. Kluge*, Etymologisches Wörterbuch der Deutschen Sprache[19], bearbeitet von *W. Mitzka*. Berlin 1963, 503.
[303] *H. Bahlaw*, Deutsches Namenslexikon. München 1967, 367. – *Grimme* (wie Anm. 302) 1 (1854) Sp. 182.
[304] *H. W. Janson*, Apes and Ape Lore in the Middle Ages and the Renaissance. London 1952, 13–27, 29–71, 107–144, 145–162, 199–237, 238–259.

Beispiele für die oben genannten Motive sind außer auf fol. 62r noch auf fol. 45v, 107v (Mohrentypus), 125v (in den Schlachtenbildern), dann auf fol. 166r, 186v, 187r, 201v, 210v, 225r ... des Trojanischen Krieges überliefert, sowie auch in der Architekturplastik (Cod. 1767, 1v).

Die Bildsprache der affenartigen Narrenmasken können wir bis in die Theaterszene der Antike zurückverfolgen. Ein etwas späteres Beispiel stellen in diesem Zusammenhang die Darstellungen zu den K o m ö d i e n des T e r e n z aus der karolingischen Epoche dar (Paris Bibl. Nat., Ms. lat. 7899, fol. 16v, 67r; 2. Hälfte 9. Jh.)[305]. Der Typ der Affenmaske entspricht jener im Bildhintergrund der Worcester-Kreuztragung, die den Turban trägt.

Daß der Buchmaler Martinus den Namen O p i - f e x für sich in Anspruch genommen hat (oder tatsächlich so geheißen haben mag), entspricht in der spätgotischen Epoche auch dem „Spiel" mit Wortbegriffen aus unterschiedlichen Sprachen (Altböhmisch, Mittelhochdeutsch, Latein), wie wir es bereits bei der Übersetzungsweise unseres Trojanischen Krieges kennengelernt haben. Die sprachliche Praxis des „Scherzlatein" war kennzeichnend für diese Zeitspanne[306]. Die bildliche Darstellung des Namen O p i - f e x kann daher auch als eine Art Emblem des Malers Martinus gewertet werden.

1974 hat Otto Pächt mit Bezug auf das Gonella-Portrait des Jean Fouquet, die Darstellung Narr und Affe von fol. 257r aus dem Brevier Friedrichs III. (Cod. 1767) abgebildet[307]. Pächt verglich das breite Lachen beider Narrenköpfe, ohne bei unserem Beispiel portraithafte Züge abzuleiten. Pächt muß jedoch bereits die bildliche emblemhafte Funktion des Namens O p i - f e x erkannt haben.

So ist letzten Endes auch die Möglichkeit in Erwägung zu ziehen, daß nicht nur aus stilistischen Gründen, sondern auch aufgrund des „Emblems" Narr und Affe im Worcester-Meister und im Buchmaler Martinus O p i f e x ein und dieselbe Künstlerpersönlichkeit zu sehen ist.

Da Martinus O p i f e x möglicherweise der böhmischen Sprache mächtig war, kann es sein, daß er auch ein Künstler der böhmischen Diaspora war.

---

[305] *F. Mütherich, J. E. Gaehde*, Karolingische Buchmalerei. München 1976, 26–27, Abb. III, IV.
[306] *Kluge* (wie Anm. 302).
[307] *Pächt* (wie Anm. 102) 55, Anm. 43, Abb. 75.

LITERATURVERZEICHNIS

ALEXANDER J. J. G., Crossley, Medieval and Early Renaissance Treasures in the North West. Manchester 1976, 28, Nr. 44, Abb. 10
AUSSTELLUNGSKATALOG, Salzburg 1972 (Spätgotik in Salzburg. Die Malerei)
AUSSTELLUNGSKATALOG, Krems 1967 (Gotik in Österreich)
AUSSTELLUNGSKATALOG, Regensburg 1987 (Regensburger Buchmalerei)
AUSSTELLUNGSKATALOG, Wien 1962 (Europäische Kunst um 1400)
AUSSTELLUNGSKATALOG, Hamburg 1969 (Meister Francke und die Kunst um 1400)
AUSSTELLUNGSKATALOG, Wien 1986/1987 (Musik im mittelalterlichen Wien)
AUSSTELLUNGSKATALOG, Stift Zwettl 1981 (Die Kuenringer und das Werden des Landes Niederösterreich)
AUSSTELLUNGSKATALOG, Köln 1978 (Die Parler und der Schöne Stil)
AUSSTELLUNGSKATALOG, Vatikan 1987 (Österreich und der Vatikan)
AUSSTELLUNGSKATALOG, Wiener Neustadt 1966 (Friedrich III.)
AUSSTELLUNGSKATALOG, Stuttgart 1964 (1200 Jahre Ellwangen)
AUSSTELLUNGSKATALOG, St. Lambrecht 1976 (Gotik in der Steiermark)
AVRIL F., Buchmalerei am Hofe Frankreichs, 1310–1380. München 1978

BAHLAW H., Deutsches Namenslexikon. München 1967, 367
BALDASS L., Der Wiener Schnitzaltar, in: Jahrb. d. kunsth. Slgn. IX (1934) 34.
BAUM E., Katalog des Museums mittelalterlicher österreichischer Kunst. Unteres Belvedere. Wien 1971
BENESCH O., Meisterzeichnungen der Albertina. Europäische Schulen der Gotik bis zum Klassizismus. Salzburg 1964, 335, Nr. 62
BERKOVITS I., Illuminierte Handschriften aus Ungarn. Budapest 1968, 47
BOECKLER A., Deutsche Buchmalerei der Gotik. Königstein i. T. 1959
BRANDT H., Die Anfänge der deutschen Landschaftsmalerei im 14. und 15. Jahrhundert. Studien zur deutschen Kunstgeschichte. Straßburg 1912
BUCHTHAL H., Historia Troiana. Studies in the history of medieval secular illustrations. London (The Warburg Inst. Univ. of London 32) 1971
BURCKHARDT D., Studien zur Geschichte der altoberrheinischen Malerei, in: Jahrb. d. preuß. Kunstslg. (1906) 192
BUSHART B., Der Meister des Maulbronner Altares von 1432, in: Münchner Jb. (1957) 97

CIPRIANI R., Codici Miniati dell'Ambrosiana. Milano 1968, 65
CORNELL H., Biblia Pauperum. Stockholm 1925, 85

DOGAER D., La Librarie de Philippe le Bon. Exposition orig. à l'occasion du 500ᵉ anniversaire de la mort du duc. Bruxelles 1967, 118, Nr. 175
DURRIEU P., Les Belles Heures de Turin. Paris 1902

EHRESMANN J. M., The Master of the Polling Altars, an Austrian Contribution to the Bavarian School, in: Marsyas XIV (1968/1969) 17–28.

FABICH T., Die Buchmalerei der Frührenaissance in Süddeutschland. (Ungedr. Diss.) Wien 1972
FEGER O., Faksimileausgabe der Richenthalchronik von Konstanz. Konstanz 1964
FICHTENAU H., Die Lehrbücher Maximilians I. und die Anfänge der Frakturschrift. Wien 1961
FILLITZ H., Denkmale der deutschen Könige und Kaiser, 2. Von Rudolf I. bis Maximilian I. 1273–1519. Perci Ernst Schramm, Hermann Fillitz. In Zusammenarbeit mit Florentine Mütherich. München 1978, 80, Nr. 97, Abb. 97
FISCHEL L., Kommentar in der Faksimileausgabe der Richenthalchronik von Konstanz (s. u. Feger O.). Konstanz 1964
–, Werk und Name des „Meisters von 1445". Zeitschr. f. Kunstg. 13 (1950)
FISCHER O., Altdeutsche Malerei in Salzburg. Leipzig 1908, 16
FÖRSTER K., Faksimile, Die Salzburger Armenbibel. (Kommentar). Salzburg o. J.
FRIEDLÄNDER M., Die altniederländische Malerei. Bd. I, Die Van Eyck, Petrus Christus. Berlin 1929, Brüssel 1967
FRINTA M., The Master of the Gerona Martyrology and Bohemian Illumination. Art Bulletin 46 (1964) 269 f.
FÜRST B., Beiträge zu einer Geschichte der österreichischen Plastik in der ersten Hälfte des 15. Jahrhunderts. Leipzig 1931, 43

GANTNER J., Konrad Witz. Wien 1942
GERHARTL G., Wiener Neustadt als Residenz, in: Ausstellungskatalog, Wiener Neustadt 1966, 116–117
GERSTENBERG K., Hans Multscher. Leipzig 1928

GRIFFIN N. E., Edition der „Historia destructionis Troiae" des Guido da Columpna (Colonna). Cambridge (Massachussetts) 1936
GRIMME J. W., Deutsches Wörterbuch 3 (1862) Sp. 182, 1225

HAIDINGER A., Studien zur Buchmalerei in Klosterneuburg und Wien vom späten 14. Jahrhundert bis 1450. (Ungedr.) Diss. Wien 1980, 124, 131, 134–135
HALM C., Laubmann G., Catalogus Codicum Latinorum Bibliothecae Regiae Monacensis. Bd. 1, Teil 1 (Nr. 1–2329). München 1868, 10
HARRSEN M., Central European Manuscripts in the Pierpont Morgan Library. New York 1958, 62, Nr. 49
HEVESY A., Le Breviaire de Sigismund de Luxembourg. Bulletin de la Société Française de Reproductions de Manuscrits á Peintures, vol. I. Paris 1911, 107 ff.
HOLTER K., Die Wiener Buchmalerei, in: Geschichte der bildenden Kunst in Wien, Bd. II. Gotik, hg. v. R. K. Donin. Wien 1955, 223
–, Die Buchmalerei, in: Ausstellungskatalog Salzburg 1972, 233, Nr. 244
HOLTER K., Oettinger K., Les principaux manuscrits á peintures des la Bibliothèque Nationale de Vienne: Manuscrits allemands (Bull. de Société Française de Reproductions de Manuscrits á Peintures, Vol. XXI). Paris 1938, 109–110

I MAESTRI DE COLORE: Il gotico internationale nei paesi tedeschi. Nr. 235. Mailand 1966
–, Konrad Witz. Nr. 84. Mailand 1965
–, Il gotico internationale in Europa. Nr. 254. Mailand 1966
IRTENKAUF W., Stuttgarter Zimelien. Württembergische Landesbibliothek. Aus den Schätzen ihrer Handschriftensammlung. Stuttgart 1985, 62 f. Nr. 25

JANSON H. W., Apes and Ape Lore in the Middle Ages and the Renaissance. London 1952, 13–27 ff.
JENNI U., Das Skizzenbuch der internationalen Gotik in den Uffizien – der Übergang vom Musterbuch zum Skizzenbuch (Wiener Kunstgeschichtliche Forschungen IV). Wien 1976, 66 ff.
JERCHEL H., Spätmittelalterliche Buchmalerei am Oberlauf des Rheins, in: Oberrhein. Kunst V (1932) 63

KATALOG, Die Kölner Malerei von 1300–1430. Wallraf-Richartz Museum 1974
KAUTSCH R., Die Handschriften von Ulrich Richenthals Chronik des Konzils. Zeitschr. f. d. Gesch. d. Oberrheins (1894) N.F. IX
KÉRY B., Kaiser Sigismund, Ikonographie. Wien 1972
KLUGE F., Etymologisches Wörterbuch der Deutschen Sprache[19], bearbeitet von W. Mitzka. Berlin 1963, 503
KÖNIG E., Studien und Darstellungen aus dem Gebiete der Geschichte, IX/1 u. 2. Freiburg im Br. 1919, 146–148
KRÁSA J., Die Reisen des Ritters John Mandeville. München 1983
–, Die Handschriften König Wenzels IV. Wien 1971
KRONES F., Grundriß der österreichischen Geschichte, mit besonderer Rücksicht auf Quellen- und Literaturkunde. Wien 1882, 370, 371, 391
KURTH B., Eine Bilderhandschrift des österreichischen Miniaturmalers Martinus Opifex in Spanien. Belvedere 1931, 18–19
–, Ein Freskenzyklus im Adlerturm zu Trient. Jahrb. d. k. k. Zentral-Kommission f. Denkmalpflege 5 (1911) 36–53

LEPORINI H., Simon von Niederaltaich und Martin von Senging – Zur Geschichte der österreichischen Miniaturmalerei, in: Festschrift der Nationalbibliothek Wien. Wien 1926, 575–589
LHOTSKY A., Kaiser Friedrich III., Sein Leben und seine Persönlichkeit, in: Ausstellungskatalog Wiener Neustadt 1966, 27–30
–, Apis Colonna, in: Das Haus Habsburg – Aufsätze und Vorträge, hg. von H. Wagner und H. Koller II (1971) 9 ff.
–, Aeneas Silvius und Österreich, in: Historiographie, Quellenkunde, Wissenschaftsgeschichte, hg. von H. Wagner und H. Koller III (1972) 26 ff.
LUTZ E., Zimmermann E., Nürnberger Malerei 1350–1450, in: Anz. d. germ. Nationalmus. (1932) 47–48
LUTZ H., Conrad Peutinger, Beiträge zu einer politischen Biographie, in: Schriftenreihe des Stadtarchivs Augsburg 9 (1958)

MADRE A., Nikolaus von Dinkelsbühl – Leben und Schriften – Ein Beitrag zur theoretischen Literaturgeschichte, in: BGPhMA 40 (1965) 8–21
MAYER A. L., Eine österreichische Miniaturhandschrift in Granada. Belvedere 1929, 423–424
MEISS M., Les Très Riches Heures du Duc de Berry. London 1969
–, French Painting in the time of Jean de Berry; The Boucicaut Master. London 1968
–, Beatson E. H., Die Belles Heures des Jean Duc de Berry in the Cloisters New York. München 1974
MORAND K., Jean Pucelle. Oxford 1962
MÜLLER TH., Zur Konstanzer Plastik in der Mitte des 15. Jahrhunderts, in: Festschrift Fleischhauer (1964) 101–114

MÜTHERICH F., Gaedhe J. E., Karolingische Buchmalerei. München 1976, 26–27, Abb. IIII, IV
MAZAL O., Ein Lehrbuch für Maximilian I. Faksimileausgabe mit Kommentar. Graz 1981
MENHARDT H., Verzeichnis der altdeutschen literarischen Handschriften der Österreichischen Nationalbibliothek. 3 Bde. Berlin 1960–1961

NEUBECKER O., Realitätsgrad der sogenannten Phantasiewappen, in: Genealogica et Heraldica I (1970) (10. internationaler Kongreß für genealogische und heraldische Wissenschaften) 397–401

OETTINGER K., Der Illuminator Michael. (Ein Beitrag zur Geschichte der österreichischen Malerei im XV. Jahrhundert.) Mitteilungen der Gesellschaft für vervielfältigende Kunst. Beilage der „Graphischen Künste" (1933) 8, Anm. 13
–, Zur Blütezeit der Münchner gotischen Malerei – Der Meister der Worcester Kreuztragung, in: Zeitschr. d. deutschen Vereins f. Kunstwissenschaft 7 (1940) 217 ff.
–, Hans von Tübingen und seine Schule, in: Deutscher Verein für Kunstwissenschaft. Berlin 1938
–, Der Illuminator Nikolaus. Jahrb. d. preuß. Kslgn. 54 (1933) 225 ff.

PANOFSKY E., Early Netherlandish Painting. Cambridge/Mass. 1953. ²London 1971
PÄCHT O., Early Italian Nature Studies and the Early Calendar Landscape, in: Journal of the Warburg and Courtauld Institutes 13 (1950) 13–47
–, Österreichische Tafelmalerei der Gotik. Augsburg 1929
–, Zur deutschen Bildauffassung der Spätgotik und Renaissance, in: Alte und Neue Kunst 1 (1952) 70–78, sowie in: Methodisches zur kunsthistorischen Praxis (ausgewählte Schriften). München 1977, 107–120
–, Gestaltungsprinzipien der westlichen Malerei des 15. Jahrhunderts, in: Kunstwissenschaftliche Forschungen, 2 (1933) 75–100, sowie in: Methodisches zur kunsthistorischen Praxis ... 17–58
–, A Bohemian Martyrology, in: Burlington Magazine 73 (1938) 192–204
–, Eine wiedergefundene Tacuinum-Sanitatis-Handschrift, in: Münchner Jahrbuch der bildenden Kunst 3 (3/4) (1952/1953) 172–180
–, Die Gotik der Zeit um 1400 als gesamteuropäische Kunstsprache, in: Europäische Kunst um 1400 (Ausstellungskatalog) Wien 1962, 52–65
–, Vita Sancti Simperti. Berlin 1964
–, Illuminated Manuscripts in the Bodleian Library Oxford, I. German, Dutch, Flemish, French and Spanish Schools. Gemeinsam mit J. J. G. Alexander. Oxford 1966
–, Meister Francke Probleme, in: Meister Francke und die Kunst um 1400, Ausstellung zur Jahrhundertfeier der Hamburger Kunsthalle. Hamburg 1969, 43–58
–, René d'Anjou-Studien, 1. Teil, in: Jahrbuch der kunsthistorischen Sammlungen 69 (1973) 85–126
–, Der Autor des Gonella-Bildnisses, in: Jahrbuch der kunsthistorischen Sammlungen 70 (1974) 39–86
–, René d'Anjou-Studien, 2. Teil, in: Jahrbuch der kunsthistorischen Sammlungen 73 (1977) 7–106
PERGER R., Die Umwelt des Albrechtsaltares, in: Der Albrechtsaltar und sein Meister. Wien 1981, 16
PERLS K., Jean Fouquet. Paris 1940
PORCHER J., Les Belles Heures du Duc de Berry. Paris 1953

RASMO N., Die Fresken im Adlerturm zu Trient. Roverto 1962
ROSENAUER A., Zum Stil des Albrechtsmeisters, in: Der Albrechtsaltar und sein Meister, hg. von F. Röhrig. Wien 1981, 97 ff.

SCHIPPERGES H., SCHMITT W., Tacuinum Sanitatis-Buch der Gesundheit, hg. v. L. Cigliati Arano. München 1973, 112, 114–115
SCHLOSSER J. v., Ein Veronesisches Bilderbuch und die höfische Kunst des XIV. Jahrhunderts. Jahrb. d. kunsth. Slgn. 16 (1895) 144–320
SCHMIDT G., Die Buchmalerei, in: Ausstellungskatalog Gotik in Österreich. Krems 1967, 158 ff.
–, Die Buchmalerei, in: Gotik in Niederösterreich, hg. v. F. Dworschak und H. Kühnel. Wien 1963, 110
–, Die österreichische Kreuzigungstafel in der Huntington Library. ÖZKD (1966) 3 ff.
–, Die Buchmalerei, in: Gotik in Böhmen, hg. v. K. M. Swoboda. München 1969
–, Ein St. Pöltner Missale aus dem frühen 15. Jahrhundert. ÖZKD 16 (1962) 1–15, Abb. 15
SCHNEIDER K., Der „Trojanische Krieg" im späten Mittelalter. Berlin 1968, 59–65
SIEVEKING H., Der Meister des Wolfgang Missale von Rein. – Zur österreichischen Buchmalerei zwischen Spätgotik und Renaissance. München 1986
STANGE A., Deutsche Malerei der Gotik XI. Berlin, München 1961. Bd. X. München 1960
–, Eine oberrheinische Handschrift aus der Mitte des 15. Jahrhunderts, in: Beiträge zur Forschung; Studien aus dem Antiquariat Jaques Rosenthal; N. F. II (1929) 25–38

STERLING CH., The Master of the Landsberg Altarwings, in: Kunsthistorische Forschungen Otto Pächt zu Ehren. Wien 1972, 159–160, 164, Abb. 7
–, Observations on Moser's Tiefenbronn Altarpiece. Pantheon 30 (1972) 19–32
SUCKALE R., Die Regensburger Buchmalerei von 1350–1450, in: Ausstellungskatalog ‚Regensburger Buchmalerei'. Von frühkarolingischer Zeit bis zum Ausgang des Mittelalters. Regensburg 1987, 98–99, 108–109, Nr. 98–100, Taf. 167, 166, 72
SUIDA W., Österreichische Malerei in der Zeit Erzherzog Ernst des Eisernen und König Albrecht II. Wien 1926, 74

TACUINUM SANITATIS IN MEDICINA. Cod. Ser. nov. 2644, Faksimileausgabe der Reihe Codices selecti Vol. VI. Kommentar von F. Unterkircher. Graz 1967, 6
TACUINUM SANITATIS, Vollständige Faksimileausgabe im Originalformat des Codex 2396 der Österreichischen Nationalbibliothek. Codices selecti LXXVIII. Kommentar von J. Rössl, H. Konrad. Graz 1984
TOESCA-BERTI E., Il Tacuinum Sanitatis delle Biblioteca Nazionale di Parigi. Bergamo 1937
TIETZE E. – CONRAT, Benesch O., Gazarolli K. – Thurnlackh, Die Zeichnungen der deutschen Schulen bis zum Beginn des Klassizismus. Wien 1933, 5
TRENKLER E., Livre d'Heures. Wien 1948, 23
–, Das Evangeliar des Johann von Troppau. Wien 1948
TRÖSCHER G., Die burgundische Plastik des ausgehenden Mittelalters, Frankfurt a. M. 1940, Fig. 203

VAASSEN E., Die Werkstatt der Mainzer Riesenbibel in Würzburg und ihr Umkreis. Archiv für Geschichte des Buchwesens 13 (1973) 1226
VAVRA E., Ein Codex in Madrid, Bibl. Nac. Ms. B. 19, Vit 25-7, Studien zur Wiener Malerei in der ersten Hälfte des 15. Jahrhunderts. (Ungedr.) Diss. Wien 1975

WILCKENS L. V., Salzburger Buchmalerei um 1400 – was charakterisiert sie und was trennt sie von der donaubayerischen?. Anzeiger d. Germ. Nationalmus. (1974) 32
WOHLGEMUTH B., Die Werkstatt der Grillinger-Bibel in Salzburg am Anfang des 15. Jahrhunderts (München, Bayerische Staatsbibliothek, Cod. lat. 15701). Diss. München 1973, 100 f.

ZIEGLER CH., Studien zur Stilherkunft und Stilentwicklung des Buchmalers Martinus Opifex (Wien: Österreichische Nationalbibliothek: Cod. 2773; Cod. 326; Cod. 1767. Granada: Universitätsbibliothek: Cod. C-67. Stuttgart: Württembergische Landesbibliothek: Cod. brev. 91). (Ungedr.) Diss. Wien 1974
–, Zur österreichischen Stilkomponente des Buchmalers Martinus Opifex. Codices manuscripti 3/3 (1977) 82–94
–, in: Ausstellungskatalog, Historisches Museum der Stadt Wien 1986/1987, 73
–, in: Ausstellungskatalog, Stift Zwettl 1981, 208, Nr. 272
–, Ein unbekanntes Werk des „Lehrbüchermeisters". ÖZKD 34 (1980) 1, Anm. 3
–, Lokalisierungsprobleme in Text und Ausstattung von spätmittelalterlichen Handschriften, in: Beiträge zur Überlieferung und Beschreibung deutscher Texte des Mittelalters (Referate der 8. Arbeitstagung österreichischer Handschriftenbearbeiter vom 25. bis 28. November 1981 in Rief bei Salzburg), hg. v. Ingo Reiffenstein. Salzburg 1983, 179–191, Abb. 1–7
–, Das Mondseer Urbar von 1416, Ein Beitrag zur Frühphase der Werkstatt der Grillinger Bibel. ÖZKD XXXI (1977) 126
–, Stift Zwettl und Böhmen, in: Alte und Moderne Kunst 176 (1981) 7–12
–, Das Stundenbuch Cod. 406 des Stiftes Zwettl. Teilfaksimileausgabe mit Kommentar. Wien 1983
ZIEGLER CH., RÖSSL J., Zisterzienserstift Zwettl – Katalog der Handschriften des Mittelalters – Teil II, Codex 101–200, in: Scriptorium Ordinis Cisterciensium Monasterii BMV in Zwethl. Wien 1985, 145–146
ZIPS M., Tristan und die Ebersymbolik, in: Genealogica et Heraldica I (1970) 445–450

ABBILDUNGSVERZEICHNIS

(Abb. 1) Meister der Worcester Kreuztragung (Martinus Opifex), Chicago, Museum of Arts; Wien, 1430–1435
(Abb. 2) Hugo v. Trimberg, Der Renner, Heidelberg Universitätsbibliothek, Cod. pal. germ. 471, fol. 34v; Bayern, 1431; Zorn, die vierte Totsünde
(Abb. 3) Ottheinrichsbibel, München BSB, Cgm. 8010, fol. 13r; Bayern, ca. 1440; Matthaeusmeister; Taufe Christi
(Abb. 4) Meister Francke, Kreuztragung, Hamburg – Kunsthalle; nach 1424
(Abb. 5) Biblia Pauperum, Salzburg, St. Peter, Stiftsbibliothek, Cod. a IX 12, fol. 20r; spätes 14. Jh.; Kreuztragung
(Abb. 6) Peutinger Gebetbuch, Stuttgart, Württembergische Landesbibliothek, Cod. brev. 91, fol. 93r; ca. 1450; Meister des Peutinger Gebetbuches aus der Werkstatt des Martinus Opifex; Kreuztragung
(Abb. 7) Kreuztragung, Wien, Albertina, Kupferstichsammlung; nach 1430
(Abb. 8) Votivtafel mit der Reiterschlacht Ludwigs von Ungarn, Graz, Ioanneum; um 1430; Meister der St. Lambrechter Votivtafel
(Abb. 9) Albrecht von Scharfenberg, Der Jüngere Titurel, München, BSB, Cgm. 8470, fol. 2v; Wien, um 1430
(Abb. 10, 11, 12, 14, 15) Petrus Comestor, Historia Scholastica, Wien, Albertina, Kupferstichsammlung, Inv.-Nr. 31036; Szenen aus dem Alten Testament; Wien, 1420–1430
(Abb. 13) Ulrich von Pottenstein, Buch der natürlichen Weisheit, München, BSB, Cgm. 254, fol. 7r; 1431; Werkstatt der Historienbibel der Albertina Wien und Berlin, Kupferstichkabinett
(Abb. 16) Christus in der Trauer, Berlin, Staatliche Museen; ca. 1420–1430; Werkstatt des St. Lambrechter Votivtafelmeisters
(Abb. 17) Jesus unter den Schriftgelehrten, Berlin, Kupferstichkabinett (Staatliche Museen Preußischer Kulturbesitz), Inv.-Nr. 5554; Wien, ca. 1420–1430; Werkstattumkreis der Historienbibel von Wien und Berlin; lavierte Federzeichnung
(Abb. 18) Schondoch, Die Geschichte der Königin von Frankreich, Wien ÖNB, Cod. 2675*, fol. 7v; Wien, ca. 1430; Werkstattkreis der Historienbibel von Wien und Berlin
(Abb. 19) Meister des Albrechtsaltares, Klosterneuburg, Stiftsgalerie; Wien, ca. 1437–1439; Verkündigung
(Abb. 19a, b, c, 20, 21) Meister des Albrechtsaltares, Klosterneuburg, Stiftsgalerie; Wien, ca. 1437–1439; Geburt, Darbringung, Geburt Mariae, Marientod, Marienkrönung
(Abb. 22) Guido da Colonna, Historia destructionis Troiae (dt.), Wien ÖNB, Cod. 2773, fol. 16r; Wien, ca. 1447/48–1454; Martinus Opifex; In Liebessehnsucht betrachtet Medea in ihrer Kammer den Sonnenuntergang
(Abb. 23) Meister des Albrechtsaltares, Klosterneuburg, Stiftsgalerie; Wien, ca. 1437–1439; Bestätigung der Ordensregel der Karmeliter durch den Papst
(Abb. 24) Brevier Friedrichs III., Wien ÖNB, Cod. 1767, fol. 257r; 1447/1448; Martinus Opifex und Werkstatt (?)
(Abb. 25) Meister des Albrechtsaltares, Klosterneuburg, Stiftsgalerie; Wien, ca. 1437–1438; Besuch im Kloster
(Abb. 26) Geburt Christi mit typologischen Randdarstellungen, Wien, Kunsthistorisches Museum, Sammlung für Plastik und Kunstgewerbe, PS 4947; Wien – Bayern, gegen 1460; Berhold Furtmyr (?) (Frühwerk)
(Abb. 27) Meister des Albrechtsaltares, Klosterneuburg, Stiftsgalerie; Wien, ca. 1437–1439; Schutzmantelmadonna
(Abb. 28) Meister von Schloß Lichtenstein, Philadelphia, Museum of Art; Wien, ca. 1440; Begegnung an der Goldenen Pforte
(Abb. 29) Leopold Stainreuter, Chronik der 95 Herrschaften, Berlin, Staatsbibliothek Preußischer Kulturbesitz, Ms. germ. fol. 2°122, fol. 31v; Wien, um 1400; Nikolaus von Brünn
(Abb. 30) Petrus Comestor, Historia Scholastica, Wien, Albertina, Kupferstichsammlung (Inv.-Nr. s. o.); Wien, 1420–1430; Salomon und die Königin von Saba
(Abb. 31) Speculum Humanae Salvationis, Madrid, Bibl. Nac. Ms. B-19, Vit. 25-7, fol. 8v; Wien, um 1432
(Abb. 32) Missale für den Karmeliterorden, Vatikan, Biblioteca Apostolica, Cod. Ross. lat. 123, fol. 3r; Wien, 1440–1450
(Abb. 33) Tacuinum Sanitatis, Granada, Universitätsbibliothek, Cod. C-67, fol. 82r; Martinus Opifex und Werkstatt; Wien, um 1440; Ibn Butlan
(Abb. 34) Thomas de Cantimpré, De natura rerum, Granada, Universitätsbibliothek, Cod. C-67, fol. 94v; Martinus Opifex und Werkstatt; Wien, um 1440; *Thunus*
(Abb. 35) Tacuinum Sanitatis, Granada, Universitätsbibliothek, Cod. C-67, fol. 111r; Martinus Opifex; Wien, um 1440; *Fiole*
(Abb. 36) Meister des Albrechtsaltares, Klosterneuburg, Stiftsgalerie; Wien, ca. 1437–1439; Joachim und Anna an der Goldenen Pforte
(Abb. 37) Tacuinum Sanitatis, Granada, Universitätsbibliothek, Cod. C-67, fol. 110v; Martinus Opifex und Werkstatt; Wien, um 1440; *Absintium*
(Abb. 37a) Thomas de Cantimpré, De natura rerum, Granada, Universitätsbibliothek, Cod. C. 67, fol. 1r; Werkstatt des Martinus Opifex; Wien – Bayern, um 1440; *Hominum genus*
(Abb. 38) Tacuinum Sanitatis, Granada, Universitätsbibliothek, Cod. C-67, fol. 87v; Martinus Opifex (+ Werkstatt); Wien, um 1440; *Castanee*
(Abb. 39) Peutinger Gebetbuch, Stuttgart, Württembergische Landesbibliothek, Cod. brev. 91, fol. 24v; Meister des Peutinger Gebetbuches aus der Werkstatt des Martinus Opifex; ca. 1450; Christus als Schmerzensmann
(Abb. 40) Jacobus de Voragine, Legenda aurea, Wien ÖNB, Cod. 326, fol. 261v; Wien, 1446/1447; Meister der Klosterneuburger Missalien
(Abb. 41) Guido da Colonna, Historia destructionis Troiae (dt.), Wien ÖNB, Cod. 2773, fol. 129r; Wien, ca. 1447/48–1454; Mitarbeit des Meisters der Klosterneuburger Missalien; *Hie begraben die kriechen ihre edl toten und die andern lassen sie verprennen*

(Abb. 42) Guido da Colonna, Historia destructionis Troiae (dt.), Wien ÖNB, Cod. 2773, fol. 151r; Wien, ca. 1447/48–1454; Mitarbeit des Lehrbüchermeisters; Andromeda offenbart dem Hector ihren Traum
(Abb. 43) Franziscus de Retza, Expositio in Salve Regina, I, Nürnberg, Stadtbibliothek, Cod. Cent. III 70, fol. 1r; 1458; Lehrbüchermeister, Strahlenkranzmadonna
(Abb. 44) Brevier Friedrichs III., Wien ÖNB, Cod. 1767, fol. 215r; 1447/1448; Meister Michael; Geburt Mariae in *D(omine)*-Initiale
(Abb. 45) Guido da Colonna, Historia destructionis Troiae (dt.); Wien ÖNB, Cod. 2773, fol. 185r; Wien, ca. 1447/48–1454; Mitarbeit des Meister Michael
(Abb. 46, 47) Thomas de Cantimpré, De natura rerum, Granada, Universitätsbibliothek, Cod. C. 67, fol. 56v, 27v; Wien–Bayern, um 1440; Werkstatt des Martinus Opifex; *Ceruleum, Simia*
(Abb. 48) Guido da Colonna, Historia destructionis Troiae (dt.), Wien ÖNB, Cod. 2773, fol. 6v; Wien, ca. 1447/48–1454; Martinus Opifex; Jason und Hercules rasten auf ihrer Fahrt
(Abb. 49) Guido da Colonna, Historia destructionis Troiae, Mailand, Ambrosiana, Cod. H. 86 sup., fol. 4v; Lombardei, Ende 14. Jahrhundert; Jason und Hercules rasten auf ihrer Flucht
(Abb. 50) Guido da Colonna, Historia destructionis Troiae (dt.), Wien ÖNB, Cod. 2773, fol. 75r; Wien, ca. 1447/48–1454; Martinus Opifex und Werkstatt; Stände der Trojaner
(Abb. 51) Brevier Friedrichs III., Wien ÖNB, Cod. 1767, fol. 269r; Wien, 1447/1448; Martinus Opifex (+ Werkstatt)
(Abb. 52) Die Reisen des Ritters Jean Mandeville, London, British Library, Ms. Ad. 24189, fol. 3v; Böhmen, um 1420; Der Ritter Mandeville und sein Gefolge unterwegs
(Abb. 53) Benediktinerregel, München, BSB, Cgm. 8201^d, fol. 36r; Kloster Metten, 1414
(Abb. 54) Konrad Witz, hl. Christophorus; 1435; Berlin, Staatliche Museen
(Abb. 55) Meister des Albrechtsaltares, Klosterneuburg, Stiftsgalerie; Wien, ca. 1437–1439; Elias teilt den Jordan
(Abb. 56) Konrad Witz, Der wunderbare Fischzug, Genf, Musée d'Art et d'Histoire; 1444
(Abb. 57) Brevier Friedrichs III., Wien ÖNB, Cod. 1767, fol. 108v; Wien, 1447/1448; Martinus Opifex (+ Werkstatt); Die drei Frauen am Grabe, *L(audate)*-Initiale
(Abb. 58) Die Reisen des Ritters Jean Mandeville, London, British Library, Ms. Add. 24189, fol. 4v; Böhmen, um 1420; Mandeville unterwegs nach Konstantinopel
(Abb. 59) Wie oben, fol. 9v; Konstantinopel mit der Kathedrale Hagia Sophia und dem Denkmal des Kaisers Justinian
(Abb. 60) Meister des Albrechtsaltares, Klosterneuburg, Stiftsgalerie; Wien, ca. 1437–1439; Der Tod im Topf
Hinterdeckel des Buches außen: Guido da Colonna, Historia destructionis Troiae (dt.); Wien ÖNB, Cod. 2773, fol. 62r; Wien, ca. 1447/48–1454; Martinus Opifex; *Hie reit die konigin Helena zu der Innseln Citharee auf die kirweich der gotin Veneris*

ZITIERTE CODICES

Antwerpen, Museum Plantin Moretus, Ms. 15. I.
Aschaffenburg, Hof- und Stiftsbibliothek, Man. 11 (?)
Bergamo. Biblioteca Civica. Ms. VII
Berlin, Kupferstichkabinett Preußischer Kulturbesitz, Inv.-Nr. 4095–4169; Inv. Nr. 5554
Berlin, Staatsbibliothek Preußischer Kulturbesitz, Ms. germ. fol. 122; Ms. germ. fol. 1202; Ms. germ. Qu 1870
Chantilly, Musée Condé, Ms. 51; Ms. 65
Città del Vaticano, Biblioteca Apostolica Vaticana, Cod. Ross. lat. 123
Göttingen, Niedersächsische Staats- und Universitätsbibliothek, Cod. ms. philos. 63
Granada, Biblioteca Universitaria, Cod. C-67
Graz, Universitätsbibliothek, Cod. 2
Heidelberg, Universitätsbibliothek, Cod. pal. germ. 471
Heiligenkreuz, Stiftsbibliothek, Cod. 12 A 10; Cod. 12 A 15 (früher in Wiener Neustadt, Neukloster)
Karlsruhe, Landesbibliothek, St. Georgen Cod. germ. LXVI
Klosterneuburg, Stiftsbibliothek, CCl 68, 606, 1099; Ms. 130
Kremsmünster, Stiftsbibliothek, Cod. 328
Liège, Bibliothèque generale de l'Université, Ms. 1041
London, British Museum Library, Add. Ms. 24189
London, Sammlung des Grafen Antoine Seilern (Vita sancti Simperti)
Madrid, Biblioteca Nacional, Ms. B. 19, Vit 25-7
Milano, Biblioteca Ambrosiana, Ms. H. 86 sup.
Mondseer Urbar (Privatbesitz, Graf Almeida)
München, Bayerische Staatsbibliothek, Cgm. 254, 342, 696, 8010, 8010a, 3974, 8470; Clm. 61,8201^d, 9716, 15701; Cod. gall. 6
New York, Metropolitan Museum of Art, The Cloisters (Belles Heures of Jean, Duke of Berry)
New York, Pierpont Morgan Library, M 230; Nr. 882-2
Nürnberg, Stadtbibliothek, Cod. Cent. III 70
Olmütz, Kapitelbibliothek, Cod. 2
Oxford, Bodleian Library, Ms. Bodley 602
Paris, Bibliothèque Nationale, Ms. fr. 616, 2692, 6465, 23279; Ms. lat. 1076, 7899, 9333, 9466; Ms. lat. Nouv. Acq 1637, 2129
Prag, Nationalmuseum, Cod. XIII A 12
Roma, Biblioteca Casanatense, Ms. 4182
Rouen, Bibliothèque Municipale, Ms. Leber 1088
Salzburg, St. Peter, Stiftsbibliothek, Cod. a VII 27, a IX 12
Stockholm, Königliche Bibliothek A 225 (Gebetbuch des Iohannes Siebenhirter)
Stuttgart, Württembergische Landesbibliothek, Cod. brev. 91
Turin, Museo Civico (Les Très Belles Heures de Notre Dame)
Washington, D. C., Library of Congress (Mainzer Riesenbibel)
Wien, Albertina, Kupferstichsammlung, Inv.-Nr. 31 036. Fach II, 1A
Wien, Dom- und Diözesanmuseum (Tuers-Missale)
Wien, Haus-, Hof- und Staatsarchiv, Cod. 84; Urbarbuch der Feste Rheinfelden
Wien, Kunsthistorisches Museum, Sammlung für Plastik und Kunstgewerbe, PS 4947
Wien, Österreichische Nationalbibliothek, Handschriften- und Inkunabelsammlung, Cod. 23*, 326, 1182, 1767, 1864, 1855, 1899, 2289, 2368, 2396, 2597, 2617, 2675*, 2678, 2760, 2765, 2722, 2773, 2783, 2774, 3044; Cod. Ser. nov. 2617, 2644, 3310
Wolfenbüttel, Herzog August Bibliothek, Ink. 1.1.1.
Zwettl, Stiftsbibliothek, Cod. Zwetl. 1, 86, 153, 406

ABKÜRZUNGEN

Abb.	Abbildung	Ink.	Inkunabel
Anz.	Anzeiger	Jb., Jhb.	Jahrbuch
Ausst.-Kat.	Ausstellungskatalog	Jh.	Jahrhundert
BSB	Bayerische Staatsbibliothek	kh., kunsth.	kunsthistorisch
Bibl. Nat.	Bibliothèque Nationale	k. k.	kaiserlich, königlich
Bibl. Nac.	Biblioteca Nacional	Kunstg.	Kunstgeschichte
BMV	Beata Maria Virgo	lt., lat.	latinus
brev.	breviarium	Ms.	Manuscriptum
Bull.	Bulletin	Man.	Manuscriptum
BGPhMA	Beiträge zur Geschichte der Philosophie des Mittelalters	Marc.	Marcus
		Matth.	Matthäus
Cod.	Codex	Mus.	Museum
CCl	Codex Claustroneoburgensis	o.	oben
Clm	Codex latinus Monacensis	ÖNB	Österreichische Nationalbibliothek
Cod. Zwetl.	Codex Zwetlensis	oberrhein.	oberrheinisch
dt.	deutsch	pal.	palatinus
Diss.	Dissertation	philos.	philosophisch
d.	der	preuß.	preußisch
Dies.	Dieselbe	r	recto
fol.	folium	Slg(n)	Sammlung(en)
ff.	folgende	SPK	Staatsbibliothek Preußischer Kulturbesitz
fr.	française		
f.	für	s.	siehe
germ.	germanicus	Taf.	Tafel
Gesch.	Geschichte	ser. nov.	series nova
hl.	heilig	v	verso
hg.	herausgegeben	Zeitschr.	Zeitschrift

REGISTER (zusammengefaßt)

Aachen, Suermondt-Museum, Gefangennahme Christi 22
Achill 36, 60, 72, 74
Adler 74
Aeneas Silvius Piccolomini 78, 81
„Äffchen" 68, 101
äffischer Narr 103
Affen-Narr 22, 103 f.
Agamemnon, König von Mykene 74
Akanthusblatt 100
Akelei 100 f.
Aktionsbühne 12, 52
Albertina, Kupferstichsammlung 94
Albertus Magnus, Historia Naturalis 8
Albrecht V., Erzherzog von Österreich, König von Böhmen, Ungarn und Deutschland 66, 74, 76 f., 81
Albrechtsaltar, Meister des 10, 12, 13, 27, 32, 39, 84 f.
- Begegnung an der Goldenen Pforte 47, 55, 84, 97
- Besuch im Kloster 93
- Bestätigung der Ordensregel der Karmeliter 39, 46
- Botschaft des Engels an Joachim 88, 97
- Darbringung 34
- Elias teilt den Jordan 84, 97
- Geburt 36, 50, 94
- Marienkrönung 38, 47
- Marientod 36, 47, 52
- Schutzmantelmadonna 46, 49, 74
- Tod im Topf 97
- Verkündigung 34, 47, 50
Albrechtsminiator 9, 40, 58, 61, 83, 100 f.
- Missale des Wilhelm von Tours 99
Alexanderroman 72
Altichiero von Padua, Kreuztragung 19
altniederländische Malerei 13, 19, 32, 38, 84
Amigdale 57
amourös 57
Andachtsbild 11
Andreasaltar, Meister des 24
Andree Iohannes 82
Apis s. Colonna
Apium 57
Apostel kniend 52
Arbeiter s. u. „Opifex"
Architektur 33, 71, 82, 91, 94
- böhmisch 94
- Burg 94
- Formen 91
- Gewölbe 97
- Kulissen 77, 96
- Pfeiler 95 f.
- Plastik 32, 95, 97, 102, 104
- Wiener 94
artifex 75 f.
Augsburg 9
Augustiner-Chorherren, Prozession der 47

Banner 73
Bär 101
Baldass L. 11
Basel, Konzil (1432–1449) 10, 13
Baumfläche 90
- Früchte 57, 90
- Motiv 84
Bellini Iacopo 40
Benediktinerregel des Klosters Metten 83, 90
Benesch O. 30
Berthold von Regensburg 66

Biblia Pauperum 24, 26
Bildbühne 42
Bildfläche aufgeklappte 84, 91
Bildner s. u. „Opifex"
Blattmaske 98
Blütenkelch 101
Bodensee(raum) 10, 88
Böhmen 56
böhmisch-alt 103
böhmischer Stil 13, 82, 89 f.
Boucicautmeister 88, 90, 92
Brandt H. 82
Brevier Friedrichs III. 8, 27, 34, 53, 59, 74
Buchkunst, Wenzelshandschriften 13
Buchthal Hugo 70
Budapest, Nationalmuseum, Kreuztragung 19
Burgund 96
Bushart 11
Butlan Ibn 8, 50, 53 f.

Caesar 81
Cantimpré s. Thomas von
Cerosa acetosa 57
Chartreuse Grande 94
Christi Schweißtuch 63
Christus 16 f., 24, 26 f.
Christus in der Trauer 28, 89
Christus und Thomas 58
Christus unter den Schriftgelehrten 30
Chronik französische 80
Cilli Barbara von, Frau des Kaiser Sigismund, König von Ungarn 8, 76
Cilli Friedrich II. von, Graf 76
Cilli Ulrich II. von, Graf 76
Citharee (Kythere) 103
Citonia 57
Clarenaltar, Franziskanerinnenkloster Köln 24
Colonna s. a. u. Martin, Papst
Colonna Apis 80
Colonna (Columna, Columpna) Guido da, Historia destructionis Troiae 9, 53, 70 ff., 73, 76, 80 f.
Cornell 82
Crapula 70
Cretin 103
Cronica Austriae 80
Cyeser Conrad, Bellifortis 23
Cyrene s. u. Kyrene

D'Ailly 10
David s. u. Petrus Comestor
Deutsch 58
- latinisiert
Diagonale 36, 87, 91
Diaspora böhmische 104, 83
Dietrichstein-Martyrologium, Meister des 99
Distel 100
Divicie 70
Dominikaner 66
Dorothea, Magd 78
Draperieduktus 29, 32, 39, 49, 50, 91
- Knitter-, Schüssel-, Röhren-, Ziehharmonikafalten 44, 53
Dreieck 87, 91, 97
Drôleriemotive 59, 99, 101
Dummheit 103
Durandus Guilelmus, Rationale Divinorum Officiorum 34, 48, 99, 100, 102
Dynter Edmund de 81

Ebendorfer Thomas von Haselbach 80 f.
Eber 74
Edelsteine 78, 80
Ehrensmann J. 12
Eisberge 46
Eizinger Ulrich 76
Eleonore von Portugal, Gemahlin Friedrichs III. 78
Elisabeth, Frau Albrechts V. 76
Emblem 103, 104
Eneas s. Aeneas
Engel mit Portativ 101
Erzählweise genrehaft 86
Erker(motiv) 94
Etymologie bei Martinus Opifex 75 f., 103—104
Eyck Jan van, Genter Altar 32, 84
– Kreuzigung 18, 39
– Turiner Stundenbuch (Messe) 39, 86
Eyck Hubert van (s. bei Jan) 7, 13, 84

Federzeichnung 14, 26, 30, 40, 69 f., 82 f.
Felszonen schollenartige 55, 71, 84
„Fersentanz" 70
Fex 103
Figura diaboli 103
Fiole 57, 50
Fischel L. 11
Fischer O. 12
Flémalle Meister von 32, 84, 86
– Grablegung 40
– Maria in den Stuben 39
– Trinität 40
Formzertrümmerung 44
Fragmente hebräische 74 f.
französische Buchmalerei 27, 88
französischer Stil 90
Freisinger Madonna 46
Friedrich III., Erzherzog von Österreich, ab 1440 König; ab 1452 römisch-deutscher Kaiser 13, 67, 76 f., 97
– Brevier 8, 27, 34, 53, 59 f., 63 f., 74, 88, 91, 95, 98, 103
– Handregistratur 49, 74, 80
Fouquet Jean, Boccacio 92, 104
– Grandes Chronique de France 92
Fürst Bruno 11, 46
Furtmeyr Berthold 40, 49, 86, 91
– Bibel 40

Gamsbock 101
Gaston Phebus, Livre de la Chasse 90
Gebetbuch Albrechts VI. 38, 74, 101
Genter Altar s. Eyck Jan van
Gerhartl G. 78
Germanismen 73
Gerona s. u. Martyrologium
Gerson 10
Gerung Matthias 64
Gewitter 88
Giovannino de Grassi 12
Giotto, Beweinung 40, 64
Glockenblume 100 f.
Goldleiste 98 f.
Goldstab 98
Graffenreutter Contz 78
Grammatik lateinische 78
Granatapfelmuster (Dekor) 52
Graphik 11, 58
Graz, Joanneum, Kreuztragung 24
– Reiterschlacht s. Votivtafelmeister
Griffin N. E. 70, 81

Grillinger-Bibel 64, 83, 101
Grimasse 96
Groteske 13
Guida da s. u. Colonna

Habsburger-Dynastie 76 f., 80
Hamburg, Kunsthalle 17
Handregistratur s. Friedrich III.
Handschriftenillustration 11
Handwerker s. u. „Opifex"
Hase 101
Haussteuerverzeichnis 78
Heimburg Gregor von 73
Hektor 38, 60, 62, 74, 81
Helena s. a. u. Hochzeit 103
Hercules s. a. u. Iason
Hesdin Jaquemart de, Très Belles Heures de Notre Dame (Flucht nach Ägypten; Kreuztragung) 88 f.
Hieronymusmeister (Ottheinrichsbibel) 64
Himmel 86, 89
– Streifen 84 f.
– Zone 94
Historisches bei Martinus Opifex 70—81
Hochzeit des Paris mit der Helena 53, 80, 95
Hofminiatoren Wiener 13, 34, 40, 48, 62, 97 f., 102
Hofburgkapelle s. Wien
Hrabanus Maurus 76
Huggucio 76
Hund 101, 103
Hus Johannes 66
Hussiten 13, 21 f.
– Kriege 13
– Schlacht 21

Illuminator 52, 54, 69, 75
Illuminatoren Regensburger 69
„impressionistische" 60, 82, 90
Initiale
– bewohnt (historisiert) 102
Initialornamentik 101
Irtenkauf W. 9

Jacobus de Voragine, Legenda aurea 8, 59 f., 64
Jagd 78, 101 f.
Jason 36, 53
– auf dem Meer 89
– nimmt Abschied von König Peleus 71
– und Hercules rasten auf der Fahrt 71
– (s) Kampf um das Goldene Vlies 72, 88
Jerchel 11
Jeronianum 82

Kalenderbilder s. Très Riches heures
Kalenderkompositionen 56, 94
Kalvarienberg s. Köln, Wallraf-Richartz-Museum 21 f.
Kargnische s. Multscher Hans
Karl IV. (Luxemburger), König von Böhmen 80 f.
Karl der Kühne 96
Karlstein, Burg 81
Karmeliter s. u. Missale
Kaschauer Jakob 11, 46, 66 f.
Kastenarchitektur 71
Kautsch R. 11, 82
Kéry Bertalan 77
Klerc Jean de 80—81
Köln, Wallraf-Richartz-Museum, Dornenkrönung 23
– Großer Passionsaltar 23 f.
– Kalvarienberg 21
– Kreuztragung 23

Königin von Saba s. Petrus Comestor
Kolophon 75 f.
Kolorit 29, 48, 52, 53, 59, 62, 65 f., 74, 82
Konstantinopel 54
Konstanzer Konzil (1414–1418) 10, 21, 66, 74, 77
Kräftespannungen 87
Kreuzigung s. Eyck van H. und J.; Budapest 19
– Nationalmuseum; Wien, Albertina 26
Kurfürsten 77
Kurth Betty 8, 56
Kyrene Simon von 19 f.
Kythere s. Citharee

Laib Conrad 10
Landsberger Altar, Meister des 11, 26, 66
Landschaft bei Martinus Opifex 82–97
Landschaftsdarstellung 33, 52, 58, 60
Laomedon, König 74
latein 54, 73, 104
„Lehrbuch-historisches" 78
Lehrbüchermeister 38, 49, 63, 74, 90, 99, 100
Leningrad, Eremitage, Maria in den Stuben (Meister von Flémalle) 39
Lettern-Gold 75
Lhotsky A. 66, 80 f.
Liber Viaticus 102
Lichtatmosphäre 82, 84
Lichtenstein Georg von, Bischof von Trient 56
Lichtenstein Meister von 10, 32, 47, 50, 66
Liebesszene 57
Limbourg Brüder, Belles Heures 27, 86, 92, 94
– Très Riches Heures 87 f., 90, 94
Londoner Gnadenstuhl 27, 40
Löwe böhmischer, goldener 73, 74, 101
Lucas Ev. 19
Luftatmosphäre 52, 82, 86

Magdalenenaltar von Tiefenbronn 84
Malerei 11
– Grisaille 60, 96
– plastische 46
Malouel Jean, Trinität 40
Mandeville Jean de, Reisebeschreibung 14, 82, 88 f., 90, 94
Maria 24, 28 f., 32, 34
Mariengruppe 22
Maria am Gestade Meister der, Marienkrönung 91, 97
Maria Magdalena, Leben der hl. 82
Marcus Ev. 19
Markusmeister (Ottheinrichsbibel) 14, 29, 46, 64 f., 66, 70
Martin V. (Odo Colonna), Papst 77, 80
Martinus s. u. Opifex
Martyrologium von Gerona 82, 89
Matthäus Ev. 19
Matthäusmeister (Ottheinrichsbibel) 14, 64, 67 f., 70, 84, 88, 101
Medea 36, 39, 44, 53
„Meerestiefe" 68
Meister des Andreasaltares 24
Meister der Benediktbeurner Kreuzigung 85
Meister der hl. Veronika, Dornenkrönung 24
Meister der Klosterneuburger Missalien 9, 48, 58, 60 f., 64, 67, 78, 83, 90, 100
Meister der Tabula Magna 96
Meister der Wiener Darbringung 33 f.
Meister E.S. 102
Meister Francke 13, 17, 20 ff., 28
Meister Michael, Hofminiator 9, 40, 58, 64, 78, 83, 99
Menelaus, König von Sparta 74
Menschenpaar erstes 44
Metten s. Benediktinerregel

Mennel Jakob 80
Michael, Erzengel 91
Miniator 91
Missale für den Karmeliterorden, Schutzmantelmadonna 48
Missale Meister des Wolfgang 40
Mondseer Urbar 101
Mohrentypus 104
Morgenstern 21
Moser Lucas 10, 32, 84, 86
Moses 28
Multscher Hans 10, 11, 13, 32, 96
München, Bayerisches Nationalmuseum s. Freisinger Madonna
Mundart bayerische 58, 70

Napones 57
Narr s. a. u. Affe und äffisch 22, 103
Narrenmaske 103 f.
Narrenköpfe 103 f.
Narretei 103
Narrifex 103
Neubecker 74
Neukloster (Zisterzienserkirche) – Wiener Neustadt 97
New York, Metropolitan Museum, Kreuzigung der Brüder van Eyck 18, 39, 84 f.
Niederösterreich 30, 74
Nikolaus von Brünn 13, 100
Nikolaus von Dinkelsbühl (Universitätsgelehrter) 66
Nix et glacies 55
Nothelfer, Altar der 14 96
Nuces 57
Nürnberg 66, 101
Nux Indie 103

Obermünster s. Stiftsdamen
Oberrhein 10, 84, 88
Oettinger K. 98
Opi 103
Opifex Martinus 7
„Opifex", Arbeiter 75
– Bildner 75
– Handwerker 75
– „Schöpfer" 76
– „Urheber" 76
– Verfasser 75
– Werkmeister 75 f.
österreichisch 23, 32, 49, 56, 66
Ottheinrich Pfalzgraf 64
Ottheinrichsbibel 14, 29, 46, 64, 66 f., 68 f., 84, 99

Pächt Otto 7, 9, 12, 17 f., 32, 36, 54, 56, 69, 96, 104
Panofsky E. 18 ff.
Parement de Narbonne, Meister des 22, 24
Paris, Louvre, Cabinet des Estampes (Sammlung Rothschild), „Hussitenschlacht" 21
Paris s. a. u. Hochzeit des 60
Passionsaltar s. Köln, Wallraf-Richartz-Museum
Peleus s. u. Jason
Perger R. 11, 66
Petrus Comestor, Historia Scholastica 13, 27 f., 33, 40, 64, 83, 89, 94
– Davidszenen 28
– Königin von Saba 48
– Moses 28
– Turmbau zu Babel 28
Peutinger Gebetbuch 9, 26, 58, 91, 100
Peutinger Gebetbuchmeister 40, 58 f., 60 ff., 67, 90
Peutinger Konrad 9, 58
Philipp der Kühne 96
Philipp, Herzog von Burgund 81

115

Pisanello 13
Plastik 11, 46, 96
Plastik, Architektur 48
– burgundische 96
– Grabmal 96
– Relief 11, 44, 96
Podiebrad Georg von 78
Polling Meister von 12
„Portraittypus" 77
Possenhafte 103
Possenreißer 103
Postumus Ladislaus, König von Böhmen 74, 76 f.
Pottenstein Ulrich von, Buch der natürlichen Weisheit 28, 89
Prag 66
Priamos König 63, 74, 80
Projektionsfläche 11, 32
Prophetenbüsten 101
Psalter 22
„Pseudo Martinus" 64

Ranken-Ast 59, 91, 98, 99
– Dekor 55, 98, 101
– Feder 99
– Initiale 50
– Medaillon 68, 98
– Stab 98
– Strunk 98
– Wellen 100
Rankendekor bei Martinus Opifex 98–102
Ranken-Gold, ziseliert 66, 86, 100
Rationale Durandi s. Durandus
Rautenmuster 36, 87, 91, 94
Realismusbegriff 10 ff.
Regensburger Hof 66
Reichsverweser 77
Renémeister, Livre des Tournois, Livre du Cœur d'Amour épris 7, 93
Retz Franziscus von, Salve Regina 49, 66
Rheinfelden s. Urbarbuch
Richenthal Johannes 10
Richenthal Ulrich 10, 77
Richenthalchronik 10
Rose 100
– Goldene 77
Rosenauer A. 36, 40, 84, 88
Rudolf IV. von Habsburg 13
Rundleiste 99

Sachsenheim Hermann von 103
Sagenkreis 80
„Sakramentshäuschen" 96
Salzburger Buchmalerei 83, 99
San Marino (Kalifornien), Huntington Library and Art Gallery, Kreuztragung 23 ff.
Scharfenberg Albrecht von, Der Jüngere Titurel 27 f., 44, 89
Schergen 20 f., 24, 48
„Scherzlatein" 104
Schilfkolben 52
Schisma 10
„Schlagschatten" 68, 101
Schlangenarten 68
Schmidt G. 7, 8, 14, 30, 47, 76
Schmuckagraffe 73
Schnegg 96
Schneider Karin 69, 70 ff.
Schondoch, Die Geschichte der Königin von Frankreich 28, 33, 83 f., 89
„Schöpfer" s. u. „Opifex"

Schottenaltar Wiener, Flucht nach Ägypten
– Heimsuchung 97
Schreiber 76
Schutzmantelmadonna s. u. Albrechtsaltar und Missale für Karmeliter
Schwäne 90
Seeschwäbisch-oberrheinisch 84, 86
Seeschwäbische Tafelmalerei 84
Siebenhirter Johannes, Gebetbuch des, Darbringung im Tempel 40
Sicomouri 57
Sigismund, König von Ungarn, römisch-deutscher Kaiser 8, 74, 76, 78
Sigismundphysiognomietypus 74, 77, 81
Slüter Claus 96
Soest Konrad, Wildunger Altar 22
Speculum Humanae Salvationis, Christus in der Vorhölle 24, 27 f., 47 f.
Speisung der 4000 66, 68
Sponsus sponsa 70
Spruchbänder 58, 101
St. Antoine-en-Viennois 96
St. Emmeram in Regensburg (Benediktinerkloster) 69
Ständevertreter griechisch, trojanisch 73
Stainreuter Leopold, Österreichische Chronik der 95 Herrschaften 48
Stange A. 8, 14, 30, 82
Steinmaßwerk 94
Steinnelke 100
Stephansdom s. Wien
Sterling Ch. 11, 86
Stiftsdamen von Obermünster 78
Stil bayerisch 11, 66
Stilentwicklung bei Martinus Opifex 50–70
Stilgenese bei Martinus Opifex 32–50
Sturm auf dem Meer 65
Suckale R. 7, 8, 14, 19, 26, 30, 66, 69
südbayerischer Raum 101
Suida 8
Sunthaymtafeln, Klosterneuburg (Stiftsgalerie) 40

Tacuinum Sanitatis, Granada 8, 33, 50, 54 f., 58, 67, 78, 84, 88
– Liège 54 f.
– Paris 54 f.
– Rom 54 f.
– Rouen 54 f.
– Wien 54 f.
Tapisserie 58, 80
Teichlandschaft 52, 55, 94
Terenz, Komödie des 104
Theaterkulisse 96
Theukra s. u. Tod
Thomas von Cantimpré, De natura rerum 8, 33, 58, 67 f., 78, 81, 84, 88
Thomasaltar der Englandfahrer des Meister Francke 17 f.
Thunus 50
Tiefenillusion 84
Tiergarten 78
Tod als Aktfigur 70
Tode des König Theukra 58, 60
Toggenburgbibel 11
Totentanz 58, 69
Tragödie 94, 103
Trimberg Hugo von, Der Renner 14, 29, 70, 84 f.
Trient, Adlerturm, Fresken 56
Trier, Dom zu 80
Tristan 74
Troilus 74
Troja Stadt 44, 92, 94 f., 103

Trojanischer Krieg 7, 9, 13, 27, 36, 39, 42, 44, 50, 53, 58 f., 60, 63, 70 ff., 77, 80 f., 88, 103
Trompeter 74
Tucheraltar, Meister des 96
Turmbau zu Babel s. Petrus Comestor
Turiner Stundenbuch s. u. Eyck J. u. H.

Ulm 32
Unheil 103
Universität Prag 66
Universitätstadt Wien 66
Universität Wien, theologische Fakultät 66
Unndern schreinern 78
Unwetter 88
Urbarbuch der Veste Rheinfelden 82
„Urheber" s. u. „Opifex"
Urkunde 76
Ursula-Legende s. Wien Dom –

Vechta Konrad, Bibel des 82, 94, 98 f.
Veilchen 100
Verfasser s. u. „Opifex"
Vergißmeinnicht 100
Viole 57
Vinee 50
Vlies Goldenes s. u. Jason
Votivtafel, Meister der St. Lambrechter 24, 26 f., 29 f.
Votivtafelmeister, Reiterschlacht 27, 40, 44, 48

Wald-Nadel 78
Walhenwacht 78
Wappenbuch 73, 80
– Phantasie 74
– Symbolik 74
Wasser
– Landschaft 32, 46, 71

– Oberfläche 86, 88
– Speier 103
– Transparenz 84 f., 86
Wasservass'sche Kreuzigung, Köln, Wallraf-Richartz-Museum 13, 20, 27
Welczl Ulrich 78
Welser Margarete 9, 58
Wellenberge 88
– Schaum 88
Wenzel (Luxemburger), König von Böhmen 66, 81
Wenzelsbibel 101
– Handschriften 13, 98
– Werkstatt 66, 99
Werkmeister s. u. „Opifex"
Werkstatt-Leiter 30, 58, 62
Wien, Dom- und Diözesanmuseum, Ursula-Legende 28
Wien, Österreichische Galerie, Unteres Belvedere, Kreuztragung 24
Wien, Hofburgkapelle 95
Wien, Stephansdom 95, 97
Wiener Buchmalerei 27, 30, 33, 60, 66, 89, 94
Wiener Neustadt 78, 97
„Wiener Hausbuch der Cerutti" 54 f.
Wiener Raum 10, 14, 30, 46, 49, 62, 81, 83, 84, 97, 99 f.
„Wilder Mann" 101
Witz Konrad, hl. Christophorus, Wunderbarer Fischzug 10, 13, 32, 39, 84, 86, 87, 93
Wolfgang s. u. Missale
Worcester Meister, Chicago, Museum of Arts 7, 11, 12, 13, 14–30, 48, 62, 66 f., 69, 103 f.
Wurzacher Altar s. u. Landsberger Altar
Wyle Niclas von 73

Zaunmotiv 55, 84
Znaimer Altar 11, 46, 66
Zeichen fünfzehn 83
Ziegler Ch. 7, 14–104

117

FARBTAFELN

1. Tacuinum Sanitatis, Granada, Universitätsbibliothek, Cod. C-67, fol. 88r: um 1440; Martinus Opifex; *Bace lauri* (Bacha lauri = Lorbeerbeeren), *Amigdale* (Mandeln)
2. Thomas de Cantimpré, De natura rerum, Granada, Universitätsbibliothek, Cod. C-67, fol. 93r; Martinus Opifex; *Lentiscus* (Harzbaum)
3. Tacuinum Sanitatis, Cod. C-67, fol. 99r: Martinus Opifex; *Vinee* (Weinstock; vgl. Uve in den übrigen Tac. San.-Exemplaren); *Arbores Edon id est voluptatis . . .* (Der Garten Eden mit Adam und Eva); Martinus Opifex
4. De natura rerum, Cod. C-67, fol. 99v: *Arbores solis et lune . . .* (Baum der Sonne und des Mondes . . .); Martinus Opifex
5. Tacuinum Sanitatis, Cod. C-67, fol. 105v: *Capari* (Kapern); Martinus Opifex (+ Werkstatt)
6. Jacobus de Voragine, Legenda aurea, Wien ÖNB, Cod. 326, fol. 39v; 1446/1447; *B(asilius)*-Initiale (Basilius episcopus); Werkstatt des Martinus Opifex
7. Wien ÖNB, Cod. 326, fol. 86r: Martyrium des hl. Georgius
8. Wien ÖNB, Cod. 326, fol. 142r: Martyrium des hl. *S(implicius)* und des hl. *F(elix)* und die hl. Marthya; Werkstatt des Martinus Opifex (Meister des Peutinger Gebetbuches)
9. Brevier Friedrichs III., Wien ÖNB, Cod. 1767, fol. 1v; 1447/1448; Dedikationsblatt mit König Friedrich III. und Kaiser Sigismund (König von Ungarn); Martinus Opifex und Werkstatt
10. Wien ÖNB, Cod. 1767, fol. 91r: Verkündigung in *D(omine)*-Initiale; Martinus Opifex
11. Wien ÖNB, Cod. 1767, fol. 267v: Trinität in *B(enedicat)*-Initiale; Imago Christi in *S(alve)*-Initiale; Pfingstfest in *V(eni)*-Initiale; Martinus Opifex und Werkstatt
12. Wien ÖNB, Cod. 1767, fol. 268r: O-Initiale – hl. Michael; Martinus Opifex (+ Werkstatt); hl. Georg in *G(aude)*-Initiale; hl. Sigismund in *D(eus)*-Initiale
13. Wien ÖNB, Cod. 1767, fol. 269v: O-Initiale – Martyrium des Apostels Bartholomäus; d-Initiale – Martyrium des Apostels und Evangelisten Matthäus; O-Initiale – hl. Florian; Martinus Opifex
14. ÖNB Wien, Cod. 2773, Guido da Colonna, Historia destructionis Troiae (dt.), fol. 1r; Der Autor Guido da Colonna; Wien, 1447/48–1454
15. Wien ÖNB, Cod. 2773, fol. 2r: *Hie sitzent der König Peleus sein hausfraw Thetis und Achilles ir paider son bei in*
16. Wien ÖNB, Cod. 2773, fol. 5v: *Hie nement Iason und Hercules von dem könig Peleo urlawb zu raisen in die Innseln des konigs Oetis Colchos*
17. Wien ÖNB, Cod. 2773, fol. 6r: *Hie sigelnt der Iason und Hercules dohin*
18. Wien ÖNB, Cod. 2773, fol. 8v: *Hie schaiden Iason und Hercules von dem gstat des konigreichs von Troie*
19. Wien ÖNB, Cod. 2773, fol. 9v: *Hie reitendt Iason und Hercules zu der Stat des konigs Oetis mit namen Iacomtes*
20. Wien ÖNB, Cod. 2773, fol. 11r: *Hie deckt man die tische auf die newkommeden geste*
21. Wien ÖNB, Cod. 2773, fol. 16v: *Hie schickt Medea ein alts weib nach dem Iasoni in der nacht das er kome und bei ir schlafe. Hie bringet die alte den Iasonen zu der Medeen*
22. Wien ÖNB, Cod. 2773, fol. 17r: *Hie gehaist Iason der Medee die ee*
23. Wien ÖNB, Cod. 2773, fol. 18v: *Hie steen Iason und Medea auf von dem pette*
24. Wien ÖNB, Cod. 2773, fol. 20r: *Hie virt Iason in die kleinen innseln nach dem schatze*
25. Wien ÖNB, Cod. 2773, fol. 21v: *Hie pindet Iason die ochsen zu sammen*
26. Wien ÖNB, Cod. 2773, fol. 22r: *Hie pfluget der Iason mit den ochsen*
27. Wien ÖNB, Cod. 2773, fol. 25r: *Hie kommet Iason wider zu dem* konige Oeti XLIIII. [H]*ie sitzt Medea aber bei dem Iasone*
28. Wien ÖNB, Cod. 2773, fol. 34v: *Hie wirft der konig Castor den segurden C. von dem Pferde tötlich gewundeten dem widerumb Cedar Z. von dem rosse vellet*
29. Wien ÖNB, Cod. 2773, fol. 43r: *Hie pawet man Troiam widerumb*
30. Wien ÖNB, Cod. 2773, fol. 44r: *Diss ist die edle nwe stat Troia*
31. Wien ÖNB, Cod. 2773, fol. 49v: *Hie ist Anthenor in grossen besorgnissen des meres*
32. Wien ÖNB, Cod. 2773, fol. 59v: *Hie segelnt das Trogisch her gen kriechen landt*
33. Wien ÖNB, Cod. 2773, fol. 60r: *Hie koment die Troianer zu der Innseln Cicladas*
34. Wien ÖNB, Cod. 2773, fol. 65v: *Hie nach dem berauben des Tempels nympt Paris Helenam gefangen*
35. Wien ÖNB, Cod. 2773, fol. 68v: *Hie zu Troia wirt die konigin Helena durch den konig Priamum und an der mechtig von Troia in grossen eren entfangen*
36. Wien ÖNB, Cod. 2773, fol. 69r: *Hie in dem Tempel Paladis nympt Paris Helenam zu der ee*
37. Wien ÖNB, Cod. 2773, fol. 87r: *Hie gewinnen und zerstoren die kriechen das gslozss (!) Tenedon*
38. Wien ÖNB, Cod. 2773, fol. 97v: *Hie thuet der konig Theukram sein geschefte*
39. Wien ÖNB, Cod. 2773, fol. 103r: *Hie segelnt die kriechen fur Troiam*
40a, b Wien ÖNB, Cod. 2773, fol. 103v–104r: *Hie kommen die kriechen für Troiam*
41. Wien ÖNB, Cod. 2773, fol. 157r: *Die klage des herlichen Hectoris von aller mainklich*
42. Wien ÖNB, Cod. 2773, fol. 163r: *Hie feiert man den Iartag des Hectoris und kumet also der Achilles mit der Polixen in haimlichs leiden*

43 Wien ÖNB, Cod. 2773, fol. 164r: *Hie wainet der Achilles in haymlichem leiden in seinem pette*
44 Wien ÖNB, Cod. 2773, fol. 190r: *Hie ist der Paris zu der erden bestatet*
45 Wien ÖNB, Cod. 2773, fol. 220r: *Hie sind die kriechen in grossen Wagnissen des meres und der Oyleus Aiax wirt von dem mere auszgeslagen*
   Nur fol. 220r stammt nicht von der Hand des Martinus Opifex
46 Peutinger Gebetbuch, Stuttgart, Württembergische Landesbibliothek, Cod. brev. 91, fol. 47r; 1450–1455; Meister des Peutinger Gebetbuches; Compassio beatae Mariae virginis in *S(tabat)*-Initiale
47 Stuttgart, Württembergische Landesbibliothek, Cod. brev. 91, fol. 51r: De gaudiis beatae Mariae virginis; Geburt in *G(aude)*-Initiale
48 Stuttgart, Württembergische Landesbibliothek, Cod. brev. 91, fol. 73v–74r; Paulussturz; Kreuzigung des Apostel Andreas; der ungläubige Thomas; *S(ancte)*-Initialen

FARBTAFELN

1 *Tacuinum Sanitatis*, Granada, Universitätsbibliothek, Cod. C-67, fol. 88r: um 1440; Martinus Opifex; Bace lauri (Bacha lauri = Lorbeerbeeren), Amigdale (Mandeln)

2 *Thomas de Cantimpré, De natura rerum, Granada, Universitätsbibliothek, Cod. C-67, fol. 93r;
Martinus Opifex; Lentiscus (Harzbaum)*

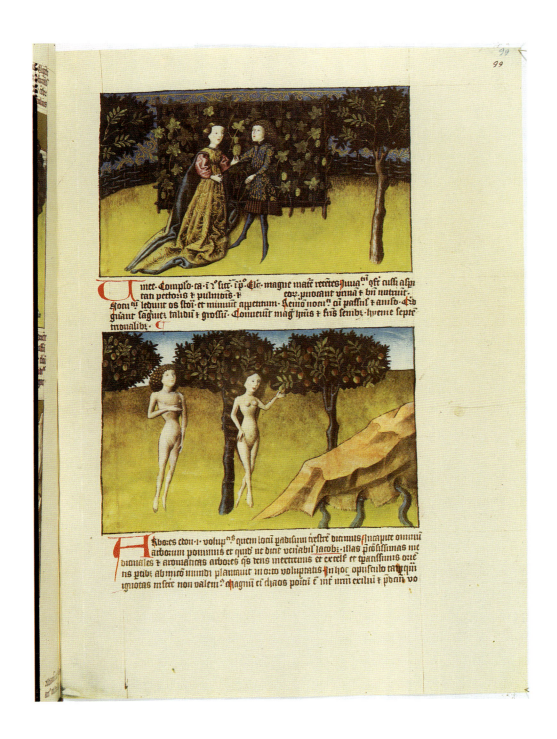

3 *Tacuinum Sanitatis, Cod. C-67, fol. 99r:* Martinus Opifex; Vinee (Weinstock; vgl. Uve in den übrigen Tac. San.- Exemplaren); Arbores Edon id est voluptatis ... (Der Garten Eden mit Adam und Eva); Martinus Opifex

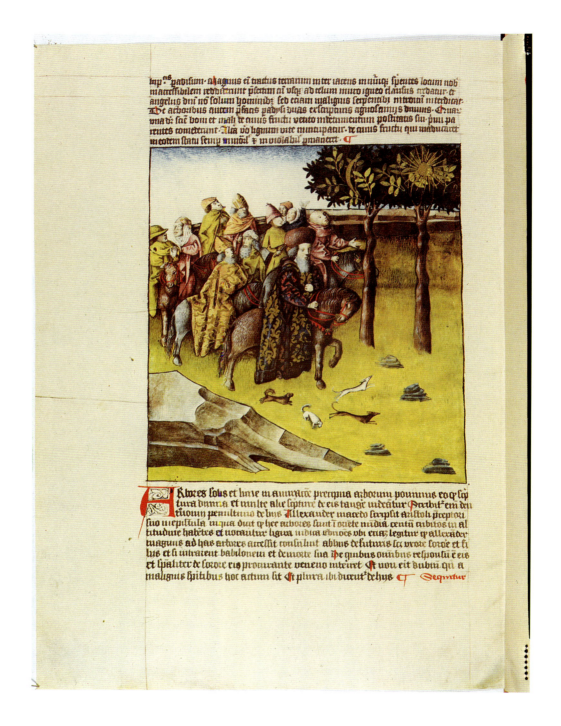

4 *De natura rerum, Cod. C-67, fol. 99v:* Arbores solis et lune . . . (Baum der Sonne und des Mondes . . .); Martinus Opifex

5 *Tacuinum Sanitatis, Cod. C-67, fol. 105v:* Capari (Kapern); Martinus Opifex (+ Werkstatt)

6 *Jacobus de Voragine, Legenda aurea, Wien ÖNB, Cod. 326, fol. 39v; 1446/1447*; B(asilius)-Initiale (Basilius episcopus); Werkstatt des Martinus Opifex

7 *Legenda aurea, Cod. 326, fol. 86r:* Martyrium des hl. Georgius

8 *Legenda aurea, Cod. 326, fol. 142r:* Martyrium des hl. S(implicius) und des hl. F(elix) und die hl. Marthya; Werkstatt des Martinus Opifex (Meister des Peutinger Gebetbuches)

9 *Brevier Friedrichs III., Wien ÖNB, Cod. 1767, fol. 1v; 1447/1448;* Dedikationsblatt mit König Friedrich III. und Kaiser Sigismund (König von Ungarn); Martinus Opifex und Werkstatt

10 *Brevier Friedrichs III., Cod. 1767, fol. 91r:* Verkündigung in D(omine)-Initiale; Martinus Opifex

11 *Brevier Friedrichs III., Cod. 1767, fol. 267v:* Trinität in B(enedicat)-Initiale; Imago Christi in S(alve)-Initiale; Pfingstfest in V(eni)-Initiale; Martinus Opifex und Werkstatt

12 *Brevier Friedrichs III., Cod. 1767, fol. 268r:* O-Initiale – hl. Michael; Martinus Opifex (+ Werkstatt); hl. Georg in G(aude)-Initiale; hl. Sigismund in D(eus)-Initiale

13 *Brevier Friedrichs III., Cod. 1767, fol. 269v:* O-Initiale – Martyrium des Apostels Bartholomäus; d-Initiale – Martyrium des Apostels und Evangelisten Matthäus; O-Initiale – hl. Florian; Martinus Opifex

14 ÖNB Wien, Cod. 2773, Guido da Colonna, *Historia destructionis Troiae* (dt.), fol. 1r;   Der Autor Guido da Colonna; Wien, 1447/48–1454

15 *Historia Troiana, Cod. 2773, fol. 2r:* Hie sitzent der König Peleus sein hausfraw Thetis und Achilles ir paider son bei in

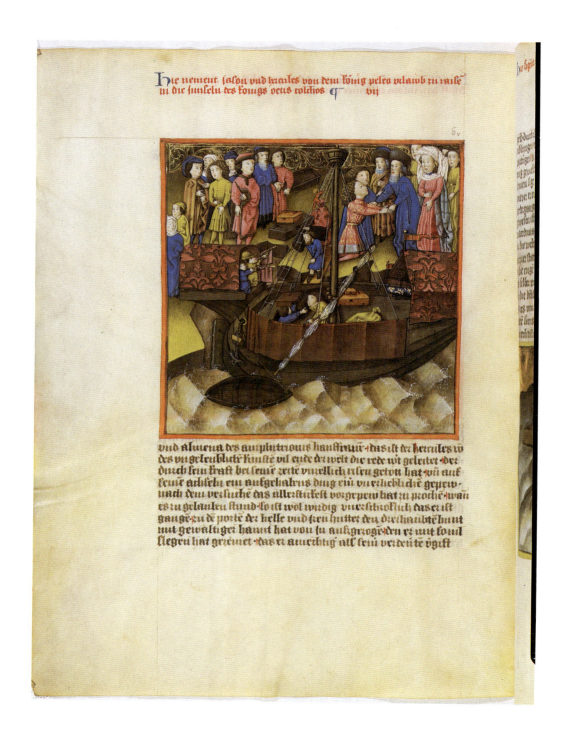

16 *Historia Troiana, Cod. 2773, fol. 5v:* Hie nement Iason und Hercules von dem könig Peleo urlawb zu raisen in die Innseln des konigs Oetis Colchos

Hie sigelnt der Iason vnd Hercules do hin   q   viii

gest durch das rudern vil der welt tail vergiftet der tottliche ly
inblungen wiewol sein tate die lang sag der poete ein lang ge
paitigen di son der zuhörde haben ruhe gen die von im sein ge
nug gemeldet nach dem vnd d rehte warheit widelich tate vo
seinem sige durch die welt lautend biß an den heutige tag vnd
wie ver er ein obwond erschine ist gelten zeugnuß die sewl an de
nyder gang ge vnd die sewlen des groß macedomus alleran der auch
gewesen ist von dem kunigliche stamen thessalia auß dem lande
macedonia auch ist gesetzt worden zu starcke haut zu vnderge
su die welt auch sey ionis vnd furbas als di sewl gesetzt sein ist
nit mer stat zu wandelen wan ist das groß mer vareinn allo das
es die enge stat daselbst durch den mittelen schos vnns entreichs
sich selber ein genst des mittelen ertreichs mer hat es vns gesetzt
dich die desilsure idet tail der welt von vns schuflich als in dan sehen
das es von der den eisluß mmet vnd dan das entkieffe wit an den
gstate siens beschlossen zu dem gewele ist die stat acron die vorzei
ter inentlichlich hat aufgenomen die selbe enge stat do sich das frui

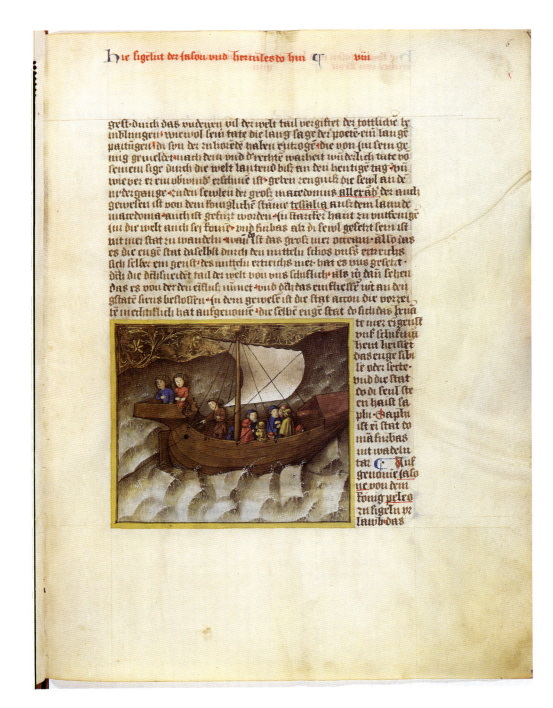

te mer eigelnt
vnd schlunfig
heut haisset
das enge sibi
le oder serte
vnd die stat
do di seul ste
en haist sa
phi Saphi
ist ein stat do
man furbas
nit wadeln
tar C Aus
greidonie islo
ne von dem
kunig peleo
zu sigeln vr
laub das

17 *Historia Troiana*, Cod. 2773, fol. 6r: Hie sigelnt der Iason und Hercules dohin

Hie schaiden Iason vnd hercules von dem gstat des konigreichs
von troie ¶ xi

von seine ertreich abschaide wissen verwar welch ober nit von
vns so mocht er aber von nimdn die diße gegenwurtickliche oberlast
höre einglichermlich gnade behalde · Hercules des Iasons rede nit
versmähent des konigs poten hat er die rede gantwurt ir sundt du seist
wer du seist sichlich sag deinē konige · das wir auf das lengst mo-
gen von dem stamdt seines ertreichs gantz abschaide · so ab der nach vber drei tag der dritte tag nit ogange ist · ob er lebe so wde er vns
sehen in dem tag in sein ertreich er welle od mit die anker einige
worffe halten vnd alsdan vns abzuschaide vrlaub gebē wie sein
nit ein volkomen freiheit sein· wan zu der zeit hat angefange
die frage des streites das er dan er mocht von dem vberwinde dem
gesigt · durch di purde der vngehorte schaude wurd abgedrunge
· Welchem des konigs pote durch sein antwt spch · Es ist genug
pose eine edeln vnd zuuor eine gestrenge die geschos der drowig
entlossen nach mir der ich bin gesamt ist keinolhe vo dem konig
das ich gen uch streitklich wort eintree · Ich han nch gesaget die
mir beuolhen sein gewesen · Sei das uch kluglich gefelt zu thun

·Nota·

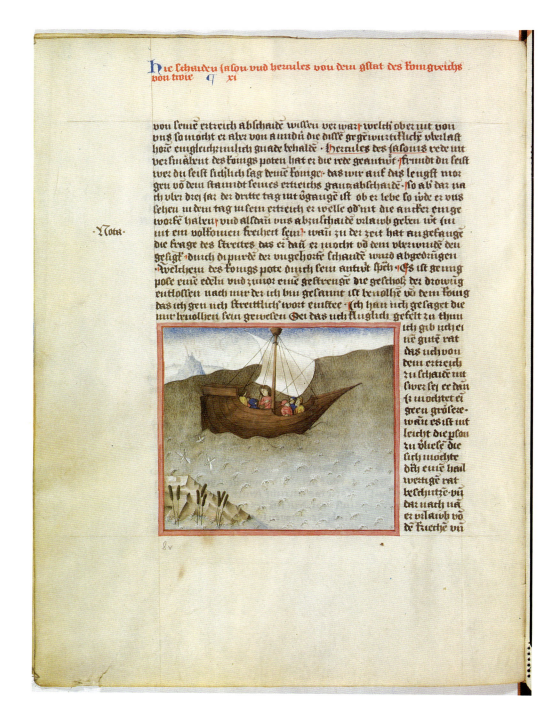

ich gib nch ei-
ne gutē rat
das uch von
dem ertreich
zu schaide nit
swer sei er dan
si mochtet er
geen grösser
wan es ist nit
leicht die pfon
zu vliese die
sich mochte
dth eine bail-
wenige rat
beschutze vn
dir nach ns
er vrlaub vō
dē kūeche vn

18 *Historia Troiana*, Cod. 2773, fol. 8v: Hie schaiden Iason und Hercules von dem gstat des konigreichs von Troie

Hie reitendt Jason vnd hercules zu der Stat des konigs Oetis
mit namen Jacomites ¶ xiii

Wan nit verre von der stat grunete vil welder die genam ware
dem jagen von genigsamkeit der tier lebent der walltliche roh Zu
welch stat vngank ist grossenhart ein lauge vn praite ebne ge
zirt mit wingarte vnd andn kraut nit in der vnzelich mnig
der walk flussen vnd gar vil pache doch das lassen ires stets flusses
pachlein die selben eben haben genetzet dar vmb dan die genigsa
keit der paislich vogel grunet dar innr vile vogel gesank vn anf
horlich daselbst doch sus melody widerhelle ¶ ¶ zu derselben

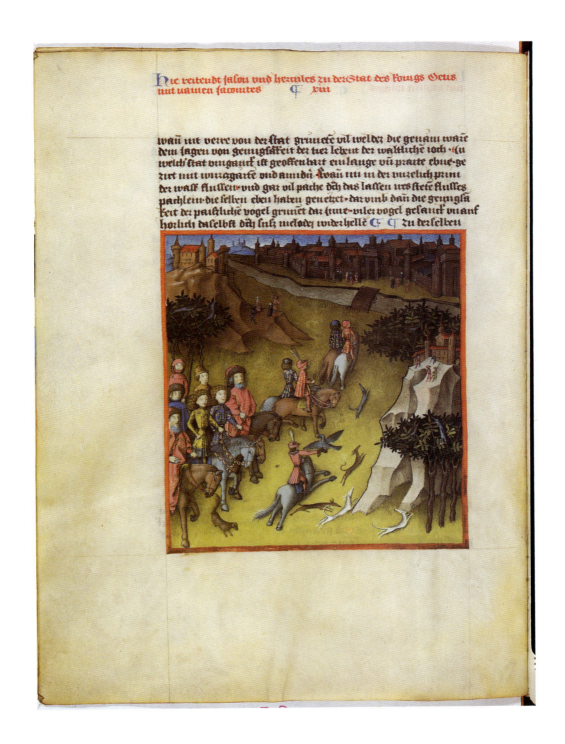

19 *Historia Troiana, Cod. 2773, fol. 9v:* Hie reitendt Iason und Hercules zu der Stat des konigs
Oetis mit namen Iacomtes

Hie deckt man die tische auf die newkomeden geste ❡ vi·

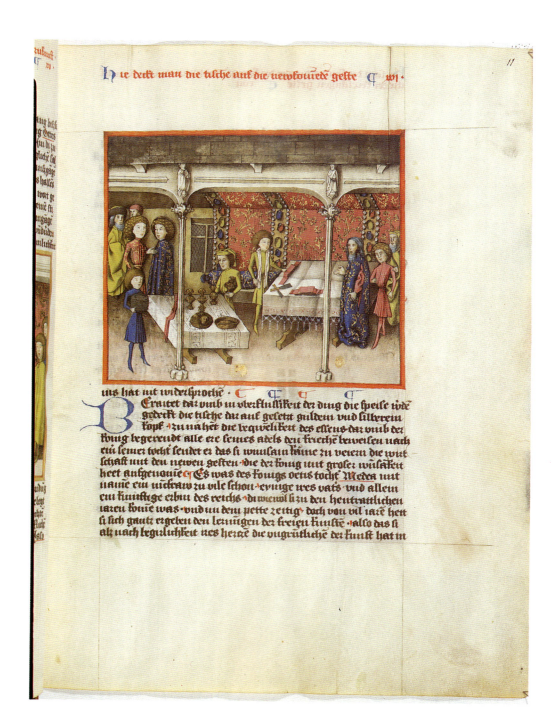

uns hat nit widersproche · ❡ ❡ ❡ ❡
Beraitet dar umb in vleißikeit der ding die speise tisch
gedekt die tische dar auf gesetzt guldein vnd silberein
kopf · zu nähet die bequelikeit des essens dar vmb der
kunig begerendt alle ere seines adels der kirche beweisen nach
tun seiner tocht sendet er das si wulain käme zu eren die wut
schaft mit den newen gesten · die der kunig mit grose wnsäkeit
heet angenomen ❡ Es was des kunigs oetis tocht Medea mit
name ein iuckfraw zu vile schon · eynige ires vats · vnd allein
ein kunstige erbin des reichs · di wiewol si in den heuratlichen
iaren kunie was · vnd in dem pette zeittig · doch von vil iare heit
si sich gantz ergeben den lernungen der freyen kunste · also das si
alz nach beqruichheit ires herße die vngrutliche der kunst hat in

20 *Historia Troiana, Cod. 2773, fol. 11r:* Hie deckt man die tische auf die newkommeden geste

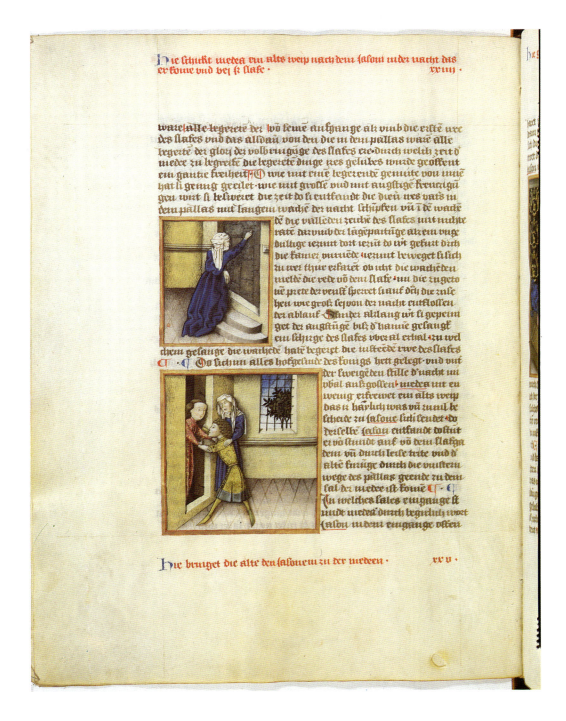

21 *Historia Troiana*, Cod. 2773, fol. 16v: Hie schickt Medea ein alts weib nach dem Iasoni in der nacht das er kome und bei ir schlafe. Hie bringet die alte den Iasonem zu der Medeen

hie gehaist Iason der medee die ee · xxvj ·

haret die rede des haÿles · vnd ſm der gleichẽ antwyt durch die me-
dean getrewe danknaufi ist in die trau ein gauge · alſpald verflug
ſich die alte Iaſoue vnd medea allein gelaſſe vnd cram · vnd ſi ſp-
riret die thore ⁋ Bei eine pette eines winnliche apparates gezirret
Iaſon nach dem gehaiſſe medee ist geſeſſen ⁋ ⁋ Darumb auf

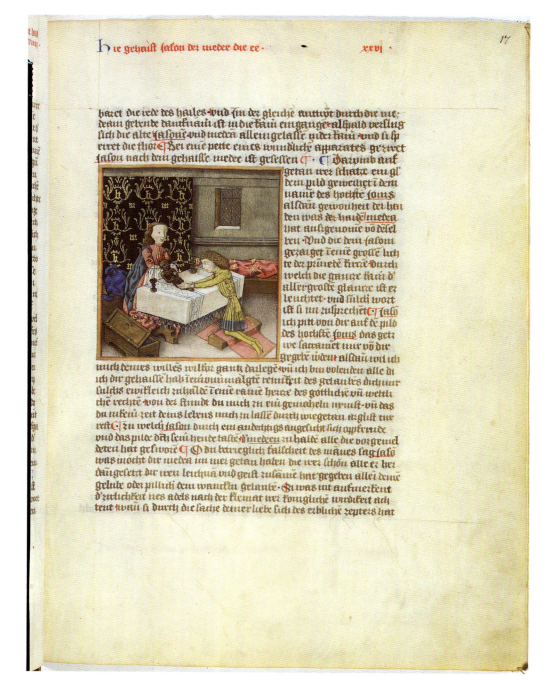

getan wer ſchatz ein gl-
dem pild geweihet in dem
namē des hochſte ſonns
alſdan gewonheit der hai-
dēn was der hayde Medea
hat auſzgenomē võ deſel-
ben · Vnd die dem Iaſon
gezaiget ſeme groſſe luch-
te der pruneden kirrze durch
welch die gauze kam d'
aller groſſte glauue iſt ge-
leuchtet · vnd ſulch wort
iſt ſi im zuſprechẽ ⁋ Iaſo
ich pitt von dir auf dẽ pild
des hochſtē ſonus das getr-
we ſacramet mir võ dir
zegebē ÿdeu · alſdan wil ich
mich deines willes willig gautz darlegē · vn ich bin voleuden alle di
ich dir gehaiſſe hab · Iẽa vou ñalgte renikeit des gelaubes durch mir
ſulchts ewikleich zuhalde · Ieme rame heite des gotlliche vn weltliche rechtẽ von der ſtmide du mich zu ein gemahelu nimſt · vñ das
du niseiu zeit deins lebens nach zu laſſē durch wie getan arglist tur
reſt ⁋ Zu welch Iaſon durch ein andertigs augelicht ſich opfrude
vnd das pilde dñ ſein hende taſtẽ d' medeen zu halde alle die vorgenel
derē hat geſwore ⁋ O du betrieglich ſallcheit des manes ſag Iaſo
was mocht dir medea im wer getan haben die wer ſchōn alle er her-
dan geſetzt dir wer leichnā vnd geiſt zuſame hat gegeten allei deine
gelube oder pillich dem waurkln gelaute · Si was nit aufmerket
d' zrlichkeit nes adels nach der klemat wer kōnigliche wirdikeit ach
treu nvkū ſi durch die ſache demer liebe ſich des erbluche zepters hat

22 *Historia Troiana, Cod. 2773, fol. 17r:* Hie gehaist Iason der Medee die ee

Hie steen Iason vnd medea auf von dem pette xxix.

So der in su pringend ist so erwen die sub augstuge die begu(n)
der nacht vahet die morgerote vnd d(er) morgestern was erschinen
Also Iason der medea hat seulich wort zugerett Sulle fraw es
ist zeit vnns von dem pette aufstehen das nicht villeicht vnns gar
suelle sich vntumscht das liecht des tages So waiß ich nit ob du al
lerliebste vñ meine geschesste etwas hast zu geschikt mich zu tun
Ist ab etwas durch dich geordent so pitt ich dich dinmutiklich das
du die gesloß deines häuliche rates mir offenst das ich durch der
vnttweistige suilchs moge volenden wan dich hinzukure vo d(er) sun
sein nider du verut pist in mein vaterlandt ist mir die allerschrist
zeit Welchem medea hat also gesproche kuindt es ist mir lieber
vnd genötiger auff dem geschefte wen ob es mein selbst ware Ich
hab in de vollkome rat d(er) oken d(er)erwelung widergesete ist vñ in
vns selbs erkent genome Darauß stee wir auf vo disem

pette das mir vnd dir
die copf sey zimlich zu
enden vber die alle die
dir werde gesehen be-
quemlich zu sein do
sij aufstunde von dem pet
te vnd in groß paldi-
keit ir klaider genome
Medea durch
aufgetan sch(r)eine ir
schefte auß den hat si
vil dinngs genome die
si Iason in sulch prê-
nige hat geben zu be-
halden Zum erste hat
si im gebn ein silbern
pilde sulchs hat si gesproche zu sein durch die sitte der zauberkunst vñ
durch di kraft vil kunste gemacht die widerie eudt gemachte zau-
burkst ist gar mechtig wan das pild zupricht die im gemacht sein
vnd derselbe schädlich macht entliche ist d(er)treiben Vo(n) deselbe hat
si Iasone so vnttweiser das er suilchs sich auk in trage dan wider

23 *Historia Troiana*, Cod. 2773, fol. 18v: Hie steen Iason und Medea auf von dem pette

Hie virt Iason in die kleinen Innseln nach dem schatze xxx ii

schaft der seine zu des kunigs oetis sale ist gange. Zu dem kunig
hett ir sich mit vil zuchreden gewiczgeben genomē vnd do zu der
kunig sach mit frolich angesichte hat er ju entfage vnd durch zu
die sache sein kunst durch erberg tate hat gefraget· welche Iason
also antwurtet Ich leger her nach dem vū mir ist die weil vil zulāg
wär es uch behaglich so wolt ich mich durch urlaub eürs willen zu de
streitliche waginisten des gulden feels richten· welichem der kunig
fründt Iason. Ich forchte das die ūberste grosmutikeit dein mocht
dich enthuret zu suchen die ding die dir den tot bringē vnd mir ge
peren ein reslichn unstatet von den besregunste deines valles. Darūb
bit ich dich diemutiklich gesundt widvmb anhaim zihen ee dan
du dich undwurst sovil poser dinge dich zu verliese· welche Iason
Her kunig mir ist kein grosmutikeit zu das erlauten des rates

24 *Historia Troiana, Cod. 2773, fol. 20r:* Hie virt Iason in die kleinen innseln nach dem schatze

Hie pindet Iason die ochsen zu samen · xxxv ·

was
ich gepeuu get vwe mocht mir vnd dir zu letzt zuhaude geë vd dau das
ich vou deine halse wird twisleich freud vnd ellend Ich bitt als ädech
tiklich die goter dis dich mei augen wleich vusert sehen· vu vō dei
ne grüge mich gantz erfreiet die audu grüge · ¶ Putt deu Iason
mit fursichtigë schriten geu deu hute des widrs hat für sich genome
den weg vnd do der in kam zu der stat martis vū am erste anseit die
ochseu prineud flame die ut luft getailt auflassn das d'glautz d'su
gnste feuers deu gantz himel rotet· auch die geuilkeit vnd priuede hitz
ze het also vugeta die stat dis deu Iason mocht kein zulirkseit ge of
feut werde das er zu dē ochlē mocht geen vō vbrig erstrekige d'hitze

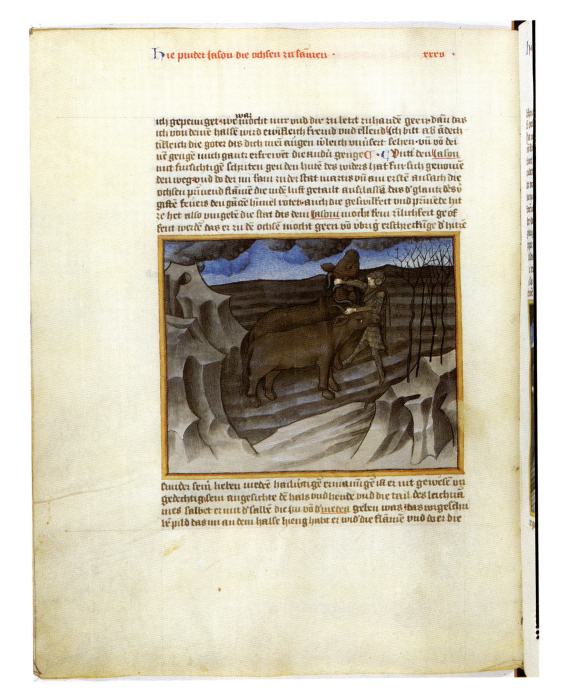

unuder sein liebē wede hailistige teiuā iii ge ist er nit gewese vn
gedechtig seiu augesichte d' hals vnd hende vnd die tail des leichuā
mes salbet er mit d' salbē die su vō d'medea gebē was das vngeschni
te pild das im an dem halse hieng habt er vnd die flame vnd die er die

25 *Historia Troiana, Cod. 2773, fol. 21v:* Hie pindet Iason die ochsen zu sammen

Hie pfluget der Iason mit den ochsen xxvi.

schrift virgilas als oft als sich die zu lesen gepüret do hat er turre zu
de ochsen gren vnd hat nit in gewust einzugeen den streit
Do nu die ochse also wid den Ialon brunig flame bliese au vnūlaß
vō stunde ist zpründe sein schilt vn sein spies ist vrint doch das grauls
fewr vnd ist vnwadelt in ein lieblichē ranch vnd wiwol Ialo hett ge
ruret sein leibe in mitte des fewrs er hett dan die gegeh salbē doi mind
der ochse durch vile lespregüge gossen vnd do er die salbegoß alsau
die vnd der besprengte ochse worde gerestet gleichweiß akimt eren
lete vnd alz eins vaste leimes pindüg vntrulich sind zusamē kum
set do horet vō stunde auf die auslaßüge d' flame vn d' totlich auz
gang d' feure ochse d' was vō stunde verderwt do in d' luft wart wid
gepracht nach d' versüde flame vn d' ausgang sein fruchte natur
alsdan wart gekrestiget Ialon vn durch vil grossmutikeit erfüllet
die tugliche heude zu den hornern d' erstrockē ochse hat erhabē vnd
also doh die aufgeretē horn hater si vlucht iezūt hie iezūt dort zu
ture do mit er sue wurd obsi widspenig sich sette vō ob si seine gru

te geworde pieglich audechtiklich vnt vnrste welchen gleichweise

26 *Historia Troiana*, Cod. 2773, fol. 22r: Hie pfluget der Iason mit den ochsen

27 *Historia Troiana, Cod. 2773, fol. 25r:* Hie kommet Iason wider zu dem konige Oeti XLIIII. [H]ie sitzt Medea aber bei dem Iasone

Hie wirst d’ konig Castor dē segurden T. vō dem pferde tötlich
gewundete. vn dwidrumb cedar T. vō deim rosse vellet · lv ·

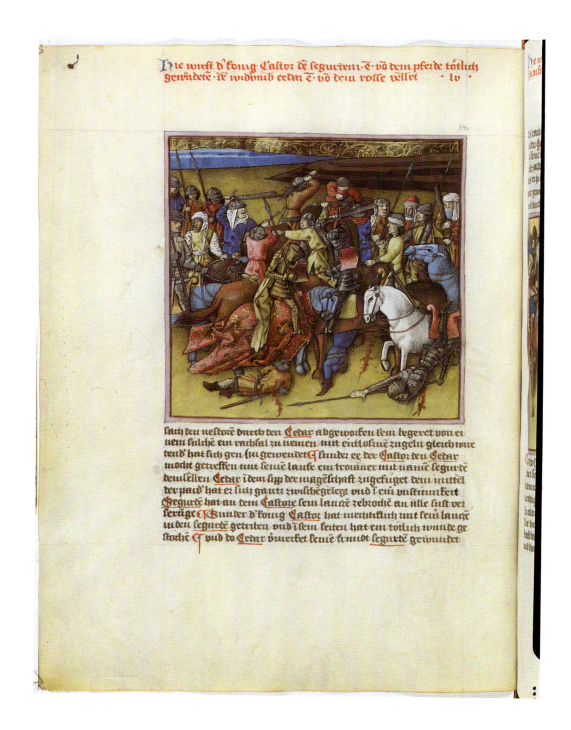

sich den nestorē durch den Cedar abgeworfen sein begeret von ei
nem sülichē ein rachsal zu nemen mit entlosnē zugeln gleich wue
tend hat sich gen sin gewendet ⟨⟩ Sunder ee der Castor den Cedar
mocht getreffen mit seine laube ein troianer mit name segurde
demselben Cedar in dem sip der magēschaft zugefuget dem mittel
der paud° hat er sich gants zuischbegelegt und in ein unstumkeit
Segurde hat an dem Castore sein lange zebrochē an alle sust ver
feruge ⟨⟩ Sunder d’konig Castor hat mechtiklich mit sein lange
in den segurde getriben und in sein seiten hat ein tötlich wunde ge
stochē ⟨⟩ vnd do Cedar ūmerket seine frundt segurde gewundet

28 *Historia Troiana*, Cod. 2773, fol. 34v: Hie wirft der konig Castor den segurden C. von dem
Pferde tötlich gewundeten dem widerumb Cedar Z. von dem rosse vellet

29 *Historia Troiana*, Cod. 2773, fol. 43r: Hie pawet man Troiam widerumb

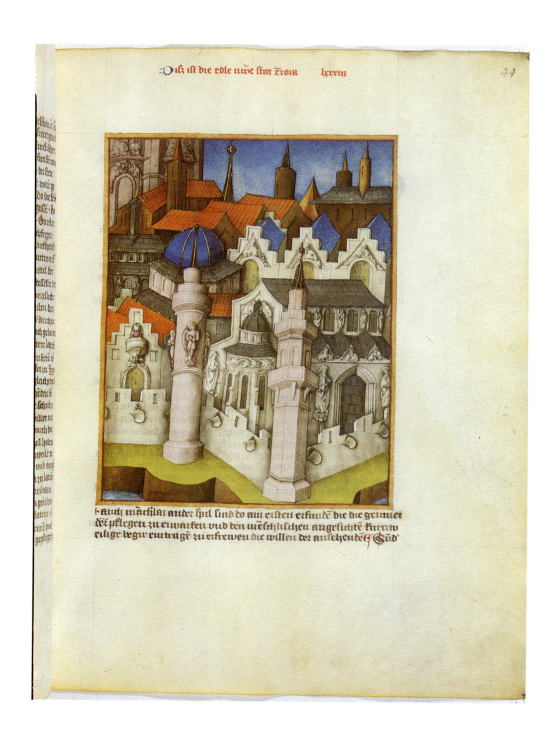

30 *Historia Troiana*, Cod. 2773, fol. 44r: Diss ist die edle nwe stat Troia

Hie ist Anthenor in grossen besorgnissen des meres xcj

hat vber die leiten angesehen vnd In sulche wort tichtent ❡ Schalk
hastiger knecht von wanen hat dich ein sulche kunheit gerurt her
furen das du durch das außlassen dein wort turest vergiften mir
ue vnd es war dan das nicht zemet die volkomen adlichkeit ich
gepute aus deinem munde die zungen ausrewte die senliche wort
hat grossenbaret vnd zu eine laster deines königs zuge ich dich vñ
das ertrich mit den pferden macht ich dich geluklich zu tailen ❡ far
vnd schaide bald von vnsern angesichte vnd ob du sulchs nit bald
tust verwar die benante werden die kunftig ❡ Anthenor erschrec
kende der wort zwefelt die wutrichkeit des nestoris vnd bald schid
von im vnd kom zu seinem schiffe ❡ ❡ Vnd von stundt durch

aufgeraute segel
hat gelassen die stat
der krichen vnd do
er kuad zu der hay
fart die hohen mere
Die hessige wutige
eines vngewitters
hat gedeckt den luft
mit einer trumpern
swartze vnd do die
widerwrtige winde
pliesen werden gos
sen die wulken
vnd durch ein wun
derliches luen der
doner vnd des sche
uen der himelitze
vnd die turen be
weget von den hai

ligen winden die hohen vnden gleich als die perg werden erhebt
Nu wart das scheff gezogen zu den besorglichen tiefen des meres
Nu wart es durch die aufstehunge der vnden erhaben vnd der
selben hohen gipfel hat begert ❡ Da erstundt den saurude dar
sune die zeit die wagnuß ires lebens vnd zu der erlosunge ver

49v

31 *Historia Troiana*, Cod. 2773, fol. 49v: Hie ist Anthenor in grossen besorgnissen des meres

Hie segelnt das Trogisch her gen kriechen landt · C ij

ſt nach dem groſten ein kleiß tuet vmb die widerbringūge mei
ner ſweſter·Wan nu iſt die zeit das durch vnſer venūt vnß ſti
keit wirt groſſenbaret vnd ewr geſtrengkeit ſich offenlich be
weiſet die do mechtiklich in uch gruneṫ Es ſullet auch uich be
raten willen ob durch der goter gunſt das ſich das gelucke
entnuſſchet zu behalen vnnt begir zu ewr fodrunge unnd i
ewer groſſen hulffe uch zu dienen vbrtluſſlich zekonne das

vnß rechte handt alle kiechen erſchreket ·vnd das ſi die ſware
ſchaden in dem ſtarken arme vunſer kraft werde genotet zu
bewamen ·G zu der volleiſtuge diſſes handels habt ſi paridem
zu einem furſte vnd furer ·vnd deiphebū den andn vō nach

32 *Historia Troiana, Cod. 2773, fol. 59v:* Hie segelnt das Trogisch her gen kriechen landt

Hie koment die Troianer zu der Innseln Cicladas

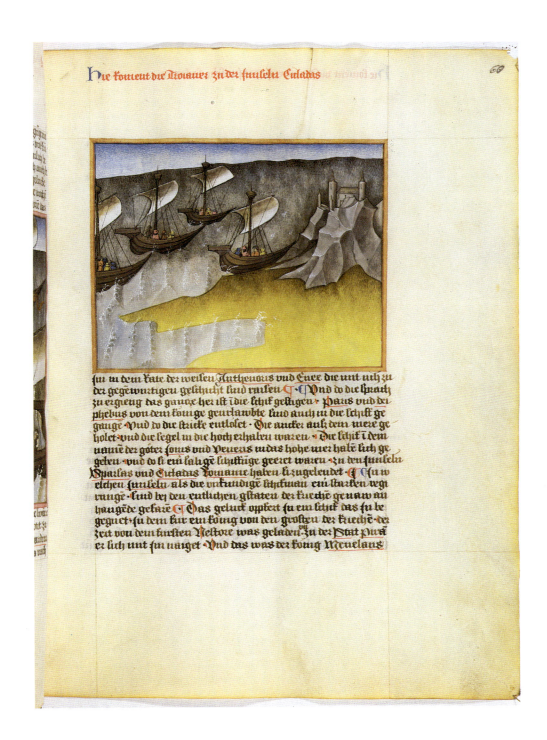

zu in dem rate der weisen Anthenors vnd Enee die mit vnß zu der gegenwurtigen geschicht sind raisen · ❡ Vnd do die sprach zu ergieng das gantze her ist i die schif gestigen · Paris vnd der phebus von dem kunige geurlaubte sind auch in die schiff ge gange · Vnd do die stricke entloset · Die ancker auß dem mere ge holet vnd die segel in die hoch erhaben waren · Die schif i dem name der goter Jouis vnd Veneris in das hohe mer habe sich ge geben · vnd do si ein lange schiffuge geeret waren · Zu den insuln Spaılas vnd Cicladas komanie haten si zugeleudet · ❡ Zu w elchen insuln als die vnkundige schifman ein starken weg runge · sind bi den entlichen gstaten der kirche genaw an hangede gefare ❡ Das geluck oppfert su ein schif das su be geguet · zu dem kut ein konig von den grosten der kirche · der zeit von dem fursten Nestore was geladen · Zu der Stat Pirs er sich mit sin naiget · Vnd das was der konig Menelaus

33 *Historia Troiana, Cod. 2773, fol. 60r:* Hie koment die Troianer zu der Innseln Cicladas

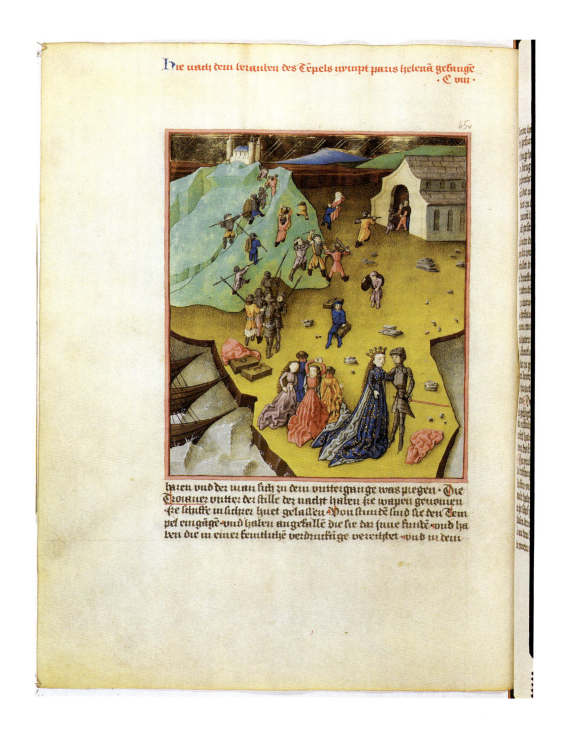

34 *Historia Troiana, Cod. 2773, fol. 65v:* Hie nach dem berauben des Tempels nympt Paris Helenam gefangen

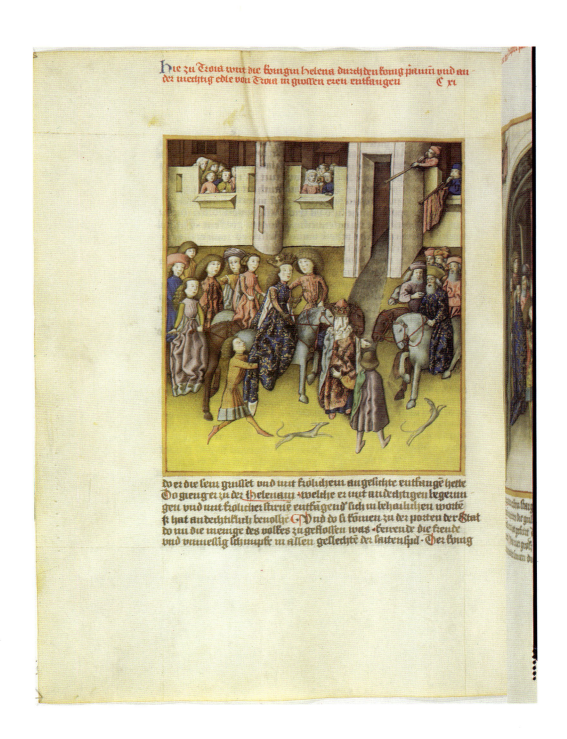

35 *Historia Troiana, Cod. 2773, fol. 68v:* Hie zu Troia wirt die konigin Helena durch den konig Priamum und an der mechtig von Troia in grossen eren entfangen

36 *Historia Troiana, Cod. 2773, fol. 69r:* Hie in dem Tempel Paladis nympt Paris Helenam zu der ee

37 *Historia Troiana, Cod. 2773, fol. 87r:* Hie gewinnen und zerstoren die kriechen das gslozss (!) Tenedon

vnzerbrochen. So het ich doch das an zweifel verloren. Es war
dan das der gestrenge man einer fürnemer seiner kraft der
allersterkest Heraules dein vater zu meiner hilfe bald were
gekomen do in einer grossen menige der veint diz reich was
gevnwilliget vnd der zugangk der widerkerunge was mir
in daz hoffen genome. Vnd er allein in der macht seiner
sterke alle mein veint in der hertikeit der streite zu prach
vnd su vnzelliche getöte. Darumb er daz reich von allen
veintlichen zugange des reichs do vnd nationalen erloset
vnd nur das in dem fride der ruwe erlöstes antwurttet. So
von ich nit von meine verdinen nach in der kraft mein
sterke des zepters reich bis nu bin ich in frid geret gewest

38 *Historia Troiana, Cod. 2773, fol. 97v:* Hie thuet der konig Theukram sein geschefte

39 *Historia Troiana, Cod. 2773, fol. 103r:* Hie segelnt die kriechen fur Troiam

40a *Historia Troiana, Cod. 2773, fol. 103v–104r:* Hie kommen die kriechen für Troiam

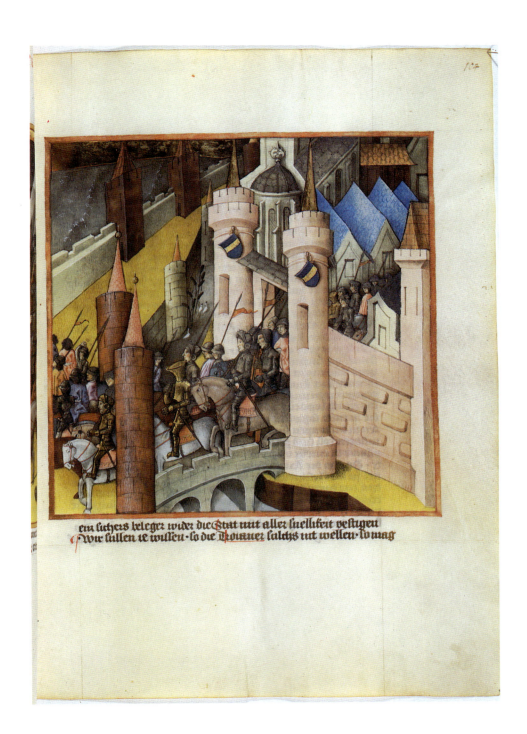

ein suchers beleger wider die Stat mit aller snellikeit vestigen
Wir sullen ie wissen · so die Roimner sulchs nit wellen · so mag

Die klage des herlichen Hectoris von aller mainklich · CC xciiij ·

Verwar sie klagen su tailliche reden auszlassen · nach dem vnd
es nit wirt gesehen sein · als fur vnutze sind ausgelassen
Wan sulichs vor alle gewiß ist · so sue wer begirlich hiebe · alsdie
wer in den kreuln des suizens wurde gepeiniget · Vnd den frawe
ist eingosse von natur das sie su suize allem den stime des geste
raues offenbare · vnd in den nulde stuzliche risse verkunde
Doch der leichnam des Hectoris was gewurde em als alsdan inist

41 *Historia Troiana*, Cod. 2773, fol. 157r: Die klage des herlichen Hectoris von aller mainklich

42 *Historia Troiana, Cod. 2773, fol. 163r:* Hie feiert man den Iartag des Hectoris und kumet also der Achilles mit der Polixen in haimlichs leiden

43 *Historia Troiana*, Cod. 2773, fol. 164r: Hie wainet der Achilles in haymlichem leiden in seinem pette

Hie ist der Paris zu der erden bestatet

44 *Historia Troiana, Cod. 2773, fol. 190r:* Hie ist der Paris zu der erden bestatet

45 *Historia Troiana, Cod. 2773, fol. 220r:* Hie sind die kriechen in grossen Wagnissen des meres und der Oyleus Aiax wirt von dem mere auszgeslagen
Nur fol. 220r stammt nicht von der Hand des Martinus Opifex

46 *Peutinger Gebetbuch, Stuttgart, Württembergische Landesbibliothek, Cod. brev. 91, fol. 47r; 1450–1455; Meister des Peutinger Gebetbuches; Compassio beatae Mariae virginis in S(tabat)-Initiale*

& diem mortis mee puram cō
fessionem & ueram penitentiā
de omnib; peccatis meis & oībz
uiuis uitam oferat & defunctis
requiem sempiternam. Amen
De gaudijs bt̄e marie v̄ginis
Gaude uir
go Aue
cōcipiens
Gaude sine
dolore pa
riens Ga
ude nato
Reges dant munera sur
gens ꝑfregit infera Gaude uic
tor scandit ad ethera. Gaude ad
suos repleuit gratia Gaude qā
te uexit in gloria. Per hec tua
gaudia & per tuum natū sic

47 *Peutinger Gebetbuch, Cod. brev. 91, fol. 51r:* De gaudiis beatae Mariae virginis; Geburt in G(aude)-Initiale

48 *Peutinger Gebetbuch, Cod. brev. 91*, fol. 73v–74r; Paulussturz; Kreuzigung des Apostel Andreas; der ungläubige Thomas; *S*(ancte)-Initialen

REISER

DAS GLÜCK HAT UNS LINKS LIEGENLASSEN

1974
Die Jahrgangs-Reiser

achterbahn

Ein Reiser - Jahr

„Charlie-Hebdo". Die erste Ausgabe des Jahres 1974. Der Titel ist von Reiser, darüber steht: Noch eine historische Ausgabe. Wieso historisch? Chefredakteur Cavanna:
„Diese Ausgabe ist historisch, weil sie das erste rein technische Titelbild in der Geschichte der Seefahrtzeitschriften bringt."
Eine Premiere, in der Tat. Nie zuvor war eine französische Wochenzeitschrift mit einem Ständer samt Eiern auf dem Titel erschienen. In voller Länge und geblähtem Segel. Tabarly, ein berühmter Skipper, wollte mit seiner „Pen Duick VI" das erste Rennen rund um den Erdball gewinnen.

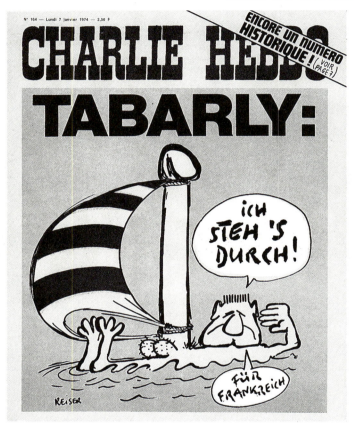

Er liegt in Führung, da bricht ihm der Mast! Meinen Sie, er gab auf? Nein. Mit etwas Glück beendete er die Etappe, reparierte den Mast, der ihm erneut brach.
Was glauben Sie, womit er weiter segelte?
Welch ein Mann! Welch ein Franzose! Die Kommentatoren, eben noch zu Tode betrübt, jauchzten himmelhoch.
Reiser brachte die Sache auf den Punkt. Allerdings wurde damals sein Titelbild nirgends nachgedruckt. Ein Schwanz! Die sind doch verrückt, die von „Charlie-Hebdo".
Wir waren verrückt.
Ham wir gelacht!

Heutzutage ist ein Schwanz auf dem Titel alltäglich. 1974 konnten wir nur sagen: „Wir werden eingelocht werden, wir werden verboten werden. Aber er ist einfach zu schön."
Doch wir wurden weder verhaftet noch verboten. Der fürchterliche Marcellin, Innenminister, der sich schon einmal mit einem Verbot die Finger an „L´Hebdo-Hara-Kiri" verbrannt hatte – was ihm Schimpf und uns Ruhm einbrachte –, tat, als habe er nichts gesehen.
Damit hatte die künstlerische Freiheit einen großen Sprung nach vorn gemacht.
Danke, Reiser.

Der Rückzug Marcellins bedeutete das Ende der Zensur im Scheitelpunkt der Ära De Gaulle-Pompidou. Pompidou brauchte eigentlich nur noch zu sterben. Er starb. 1958, als uns der Algerienkrieg De Gaulle bescherte, war Reiser gerade siebzehn. Die nächsten sechzehn Jahre sollte er nur ungeteilt rechte Regierungen erleben. Das war lang und lehrte uns, was Unglück heißt. Und als der Präsident der Rechten hinschied, wer hüpfte aus den Urnen?
Giscard d'Estaing. Glücklicherweise hatten wir das Leben noch nicht verlernt.
„Das Glück hat uns links liegen lassen", die tagespolitischen Zeichnungen Reisers von 1974, handelt von den letzten Amtsmonaten Pompidous und den ersten Giscards. Dazwi-

schen ein Großereignis: Die Wahlkampagne. Zwölf Kandidaten.

Für die Rechte am gefährlichsten war Mitterrand, der gemeinsame Kandidat der Linken. Der pittoreskeste war der Minister Royer. Royer repräsentierte die ewigen Werte Frankreichs. Er hielt sich für das Bollwerk gegen die Verwilderung der Sitten, just in dem Augenblick, als in den Straßen die organisierte Frauenbewegung (MLF)[1], die Bewegung für freie Abtreibungen und Empfängnisverhütung (MLAC)[2] und die Revolutionäre Schwule Aktionsfront (FHAR)[3] defilierten.

Reiser waren Pompidou und Giscard schnurz und piepe; selbst Mitterrand, der sich mit Giscard im zweiten Wahlgang ein Kopf-an-Kopf-Rennen geliefert hatte, ließ Reiser dermaßen kalt, daß er ihn nicht einmal zeichnete.

Umso öfter Franco, den er regelrecht haßte. Als Franco den jungen Katalanen Puig Antich mit der Garotte hinrichten ließ, rastete Reiser aus. Puig Antich war ein militanter Anarchist, und seit zwölf Jahren waren in Spanien keine Anarchisten mehr hingerichtet worden. Doch Franco fiel im Alter von 82 Jahren wieder in seine früheren Gewohnheiten zurück. Es brachte ihm kein Glück. Er wurde krank, mußte ins Krankenhaus, ließ jedoch mitteilen, daß er sich zu Fuß dorthin begeben habe.

Reiser konnte nicht umhin, ihn zu Fuß zum Friedhof zu schicken. Und im Jahr darauf hatte er das Vergnügen, Franco zu beerdigen.

Eine andere 1974er Knalltüte war der Schah von Persien. Der größenwahnsinnige Despot glaubte allen Ernstes, er könne den Iran zur fünft- oder sechstgrößten Industrienation machen.

In Amerika mußte im gleichen Jahr Nixon wegen Watergate den Hut nehmen, und Gerald Ford wurde der mächtigste Mann der Welt.

In Osteuropa sorgte Breschnew für die nächsten tausend Jahre Kommunismus.

1974 gab Giscard sich fortschrittlich. Mit Françoise Giroud ernannte er eine Statssekretärin für Frauenfragen. Er senkte die Volljährigkeit von einundzwanzig auf achzehn Jahre. Mit Simone Veil legalisierte er die Empfängnisverhütung. Er stellte straffreie Abtreibungen, unter bestimmten Voraussetzungen, in Aussicht. „Frei und kostenlos" hatten MLAC und MLF gefordert. Aber es war nicht die Zeit für Geschenke. Die Rezession richtete sich häuslich ein. Die erdölproduzierenden Länder drosselten die Ausfuhren, der Benzinpreis ging hoch. Jeder mußte sich einschränken. Die Ölscheichs tanzten uns auf der Nase herum. Die staatliche Stromversorgung EDF setzte voll auf Kernkraft, die Arbeitslosigkeit setzte wieder ein. Die Inflation gallopierte. Es gab langandauernde Streiks. Bis hin zu den drei Kanälen des staatlichen Fernsehens, das seine Programme einstellte.

An Katastrophen gab es das Unwetter an der Manche mit 34 Toten. Ein türkisches Flugzeug explodierte und zerschellte wenige Kilometer neben den Rollbahnen und wenige Stunden vor der Einweihung des Flughafens Charles de Gaulle. 345 Tote.

Und was war sonst aktuell, 1974? Man unterhielt sich, liebte sich. Aktuell war stets Reiser. Von Franco ist nichts geblieben, nichts von Breschnew, nichts vom Schah. Von Reiser aber ist jede Menge Reiser geblieben.

D.D.T

(Delfeil de Ton)
((Anmerkungen))
[1] Mouvement de Libération des Femmes
[2] Mouvement pour la Liberté de l'Avortement et de la Contraception
[3] Front Homosexuel d' Action Rèvolutionnaire

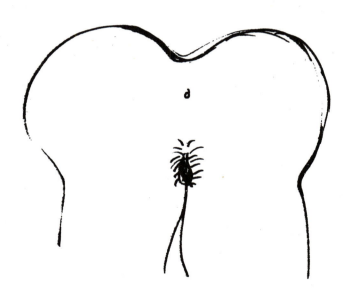

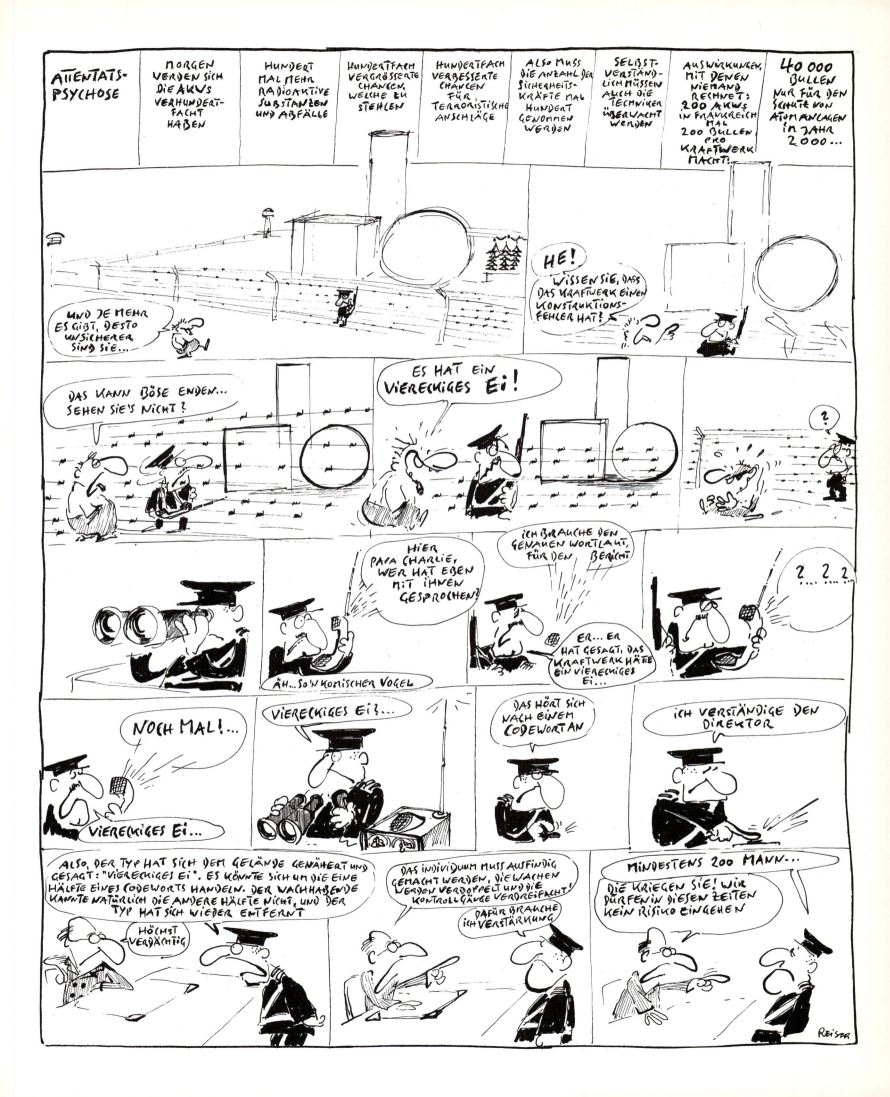

EINE LANZE FÜR DIE SELBSTÄNDIGEN

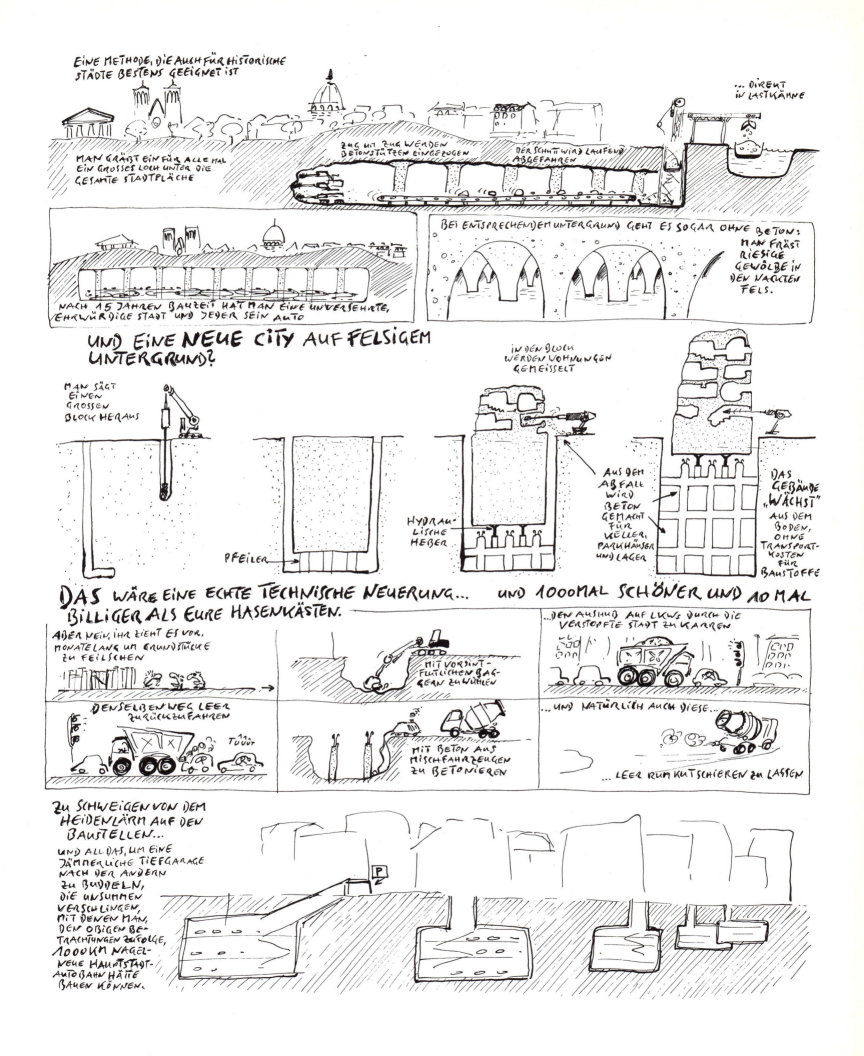

REZESSION: DIE VERANTWORTLICHEN LAUFEN FREI HERUM

"WIR SIND JA NUR FÜR DIE KLEINEN GAUNER DA..."

Dominik Boschner
S1 / DE